AS SINHÁS PRETAS DA BAHIA:

SUAS ESCRAVAS, SUAS JOIAS

ANTONIO RISÉRIO

AS SINHÁS PRETAS DA BAHIA:
SUAS ESCRAVAS, SUAS JOIAS

APRESENTAÇÃO
MANOLO FLORENTINO

2ª EDIÇÃO AUMENTADA

TOPBOOKS

Copyright © 2022 Antonio Risério
1ª edição: 2021

EDITOR
José Mario Pereira

EDITORA ASSISTENTE
Christine Ajuz

REVISÃO
Luciana Messeder

PRODUÇÃO
Mariângela Felix

CAPA
Miriam Lerner | Equatorium Design

DIAGRAMAÇÃO
Arte das Letras

DADOS INTERNACIONAIS DE CATALOGAÇÃO NA PUBLICAÇÃO (CIP)
(CÂMARA BRASILEIRA DO LIVRO, SP, BRASIL)

Risério, Antonio
     As sinhás pretas da Bahia: suas escravas, suas joias/Antonio Risério.
– Rio de Janeiro: Topbooks Editora, 2021.

     ISBN: 978-65-5897-004-0

     1. Escravidão – Brasil – Bahia 2. Escravidão – Brasil – História 3. Mulheres escravas – Bahia (BA) – História 4. Negros – Brasil – História I. Título.

21-69299   CDD-981.42

TODOS OS DIREITOS RESERVADOS POR
Topbooks Editora e Distribuidora de Livros Ltda.
Rua Visconde de Inhaúma, 58 / gr. 203 – Centro
Rio de Janeiro – CEP: 20091-007
Telefax: (21) 2233-8718 e 2283-1039
topbooks@topbooks.com.br

Para Franziska Victoria
— Chica, Chiquinha —
meu pedacinho de lua,
in memoriam.

Sumário

APRESENTAÇÃO — Manolo Florentino 11

Nota do Autor 15

1 — Uma Visão Geral 19

2 — Antecedentes Africanos 33

3 — Preciosismos Coloniais 47

4 — Os Bantos na Cidade da Bahia 54

5 — Jejes, Nagôs, Hauçás 62

6 — Graus de Liberdade na Escravidão 73

7 — Em Torno da Alforria 80

8 — Casamentos e Casamentos Femininos 93

9 — Pretas e Brancas no Espaço da Cidade 104

10 — A Riqueza em Mãos Negras 117

11 — Mulheres no Jogo do Mercado 133

12 — Ao Luar do Lupanar 141

13 — Escravos, Joias e Ouro 147

14 — O Caminho das Joias 157

15 — Floreios em Torno das Joias 175

16 — Joias de Ialorixás, Joias de Florinda 189

17 — Irmandade da Boa Morte 202

18 — Tabuleiros Atravessam Séculos 210

19 — Um Pouco de Sociologia 217

20 — Quase uma Antropologia da Joia 234

ANEXOS

Contra cartas marcadas: o identitarismo em questão............. 249

O xirê das sinhás pretas da Bahia... 394

Entrevista a Duda Teixeira / Revista *Crusoé*............................. 401

Tristes tópicos da vitimidade: gatilhos, espaços seguros,
microagressões 410

Eugenismo verbal: contra o pensamento livre........................ 416

Um neorracismo travestido de Antirracismo 422

Sem medo de cara feia.. 428

Com postura policialesca, *Folha de S. Paulo* assume
ser pasquim identitário 434

Auf Wiedersehen... 438

Carta aberta de apoio a Antonio Risério e oposição
ao identitarismo 444

Sobre o Autor... 447

EM TORNO DAS SINHÁS PRETAS DA BAHIA

Manolo Florentino[*]

Certa vez, na fila de um banco, pagando contas, ouvi do grande historiador italiano Giovanni Levi o seguinte: "Meu caro, como sabemos pouco da história da escravidão!" De acordo, pensei comigo, há muito a ser pesquisado e difundido; mas o conhecimento acumulado não é pouco, sobretudo quando se trata da escravidão moderna. Por isso o padê (despacho) transdisciplinar que Antonio Risério nos apresenta pôde cumprir o prometido do início ao fim: oferecer ao público amplo o saber duradouro e as novidades intelectuais honestas, sempre com um toque viajante, delirante mesmo.

Um aspecto desse conhecimento acumulado é o principal mote de Antonio Risério: no Brasil escravista, havia inúmeros arranjos possíveis entre a liberdade e o cativeiro — como

---

* Manolo Florentino é mestre em Estudos Africanos pelo Colégio do México e doutor em História pela Universidade Federal Fluminense. Faz pesquisas e estudos sobre a escravidão nas Américas, África e Brasil. É autor, entre outros, dos seguintes livros: *Em Costas Negras: Uma História do Tráfico de Escravos entre a África e o Rio de Janeiro*; *Tráfico, Cativeiro e Liberdade*; *Trabalho Compulsório e Trabalho Livre na História do Brasil*; *A Paz das Senzalas: Famílias Escravas e Tráfico Atlântico*.

demonstram as vidas das personagens centrais deste livro, as sinhás pretas de Salvador. Estas escravas foram trabalhadoras incríveis que, muitas vezes sozinhas naquele mundo tão árido, compraram ou ganharam a liberdade, tornando-se elas próprias senhoras de escravos. Não as julguem: tratava-se de um ideal de ascensão compartilhado por todos os que aqui habitavam — em suas andanças, Saint-Hilaire chegou a ouvir um escravo despedir-se de outro com um "que Deus te faça balanco", i.e., branco, i.e., próspero.

Dado que ser escravo era ser propriedade de outro, para os que viviam sob esta condição, no agro e nas cidades brasileiras, o que importava mesmo era obter controle sobre seu tempo de trabalho, a única forma de amealhar o tão sonhado pecúlio. Contínuas negociações facultavam a muitos cativos — sobretudo aos que tinham famílias — acesso a parcelas de terras onde produziam para os mercados locais, o chamado "sistema do Brasil", levado daqui para o Caribe pelos holandeses em meados do XVII. Ali, em certa ilha francesa, os protocamponeses escravizados chegaram a deter nada menos do que 20% da moeda circulante, fruto da venda do excedente por eles gerado nos mercados urbanos.

É sabido que os preços dos cativos variavam sobretudo de acordo com a idade. Não se descarta, por isso, que muitas sinhás pretas do Rio de Janeiro, de Salvador e do Recife iniciassem suas trajetórias escravocratas adquirindo cativos velhos. Todavia, sabemos por meio do *The Trans Slave Database Voyages* que o Brasil recebeu quase metade dos 10,7 milhões de africanos desembarcados nas Américas entre 1500 e 1850, sobretudo ao longo dos séculos XVIII e XIX. Tamanha quantidade se explica também pela menor distância entre os litorais africanos e a América portuguesa, gerando uma oferta cuja envergadura contribuía para que os preços dos cativos fossem *socialmente* baixos no Brasil — as Santas Casas definiam como pobre todos os que, no século XIX, possuíssem até dois escravos. Não surpreende, pois, a ampla disseminação da propriedade escrava entre os diversos estratos, cativos inclusive — alargando a adesão de todos ao *status quo* escravagista. Pode ter sido esta uma das bases, digamos assim, da "acumulação primitiva" de alguns senhores e sinhás pretas vindas de baixo, que ao enriquecerem logo passavam a adquirir africanos adultos.

As sinhás negras urbanas trabalhavam por tarefas, pactadas por semanas ou quinzenas, com o excedente embolsado por elas. E Risério acerta em cheio ao capturá-las em redes de sociabilidade, sem as quais — conforme demonstrado por Primo Levi em suas memórias sobre Auschwitz — eram minguadas as possibilidades de sobreviver até em campos de concentração nazistas.

Longa nota de pé de página: me permito ressaltar para o leitor o que considero ser a grande contribuição teórica de *As Sinhás Pretas da Bahia: suas Escravas, suas Joias*. Dizer que nossa pirâmide social revela uma das mais iníquas distribuições de renda do planeta é lugar-comum. Afirmar que, sob a ótica racial, ela se assemelha a um gradiente de tons que lentamente transitam do mais escuro da base ao mais claro do topo, também. Mais raro é dar-se conta do prodígio por ela desvelado: mesclamo-nos em profundidade a quem excluímos e, desde sempre, excluímos aqueles com os quais nos confundimos. Um atentado a qualquer lei da química social, por certo. Fato é que miscigenação e exclusão social têm convivido razoavelmente bem entre nós. Não duvido que a precariedade (o outro nome da pobreza) do mundo colonial juntasse gente de todas as cores — portugueses pobres provenientes do norte e das ilhas atlânticas, forros e, mesmo, escravos. É significativo, sobre isto, que a esperança de vida de um cativo norte-americano de meados do século XIX alcançasse 36 anos de idade, contra 27 anos dos homens livres e 18 anos dos escravos brasileiros na mesma época. E que se pudesse encontrar livres brancos vivendo na maior tranquilidade dentro de quilombos miseráveis no Centro-Oeste, no Rio de Janeiro e no oeste de Minas Gerais. Mas nossa estranha química social se resolve de fato quando levamos em conta os históricos padrões de ascensão social durante a etapa escravista, quando a alta frequência de alforrias redundava na enorme participação de "pessoas de cor" que, enriquecidas como as sinhás pretas, levavam o negrume da base para o topo e, ali, reproduziam o *status quo* escravista.

NOTA DO AUTOR

Nenhuma originalidade neste livro. No seguinte sentido: não colhi pessoalmente, em arquivos públicos ou particulares, nenhuma informação até aqui inédita sobre a vida de mulheres africanas e crioulas – pretas, mulatas, mestiças em geral – na Bahia dos séculos XVIII e XIX. A originalidade, se de originalidade é possível falar, está em outro plano – o da reunião de informações novas sobre o assunto, que andavam depositadas em nichos e trabalhos variados, quase sempre de alcance público muito restrito: ou por terem aparecido em livros luxuosos de museus e colecionadores, ou por estarem encerrados em páginas pouco visitadas de publicações acadêmicas. O que fiz, então, foi reunir estas informações, discutindo uma que outra coisa. Vale dizer, promovi uma espécie de encontro ou padê transdisciplinar. Com um duplo objetivo: consolidar as informações hoje disponíveis acerca do tema e tentar contribuir para que estas mesmas informações ampliem seu raio de circulação, escapando assim do confinamento em museus e academias.

Fiz isso da melhor maneira que pude, abrindo o leque informacional, mas de forma seletiva e crítica, de modo a passar ao eventual leitor ou leitora um panorama rico do tema em tela. Misturei assim coisas provenientes de campos diversos. Do texto hoje clássico de Heloïsa Alberto Torres, por exemplo: *Alguns Aspectos da Indumentária da Crioula Baiana*, tese apresentada em 1950 ao concurso para provimento da cátedra de antropologia e etnografia da Faculdade Nacional de Filosofia da Universidade do Brasil – aos estudos recentes e indispensáveis de Lisa Earl Castillo e Luís Nicolau Parés, que lançam uma luz realmente nova sobre o candomblé. Na verdade, devemos situar as contribuições inovadoras de Lisa e Parés – cujos textos me foram passados pela arquiteta-cineasta Silvana Olivieri e por Zeno Millet, neto da ialorixá Menininha e Babá Edé Otum no terreiro do Gantois – na linhagem daqueles estudos e pesquisas de autores estrangeiros que desvelaram para nós realidades nossas de que ainda não tínhamos de fato conhecimento. Sim: Lisa e Parés são rebentos de agora, plenos de vigor e rigor, mas que certamente pertencem à linhagem de autores como Ruth Landes e Pierre Verger, Oju Obá, um dos *founding fathers* da antropologia visual.

Entre um ponto luminoso e outro, atravessei os mais diversos escritos sobre a matéria. Sobre a existência de pretas e mulatas que ficaram ricas e poderosas numa sociedade escravista, conquistando suas alforrias e se fazendo também senhoras escravistas – proprietárias elas mesmas de escravos, imóveis e joias. Mulheres que pertenciam à elite econômica negra do Brasil – algumas das quais se encontram no ponto de partida da história do candomblé jeje-nagô em nosso país, como Iyá Nassô, Marcelina Obatossí e Otampê Ojaró. E que usavam joias reluzentes, muitas vezes filigranadas, feitas de ouro – com uma especificidade incontornável: joias produzidas unicamente na Bahia e usadas unicamente por pretas e mulatas da Bahia, ao longo dos séculos XVIII e XIX. Joias sincréticas, como a cultura que aqui se configurou — joias nascidas na encruzilhada e dos entrecruzamentos das ourivesarias-joalherias de matriz ibérica (o barroco!), árabe e negroafricana. Investimentos financeiros que eram também símbolos de distinção social. Da transmutação da escrava em senhora de escravos.

Diante disso, meu propósito foi tentar emaranhar os fios do modo mais claro possível, de sorte a tentar esboçar um painel ou improvisar um concerto. Sem economizar citações, até muito pelo contrário, esbanjando aspas (vale dizer, mobilizando o maior número possível de estudiosos, antes que a basbaquice identitário-racialista pense em vir com a conversa fiada fascistóide de que ando inventando coisas). Porque sei que examinar a trajetória dessas mulheres — com sua escravaria, sua riqueza e suas joias — é coisa indispensável à compreensão mais íntima e real do mundo que se construiu em nossas latitudes tropicais, prevenindo-nos contra mistificações, mentiras e leituras fraudulentas de nossa história, que comprometem a compreensão do presente. E é fascinante acompanhar a afirmação vitoriosa dessas mulheres, impondo-se na sociedade setecentista/oitocentista que aqui se desenhou (e que, aliás, não se continha no esquematismo bipartite de senhores e escravos), intervindo no processo da nossa configuração cultural, enriquecendo em amplitude e profundidade a vida brasileira.

Confesso que gostei demais de compor este ensaio-colagem, onde vou superpondo vozes e tentando reger o coro. Coisa que não teria feito — e aqui entram meus agradecimentos —, não fosse a colaboração companheira de Adenor Gondim (fotógrafo e profundo conhecedor da história e do cotidiano da Irmandade da Boa Morte, que de sete em sete anos promove a vinda da Virgem Maria ao Recôncavo Baiano) e dos meus amigos, parceiros e/ou cúmplices Gustavo Falcón (sociólogo, morador de Cachoeira do Paraguaçu, autor de estudos fundamentais sobre a Bahia e a esquerda brasileira), Getúlio Santana (ex-livreiro, duas vezes premiado em sorteios de "Mega-Sena", criador de búfalos e cacique atemporal dos "índios de Apacé"), Jeferson Bacelar (o antropólogo que esquadrinhou nossas "frentes negras", a imigração galega e hoje se dedica à antropologia da alimentação), Pedro Novis (poeta, empresário, leitor de estruturas e minúcias da Bahia) e, *last but not least*, Sérgio Guerra (fotógrafo-cineasta, autor de livros espetaculares como *Nação Coragem* e *Hereros*, e há cerca de uma dúzia de anos praticando mergulhos profundos na vida dos pastores nômades do deserto de Namibe, no sul de Angola), que me enviou combustível suficiente para eu não me descolar da feitura deste escrito. Deixo aqui, ainda, agradecimentos especiais ao meu amigo-editor José Mario Pereira (que se entusiasmou por este trabalho assim que soube do que se tratava) e à sua equipe na Editora Topbooks: Mariângela Felix, Luciana Messeder e Miriam Lerner. Por fim, e como sempre, responsabilizo a radiante Sara Victoria, minha mulher, por criar as condições para que eu escrevesse este ensaio.

Ilha de Itaparica, verão de 2021,
Antonio Risério.

I
UMA VISÃO
GERAL

Vamos tratar aqui de um aspecto muito interessante, fascinante mesmo, da vida baiana entre os séculos XVIII e XIX: mulheres escravas e ex-escravas — pretas, mulatas, mestiças em geral — que realizaram a façanha de se enriquecer naquele contexto escravista, coisa à primeira vista praticamente impossível, com investimentos prioritários em escravos, imóveis e joias. Em ouro, muito ouro. Mas vamos nos aproximar do período em tela, inicialmente, a partir de duas narrativas escritas em língua inglesa. Uma de Daniel Defoe, outra de Charles Darwin.

Pouca gente por aqui sabe. Mas o fato é que Daniel Defoe, em seu arquifamoso romance datado de 1719, faz seu personagem Robinson Crusoe (não faz sentido chamar o coitado de "Crusoé", com acento agudo no "é") passar uma temporada razoável conosco, circulando entre a Cidade do Salvador da Bahia de Todos os Santos e as vilas, plantações e engenhos açucareiros do Recôncavo. A razão da ignorância com relação ao fato é fácil de explicar. Muito estranhamente, na edição brasileira do livro — edição condensada —, resolveram suprimir exatamente a parte do livro que fala do Brasil... Mais exatamente, o segmento que trata da peripécia baiana de Robinson. Mas ela está lá no livro. E esta supressão, acredito, explica que escritores brasileiros, ao falarem do *Robinson Crusoe*, não façam qualquer menção ao porto baiano e aos nossos engenhos — ao passo que não é nada incomum que o assunto apareça em textos de escritores ingleses, como se pode ver, apenas para dar um exemplo, num livro do porte de *Myths of Modern Individualism*, de Ian Watt.

Pois é. Naquela época, o Recôncavo Baiano era um centro internacional de produção açucareira e um polo do comércio transatlântico de escravos. Não admira, pois, que Daniel Defoe tenha feito, do seu célebre aventureiro, senhor de engenho na Bahia. Assim, antes de naufragar em sua ilha deserta no Caribe — onde se queixa da falta de um escravo, mas não se incomoda com a falta de uma mulher —, o puritano Robinson veio para cá. Veio tentar a sorte em nossos trópicos. Vamos resumir a passagem. Seu propósito original era ir até à África, mas ele é capturado por piratas turcos e acaba na prisão em um porto marroquino. Depois de dois anos, escapa em companhia de um jovem mouro, Xury, e é finalmente recolhido por um navio português. É a bordo desse navio que Robinson chega aqui ("We had a very good voyage to Brazil and arrived in the Bay de Todos los Santos", diz ele), implantando-se então no Recôncavo, onde se dedica às lavouras do fumo e da cana-de-açúcar. Depois de quase quatro anos no Brasil, no Recôncavo Baiano (onde jura que aprendeu a língua portuguesa, embora esta, no texto de Defoe, não vá além das expressões *seignior inglese*, *ingenio* e *asientos*, palavras que não são exatamente portuguesas), é que ele parte da Bahia — da Cidade do Salvador, *our port* – com destino à África, no firme propósito de traficar escravos. O que Robinson realmente desejava era se tornar comerciante de negros, fazendo a ponte África-Bahia. Acontece que, justo na viagem de estreia neste novo ofício, seu navio foi colhido por uma tremenda tempestade e atirado numa ilha caribenha, naufragando. E é aí que ele vai dar de cara com o pobre do Sexta-Feira – ou Friday.

O caso de Charles Darwin, por sua vez, está relacionado ao périplo planetário que realizou, a bordo do navio *Beagle*, entre dezembro de 1831 e outubro de 1836, desembocando no livro que se tornou mais conhecido sob o título *Viagem de um Naturalista ao Redor do Mundo*. Mas o episódio a que me refiro está relatado em sua autobiografia. Conta ele que se engajou nesta viagem do *Beagle*, dividindo o camarote do comandante do navio, o capitão Fitz-Roy. Segundo Darwin, Fitz-Roy era um homem com rasgos de nobreza, rigoroso no cumprimento de suas obrigações, até excessivamente generoso, além de ter muito mau gênio – especialmente, de manhã cedo. Começaram a ter vários entreveros na viagem. E um deles aconteceu justamente na Bahia. Foi quando Fitz-Roy fez uma defesa da escravidão, coisa que Darwin abominava. O desentendimento entre os dois foi ao ponto de Darwin ter pensado que seria despejado do navio, ficando na Bahia. Mas, depois de algumas horas, Fitz-Roy acabou pedindo desculpas e o naturalista pôde prosseguir viagem, mergulhado naquele que foi, segundo ele, o acontecimento mais importante de sua vida. Mas o que nos interessa aqui, no momento, não é o que Robinson e Sexta-Feira andaram fazendo, nem o alcance das investigações de Darwin sobre história natural e geologia. O que importa é outra coisa. O simples fato de um escritor, um romancista inglês, escrevendo em princípios do século XVIII, ter escolhido como cenário a Cidade da Bahia e seu Recôncavo, para aqui situar uma peripécia agrícola, escravocrata, de sua personagem, mostra de imediato o que significávamos então para o mundo. A Bahia era sinônimo de açúcar e negros. De negros escravizados, que tanto atiçam a cobiça de Robinson, quanto acendem os humanitários protestos antiescravistas de Darwin. E era exatamente em tal contexto que viviam e se moviam – vitoriosamente, podemos dizer com tranquilidade – as mulheres negras e negromestiças a que fizemos referência no parágrafo de abertura deste ensaio. Mas vejamos as coisas mais de perto.

Para lembrar o livro *O Teatro dos Vícios: Transgressão e Transigência na Sociedade Urbana Colonial*, do historiador sergipano Emanuel Araújo, vamos principiar dizendo que o que aqui se formou, sob diversas luzes e diversos aspectos, foi uma "sociedade das aparências". Ouçamos um trecho do próprio historiador a este respeito, reproduzindo relato do viajante inglês John Luccock, em suas *Notas sobre o Rio de Janeiro e Partes Meridionais do Brasil*: "Em 1808 John Luccock estranhava que os artífices brancos se considerassem 'todos eles fidalgos demais para trabalhar em público, e que ficariam degradados se vistos carregando a menor coisa pelas ruas, ainda que fossem as ferramentas do seu ofício'. O perplexo Luccock passa então a contar que um dia precisou de alguém para consertar uma fechadura. Coisa simples. Veio o empregado de uma carpintaria e fez entrada triunfal: vestido em gala, de tricórnio, fivelas nos sapatos e abaixo dos joelhos, chegou e estacou à porta. Precisava de um negro que lhe carregasse o martelo e a talhadeira. O inglês prontificou-se a fazê-lo, 'mas isso constituiria um solecismo tão grande como o de usar ele próprio as mãos', acrescenta. Esperou-se pacientemente até que surgisse um escravo e só aí o trabalho foi iniciado". Mas isto não acontecia somente no Rio de Janeiro. Nem atingia somente brancos. Tomava conta da colônia inteira, atravessando todos os segmentos sociais e todo o espectro de cores da população.

É claro que a sociedade baiana, entre os séculos XVII e XIX, se deixa definir de várias maneiras, a depender do ponto de vista adotado pelo observador. Paraíso do capital comercial, estância da volúpia, cafua infernal de negros, reino do açúcar, império dos mulatos, etc., etc. Em meio a essas muitas definições possíveis, se há uma que expressa com perfeição um tipo de comportamento e de mentalidade então dominantes, no âmbito de nossa população livre e liberta, é a que mencionamos no início do parágrafo anterior: sociedade de aparências. O gosto extremo pela representação – o cultivo das exterioridades – é quase uma *trade mark* da sociedade colonial brasileira. E a Cidade da Bahia não fugiu ao figurino. Pelo contrário, o culto das aparências, entre nós, atingiu pontos extremos. Sociedade da ostentação, do exagero, da afetação. Sociedade apavonada, rebrilhosa, exibicionista, barroca, rococó. Quando ainda era um homem pobre, reclamando da "dureza" de sua sorte, Silva Lisboa, o futuro Visconde de Cayru, desancou esse aspecto aparatoso da vida baiana. Está em sua célebre carta a Domingos Vandelli: "Com efeito ao luxo exterior dos vestidos, em nada cede aos nossos europeus; a seda é vulgaríssima até em os negros forros. Porém tudo é sem proporção: a indigência muitas vezes se esconde debaixo desta exterioridade de pura fanfarronada, entretanto que o interior da família está em desesperação". A observação é perfeita. Nem mesmo famílias com dificuldades financeiras abriam mão do espalhafato, dos caprichos vestuais, das joias, da fachada reluzente, do fausto. Para isso, iam contraindo dívidas e mais dívidas, a caminho da falência. Acima de tudo, era absolutamente indispensável ter os seus negros. E também os pretos pensavam assim: a primeira providência de um liberto era tratar de comprar um escravo para si. Naquela sociedade, uma pessoa sem escravos era um ser vil. Uma figura desprezível. Fracassada.

"O ornato feminino é excessivo e rico, porém de mau gosto; consta de muita seda, muito galão de oiro; apresentam-se [as mulheres] como tabuletas carregadas de oiro", escreve o mesmo Cayru. A saída de uma dessas senhoras à rua, em sua cadeira de arruar conduzida por pretos enfatiotados e acompanhada por mucamas lustrosas, era um espetáculo teatral. Um viajante estrangeiro, visitando a Bahia setecentista, não resistiu ao comentário, observando que as mulheres baianas possuíam mais joias do que virtudes. E Charles R. Boxer, em *The Golden Age of Brazil — 1695-1750: Growing Pains of a Colonial Society*, ao procurar explicar a menor intensidade do contrabando aurífero baiano, em comparação com o que ocorria nas Minas Gerais, acabou chegando ao mesmo tema da vaidade e da ostentação. Constatando que o ouro da Bahia não fora inteiramente para a África, em troca de escravos, ou para a Inglaterra, em troca de artigos manufaturados, o estudioso conclui que boa parte daquele metal, produzido então nas regiões de Jacobina e Rio das Contas, terá ficado na própria Bahia, como atestariam, entre outras coisas, o seu emprego na ornamentação de igrejas e a profusão de joias usadas pelas senhoras baianas, naquela época. Além do mais, ainda de acordo com Silva Lisboa, a ostentação de riqueza (real ou imaginária), nos espaços públicos, não era privilégio exclusivo do sexo feminino. "Este Estado do Brasil se acha ainda no da inocência ou da ignorância a respeito daquelas leis suntuárias, porque aqui não há notícia, nem observância delas, mas cada um se regula pelo seu apetite e veste como lhe parece sem diferença alguma no modo e no excesso do imoderado luxo, nos trajes e adornos de ouro, prata e sedas; e com tantas desordens que se não conhecem as pessoas de um e outro sexo pelo ornato dos vestidos; porque estes lhes confundem as qualidades e só pelos acidentes das cores se distinguem uns dos outros, excedendo quase todos em muito as suas possibilidades".

Essa atração irresistível pelo esmalte, pelo atavio brilhoso ou espelhento, tomava conta até mesmo das Forças Armadas, inclusive dos regimentos de mulatos e pretos forros. Ainda o Visconde de Cayru: "... se se costumasse vencer inimigos com a riqueza luzida dos uniformes, não haveria no mundo tropa mais respeitável nem mais invencível. E com efeito não posso ainda compreender a razão [...] um vão prurido de comandar tropas brilhantes e um entusiasmo não sei por que princípios conduzido, de introduzir a todo pano um luxo destrutor, pudesse prevalecer contra o grito da necessidade, miséria e consternação pública, obrigando-se cada um a fazer à sua custa fardas carregadas de galão de fino d'oiro, ainda o mesmo regimento de mulatos e negros, composto de gente que não tinha pão para comer". Naquela sociedade de aparências, havia também, digamos assim, uma cultura de aparências. Era a cultura das "academias", entidades de cunho histórico-literário patrocinadas pelo Estado, com os seus estatutos e quadros de sócios, como a Academia Brasílica dos Esquecidos e a Academia Brasílica dos Acadêmicos Renascidos. Era em tais "academias" que "eruditíssimos sujeitos", no dizer do acadêmico Rocha Pita, se reuniam para fazer surrados e supérfluos versos, ou para costurar dissertações sobre tópicos como, por exemplo, a sabedoria do Rei Salomão. Enfim, em correspondência com as cadeirinhas de arruar e os enfeites doirados dos milicianos, ali estava o discurso ornamental por excelência, o verbo aluziado e pomposo, a retórica florejante. Não eram joias, mas bijuterias de uma linguagem vazia, quase sempre destinada a maquiar e aureolar, com seus brilharetes bajulatórios, os mandachuvas metropolitanos e as autoridades que representavam a coroa lusitana na vida colonial brasileira.

Ao lado de todo esse culto das aparências, no entanto, como já foi sugerido e indicado, a miséria, o sofrimento e a fome eram reais. A corrupção e a anarquia, também. A região vivia em estado de permanente crise de abastecimento, consequência, entre outras coisas, do sistema da monocultura, com as vastas plantações exclusivistas de cana-de-açúcar e tabaco, que não deixavam espaço para o plantio de gêneros que pudessem alimentar a população. Havia, é certo, a alternativa do pescado. Mas, no século XVIII, o peixe já não era assim tão fácil. A pesca predatória e a especulação comercial, ativada pelos "atravessadores", iam fazendo do peixe um produto cada vez mais caro. Como se fosse pouco, a Cidade da Bahia tinha de abastecer os navios que aqui aportavam. E o movimento marítimo era considerável. Para que se tenha uma ideia, Thales de Azevedo lembra que, quando Lourenço de Almada chegou aqui, em maio de 1710, havia nada menos que 90 navios em nosso porto, carregando mais de nove mil pessoas. Alimentar toda essa gente representava um sacrifício enorme para o povo baiano. A comida era tirada de sua boca e servida à frota. Já no século XVII, Gregório de Mattos protestava contra tal prática:

> *Se dizem que o marinheiro*
> *nos precede a toda a lei,*
> *porque é serviço del-rei,*
> *concedo que está primeiro;*
> *mas tenho por mais inteiro*
> *o conselho que reparte*
> *com igual mão, igual arte*
> *por todos jantar, e ceia.*
> *Mas frota co a tripa cheia*
> *e o povo com a pança oca?*
> *Ponto em boca!*

E a população reagia. Em 1711, por exemplo, tivemos a chamada "revolta do maneta", resposta popular às taxas fiscais que haviam tornado o sal um artigo inacessível. Casas comerciais de portugueses foram então depredadas e saqueadas. Do mesmo modo, quando o preço da carne deu um salto, a população arrombou açougues. A arrogância e o ânimo arruaceiro dos soldados, por sua vez, haviam se tornado habituais, gerando pânico, agressões e mortes. Na verdade, a agitação popular – manifestando-se em badernas, *food riots*, motins militares, etc. – foi uma constante na vida da Salvador setecentista: "a cidade transpira indisciplina, informalismo, desapreço às normas e prescrições", escreveu István Jancsó, em *Na Bahia, Contra o Império*. Era uma cidade suja, corrupta, violenta, cheia de mendigos, vadios e delinquentes. Uma cidade onde funcionários públicos só se moviam sob o combustível de gorjetas, juízes respiravam propinas, conventos se convertiam em focos de promiscuidade sexual, militares promoviam arruaças, bandidos tomavam conta das vias públicas e o povo virava a mesa, na base do quebra-quebra. Contribuindo para o desequilíbrio e a balbúrdia, sucessivas administrações coloniais apresentavam pelo menos um ostensivo e insuperável ponto em comum: a carência de planos mínimos de governo e programas de ação.

Em meio a tudo isso, naquele novo mundo nos trópicos, um contingente social se destacava na paisagem, chamando a atenção de vários observadores: eram as negras africanas ou as pretas e mulatas nascidas já no Brasil, as chamadas "crioulas", exibindo narcísica e ostensivamente, nos espaços públicos da cidade, roupas de seda e profusão de joias de ouro e prata. Não pelas vestes e joias, evidentemente, mas por serem elas negras, mulatas e mestiças em geral, que nem bem tinham se livrado do cativeiro, do estatuto escravista. A este respeito, o velho Antonil chegou a escrever *en passant*: "E o pior é que a maior parte do ouro, que se tira das minas, passa em pó e em moedas para os reinos estranhos: e a menor é a que fica em Portugal e nas cidades do Brasil, salvo o que se gasta em cordões, arcadas, e outros brincos, dos quais se veem hoje carregadas as mulatas de mal viver e as negras, muito mais que as senhoras". É claro que o comentário de Antonil vem repassado de preconceito. Mais precisamente, de etno-centrismo, preceito moral e preconceito social. Aponta para a promiscuidade sexual, mas também revela que as negras já contavam com mais joias do que muitas senhoras brancas. Na verdade, elas eram bem menos descompassadas do que estas, no culto exibicionista. Afinal, possuíam de fato recursos que lhes permitiam comprar e colecionar joias. Quando muitas famílias brancas viviam na vizinhança do colapso financeiro, essas negras dispunham, repito, de recursos e reservas. E isto não foi fenômeno restrito a Salvador. Era o que se via também no Rio de Janeiro e nas Minas Gerais, pelo menos: senhoras brancas estavam sujeitas até a passar por certo constrangi-mento social, digamos assim, ao se deparar com ex-escravas suas rebrilhando vaidosas, entre joias e vestidos de seda que, muitas vezes, elas mesmas haviam comprado.

Mas tudo indica que o fenômeno era consideravelmente disseminado, não se restringindo aos espaços mais ricos e po-derosos do Brasil Colônia. Estudiosos citam, por exemplo, o relato do viajante Johann Emanuel Pohl, falando da realida-de de Goiás em inícios do século XIX. Entre outras coisas, diz Pohl que havia ali uma missa só para brancos, celebrada aos domingos, às cinco horas da manhã. Era a chamada "missa da madrugada". E o interessante é tomar conhecimento do motivo que levou à criação desta missa auroral e racialmente excludente. Simples. As senhoras brancas da região eram po-bres, em comparação com as negras. Não aceitavam ir à missa domingueira, em horário normal, para não se encontrarem com pretas engalanadas. Afinal, envolvidas em seus mantos de qualidade algo duvidosa, não suportavam os olhares superiores, desdenhosos mesmo, das negras que entravam altivas na igreja, exibindo cheias de si suas ricas rendas e correntes de ouro. Mas vamos nos concentrar aqui no caso baiano. Viajantes estrangeiros que passavam pela Cidade da Bahia, naquele período, registravam invariavelmente o uso de joias pelas pretas. Como L. F. de Tollenare, em suas *Notas Dominicais*, datadas da década de 1810, falando que as negras vão à missa descalças, trazendo amuletos suspensos ao peito, muitas com "o colo e os braços carregados de cadeias de ouro e relicários do mesmo metal". Como o inglês James Wetherell, em *Brasil. Apontamentos sobre a Bahia. 1842-1857*: "Os braços são cobertos de pulseiras de coral e de ouro; o pescoço e o peito carregados de colares e as mãos de anéis... Um elegante pano da Costa é jogado sobre o ombro". Como, ainda, outro inglês, Lambert, encantado com a visão de um grupo de mulheres negras saindo da igreja, "alegremente vestidas com turbantes, largas saias coloridas, camisas brancas lindamente trabalhadas, contrastando com o polido de ébano de suas peles. Usavam pesados braceletes de ouro e colares com borlas de ouro, pendendo pelo dorso, e sapatos de cetim branco".

Interessante notar que, passado o século XIX, essas pretas vistosas se tornaram praticamente invisíveis, pelo menos para a maioria dos estudiosos do tema da mulher em nosso país. Tome-se um livro como *A Mulher no Brasil*, de June E. Hahner, por exemplo: nenhuma palavra, nenhuma sílaba sobre o assunto. Mas é justamente dessas negras e mulatas cercadas de escravos e cobertas de joias que vamos tratar neste ensaio. Dando logo ressalte ao fato de que parte considerável e reluzente de seu repertório de joias, entre nós, tinha uma singularidade. Eram as chamadas *joias de crioula*, que foram produzidas unicamente na Bahia e só eram usadas por pretas e mulatas, fossem escravas, libertas ou livres... E a pergunta é: como, numa sociedade escravista, onde teoricamente a massa escrava viveria na mais funda miséria, estas mulheres negras, mulatas e mestiças de um modo geral, conseguiram recursos para se cobrir assim de joias tão belas quanto valiosas? Mais precisamente: recursos para obterem a sua liberdade do cativeiro (com as cartas de alforria) e para investir capitais em suas movimentações favoritas, que eram a compra de escravos, imóveis, joias e ouro? E ainda: o que significava para elas a posse dessas joias, assim como de escravaria própria, naquele contexto sociocultural? Como não se sustenta, diante de fatos e documentos, a tese tradicional, repetida sempre, de que as pretas eram presenteadas com essas joias por seus senhores e/ou amantes, estamos na obrigação de identificar e expor os caminhos pelos quais elas amealharam suas joias. É certo que alguns colares, brincos e braceletes devem ter sido mimos de amantes. Mas esta não parece ter sido a regra.

Um quadro como *Mulata Quitandeira*, de Antonio Ferrigno, quase nos leva a acreditar naquela tese antiga, hoje praticamente abandonada. Tudo ali fala de uma pobreza aparentemente insuperável. É uma mulata sentada no chão, com roupas muito simples, pobres mesmo. Ela está descalça, com os chinelos deixados displicentemente de lado. No entanto, quando corremos os olhos sobre seu corpo, vemos que lá estão a pulseira, o bracelete, o colar — todos de ouro, mesmo que ocos, mesmo que não de ouro maciço ou de metal puro. E ali, no quadro de Ferrigno, está igualmente a realidade que não foi reconhecida por tantos estudiosos: era a quitanda que bancava a posse das joias. A maioria destas foi comprada por escravas e ex-escravas que sabiam ganhar – e juntar e investir – dinheiro. Este é o aspecto que intriga, pedindo para ser devidamente esclarecido. E é o que vamos ver, ainda que a voo de pássaro, no correr deste ensaio.

II
ANTECEDENTES
AFRICANOS

Cabem duas observações preliminares. Povos negros conheceram e praticaram a escravidão, larga e milenarmente, em seus muitos reinos africanos, desde bem antes, claro, que qualquer branco tivesse posto os pés naquelas terras. Do mesmo modo, são antigos, muito anteriores ao contato com europeus, o conhecimento do – o trabalho com e o fascínio pelo – ouro na África.

A escravidão não só existiu em África desde tempos imemoriais, como foi lá onde a instituição mais durou (e não no Brasil, como se costuma dizer), chegando ao século XX. A matéria foi estudada, documentada, analisada e exposta por diversos historiadores, de Lovejoy a Vansina, passando pela nigeriana Elizabeth Isichei e pelos brasileiros Alberto da Costa e Silva e Manolo Florentino, entre alguns outros mais. Era uma realidade institucional, sancionada por leis e costumes. "Utilizado como vítima sacrificial, dádiva, moeda, bem de capital, ostentação, mão armada, força de trabalho e reprodutor, era constante na maioria das sociedades africanas a demanda por escravos", observa Alberto da Costa e Silva, em *A Manilha e o*

Libambo. "A escravidão existia no Congo, como em qualquer outra parte da África, muito antes de os europeus começarem a exportação de escravos para o ultramar", escrevem por sua vez Oliver e Fage, em *Breve História de África*. Sobre os impérios do Mali e do Gao, informa Sékéné Cissoko: "As grandes propriedades dos príncipes ou dos ulemás eram exploradas por escravos estabelecidos em colônias agrícolas. O próprio *askiya*, grande proprietário de terras, tinha seus campos, espalhados pelo vale, cultivados por comunidades de escravos sob a direção de capatazes, os *fanfa*". Conta-se ainda que, na primeira metade do século XV, o grão-vizir de Kano fundou vinte e uma cidades, instalando, em cada uma delas, mil escravos. Esses escravos, em toda a África, eram obtidos por diversos meios, do sequestro à guerra dirigida para caçar e capturar gente, cativos que eram conduzidos a pé pelas estradas, amarrados um ao outro pelo pescoço. E a violência africana contra eles em nada ficava a dever à violência do escravismo colonial americano.

Ao alcançar pela primeira vez a costa da África Equatorial, os portugueses encontraram dois grandes reinos: Loango e Congo. Supõe-se que esses reinos se tenham formado entre os séculos XIII e XIV. Encontrava-se aí, entre outras coisas, "o culto dos espíritos (ligados à terra) e dos ancestrais, considerados, uns e outros, como deuses. O comércio parece ter-se desenvolvido cedo também nessa região, pois em 1483, quando chegaram os portugueses, já circulavam moedas. Existia uma aristocracia, e os trabalhos agrícolas eram efetuados por escravos", narra o historiador e antropólogo belga Jan Vansina, em "A África Equatorial e Angola: As Migrações e o Surgimento dos Primeiros Estados". Dos dois reinos, sabemos mais sobre o do Congo, implantado pelos bakongos, povo que forneceria muitos escravos ao Brasil. Eram negros bantos (da forma *ba-ntu*, "os seres humanos", plural de *mu-ntu*, de Angola, *ngola*, título do soberano do antigo reino Ndongo, e do próprio Congo, *kongo*, cujo significado é ainda hoje objeto de discussão: há quem o remeta ao termo *ko-ngo*, "parente da pantera", o assimile à expressão *nkongo*, que designa o grande caçador, e ainda quem cite *kong* ou *kongo*, arma de arremesso). Antes da chegada dos bakongos, a região foi povoada pelos ambundos, também um povo banto. Conta-se que um certo Nimi Lukeni fundou o reino quando atravessou o Rio Congo, deixando para trás Bungu, no Maiombe, para conquistar a chefaria ambundo de Mbanza Congo (futura São Salvador, em Angola). Com a vitória de Lukeni, bakongos e ambundos se misturaram – os nobres com os nobres, os pobres com os pobres. Sobre a estrutura social do Reino do Congo, Vansina sintetiza: "A estratificação social é nítida. Existiam três ordens: a aristocracia, os homens livres e os escravos. A aristocracia formava uma casta, pois seus membros não podiam casar-se com plebeus". Entre os nagôs ou iorubás – que possuíam vasta escravaria –, o escravo oferecido em sacrifício ritual (requerido sem remissão por nossos conhecidos orixás) era degolado, enterrado vivo ou tinha os membros amputados.

Com o início do comércio transatlântico de escravos, solidarizando comercialmente as duas margens do Atlântico, africanos se envolveram na grande cartada: alguns, como mercadores; outros, como mercadoria. "Os negros começaram logo em África uma luta fratricida, incessante, bárbara, a fim de arrebanharem e fazerem prisioneiros, que vinham trazer aos negreiros", observava, já na década de 1860, o abolicionista brasileiro Agostinho Perdigão Malheiro. E ele seria confirmado por todas as pesquisas posteriores. "O estudo do tráfico mostra também não haver dúvida de que os africanos dominavam as condições do suprimento de escravos. Na maioria dos casos, eram governos locais ou determinadas classes de africanos que forneciam os escravos para a costa. Com menor frequência, eram traficantes e intermediários africanos mulatos ou não tribais ou não nacionalizados que transportavam os escravos do interior para os barcos europeus. Apenas os portugueses, dentre os traficantes europeus ou euro-africanos, obtinham seus próprios escravos do interior. Mesmo neste caso, porém, a maioria dos escravos ainda procedia originalmente de vendedores africanos e/ou intermediários", conclui Herbert Klein, em *A Escravidão Africana: América Latina e Caribe*.

Vejamos isso no terreno da história brasileira. Portugal impôs um regime de exclusividade comercial à sua colônia ultramarina. O Brasil só podia negociar com Lisboa. Na prática, esse exclusivismo das mercancias nunca vingou de forma absoluta. A Bahia nunca viveu unicamente em função da metrópole, no plano de suas trocas internacionais. O comércio de escravos é exemplo disso. Apesar das reverências oficiais à coroa lusitana, o tráfico escravista foi, principalmente a partir do século XVIII, um negócio bilateral que, envolvendo baianos e africanos, passava muitas vezes ao largo e ao longe do porto de Lisboa. Mais: uma atividade comercial que, em alguns momentos, teve de medir forças com o poder lisboeta, resistindo às pressões metropolitanas, especialmente depois que a Inglaterra entrou no jogo para tentar dar um basta ao negócio.

De um modo geral, não costumamos prestar muita atenção a este fato. Nos séculos XVIII e XIX, o tráfico foi uma relação direta entre baianos e africanos, vinculando, particularmente, a Cidade da Bahia e o Reino do Daomé. E uma relação muito lucrativa para ambas as partes. Em síntese, o que ocorria era o seguinte. Negros africanos escravizavam negros africanos para vendê-los (era, como disse, uma prática regular — sistêmica e sistemática — e não coisa esporádica ou circunstancial). A Bahia comprava esses escravos porque precisava deles para funcionar. E o tráfico, em si mesmo, era um grande negócio, exigindo investimentos pesados e gerando lucros imensos. Para não ficar apenas no exemplo baiano, lembre-se que, por essa época, enquanto a Bahia se concentrara no comércio com a África superequatorial, os navios do Rio de Janeiro permaneceram nas rotas de Angola e do Congo, além de começar a buscar a costa do Oceano Índico — em especial, Moçambique. Ou seja: no caso carioca, a África Central continua em seu posto de principal fornecedor de escravos, ao tempo em que cresce significativamente o volume das exportações de negros do litoral índico para o Rio. No livro *Em Costas Negras: Uma História do Tráfico de Escravos entre a África e o Rio de Janeiro*, Manolo Florentino fornece dados e mais dados sobre o assunto.

O papel da África, no comércio de pretos escravizados, nada teve, portanto, de passivo. Antes que somente vítimas, negros africanos foram, também, agentes e mesmo sócios do tráfico. Na parceria entre a Bahia e o Daomé, vemos um exemplo do nexo orgânico que conectava as duas margens do Atlântico Sul. Florentino fala que, "ao consumo do escravo [no Brasil] precedia um movimento típico da face africana do tráfico, o da produção social do cativo". E Gorender observa: "Capturar prisioneiros para o tráfico tornou-se atividade prioritária de tribos primitivas de remotas regiões interioranas à de sólidos Estados litorâneos, com o de Daomé, nascido do tráfico no século XVII e fundado no monopólio real do comércio de escravos". O problema é que — por manipulação política, truque, cegueira ou estrabismo ideológico — construiu-se, no mundo ocidental oitocentista e na África do século XX, a fantasia de que os negros, essencialmente bons, haviam caído, desde o século XV, nas garras de europeus brancos, seres essencialmente maus. Mas este é um discurso que ignora dados e fatos históricos. A África conheceu a guerra, a estratificação social, a escravidão, a moeda e a tortura muito antes de os europeus aparecerem por lá. Citando Frederick Cooper (*"The Problem of Slavery in African Studies"*), Manolo Florentino comenta: "... todo lugar e época que conheceram a concentração de riqueza e poder, como a África de antes do tráfico, e sobretudo depois de sua implementação, também testemunharam a exploração do homem pelo homem. Recusar tamanha obviedade não contribui para que se ultrapasse a tão comum associação africano/selvagem". Achar que não havia exploração do homem pelo homem na África Negra, antes da chegada dos europeus, é considerar que os pretos africanos eram, realmente, seres inferiores.

Na África, o tráfico gerou riquezas, aprofundou divisões sociais preexistentes, produziu e/ou consolidou formações estatais. Não por acaso o Daomé e os nagôs da Iorubalândia disputaram o monopólio da exportação de escravos para o Brasil, com seus reis despachando embaixadas à Bahia e a Portugal para tratar do assunto. Em *Fluxo e Refluxo do Tráfico de Escravos entre o Golfo do Benim e a Bahia de Todos os Santos*, Pierre Verger informa que, de 1750 a 1811, foram enviadas à Bahia pelo menos quatro embaixadas do Daomé, duas de Onim (Lagos, Nigéria) e uma de Ardra (Porto Novo, Daomé). O objetivo era estreitar relações comerciais com a Bahia. Por ocasião da embaixada daomeana de 1750, os enviados do Rei Tegbessu presentearam o Conde de Atouguia, então Vice-Rei do Brasil, com uma caixa de panos da Costa e quatro negras, três das quais foram parar em Lisboa, servindo no quarto da Rainha de Portugal (a quarta negra ficara cega ao desembarcar em Salvador). Adiante, os dois embaixadores daomeanos de 1795, remetidos pelo Rei Agonglô, deixaram os seus aposentos no Convento de São Francisco de Assis, onde estavam hospedados, para, em audiência oficial, propor ao governador da Bahia a exclusividade do comércio de escravos de Uidá. O governador rejeitou a proposta de um comércio privativo Bahia-Uidá, alegando que tal monopólio prejudicaria interesses baianos. Em 1805, por iniciativa do Rei Adandozan, os daomeanos voltaram a insistir, sem êxito, na pretensão do comércio exclusivo. Referindo-se a embaixadores encaminhados à Bahia em 1770 pelo Rei de Onim, Verger nos passa a seguinte informação: "Além destes enviados e embaixadores, numerosos africanos livres iam para a Bahia, seja para entregar-se ao comércio [de escravos], seja para receber educação. Entre estes últimos, encontravam-se filhos de cabeceiras [chefes] ou mesmo de reinantes". Por fim, alguns libertos da Bahia retornaram à África para se tornar traficantes, a exemplo do africano João de Oliveira, que passou 37 anos seguidos operando no comércio negreiro da Costa da

Mina.

Quanto ao ouro... Para falar a verdade, nunca me debrucei de fato sobre o tópico do ouro na África. Mas não deixo de ter alguma informação a respeito da matéria. Historiadores ensinam que, quando os portugueses toparam com ouro no litoral africano, logo encontraram dificuldade para pagar por ele. Quem controlava a região e suas minas era o povo akã, com seu poderoso estado de Denkyira (extremamente agressivo e escravista), que não tinha lá grande interesse nos bens que os lusos ofereciam em troca do metal luzente. Até que os portugueses descobriram uma mercadoria africana que os akãs aceitavam de muito bom grado em troca de seu ouro: escravos. Empenhados àquela altura num processo expansionista, esses akãs eram já *habitués* do mercado africano de escravos, que adquiriam para empregar na derrubada de florestas e em atividades agrícolas. "Durante a década de 1470 os portugueses estabeleceram contatos comerciais em ancoradouros ao longo da Baía do Benin e do delta do Níger, onde o povo beninense e os ibôs [da atual Nigéria] se mostraram muito bem dispostos a vender para eles cativos tomados em incursões militares e territoriais. Assim, o litoral do que hoje são o Benin [antigo Daomé] e a Nigéria ganhou a alcunha que ainda o identifica em alguns atlas reputados — a Costa dos Escravos — e os portugueses se tornaram intermediários marítimos numa rede de trocas comerciais nativas. Entre 1500 e 1535... embarcaram entre dez e doze mil escravos da Costa dos Escravos para a Costa do Ouro, através da Baía do Benin. E navegaram para Portugal com ricos carregamentos de ouro, marfim e pimenta", escreve John Reader, em *Africa — A*

Biography of the Continent.

Nunca ouvi falar da existência de ouro em território dos jejes (os fons do Daomé) ou dos nagôs. Mas, sim, em rotas de fulanis, não muito longe do império de Gana, por exemplo. Assim como na região dos akãs, fantes e axantes, onde os portugueses construíram o sempre citado Forte da Mina. Entre a fortaleza e a pequena cidade de Kumassí, centro do reino axante, encontrava-se a área que foi uma das mais importantes fontes de produção de ouro (e também de escravos) na África Negra. A criação axante de objetos de ouro era simplesmente esplêndida, como podemos ver nas peças que sobreviveram ao século XVIII. A exemplo da maravilhosa cabeça de ouro maciço reproduzida no livro *Black Kingdons, Black Peoples — The West African Heritage*, de Anthony Atmore e Gillian Stacey (mas o gosto pelo ouro atravessa os tempos; neste mesmo livro, encontramos a foto de uma mulher fulani vendendo leite recentemente no mercado mopti: os anéis, nas tranças de sua cabeleira, são de puro ouro).

O que é bem interessante é o segredo que havia em torno do assunto. Atmore e Stacey chamam a nossa atenção para isso. Minas e minerações eram segredos muitíssimos bem guardados. Coisas classificáveis sob a rubrica *top secret*. "Os mercadores árabes certamente não sabiam onde o ouro era minerado. Era óbvio para eles que os governantes do grande império da África Ocidental eram ricos em ouro, mas sua fonte específica permanecia um mistério. O ouro, de fato, originava-se no oeste e no sul, com o principal campo em Buré, ao sul do império do Mali, e era transportado aos entrepostos do sudeste das rotas comerciais do Sahara pelo povo dyula. Mas nem os dyulas entravam em contato direto com os produtores do metal precioso. Os mineiros mantinham os segredos de seu ofício tão bem guardados que mesmo a funcionários imperiais recusavam o acesso a suas terras. Quando autoridades do Mali tentaram assumir o controle de Buré, os mineiros simplesmente entraram em greve. Paralisaram a produção... Só os mendes, conhecidos pelos árabes como wangaras, estabeleceram gradualmente relações especiais com seus parceiros de comércio". Os mineiros consideraram que eles eram um povo digno de confiança. E parece que eles nunca a traíram. Além disso, havia o aspecto mágico, de alguma forma inscrito na esfera do sagrado. "Mineiros eram tradicionalmente temidos porque tinham acesso ao que havia de mágico sob a superfície terrestre. Artesãos, de um modo geral, recebiam *status* especial na sociedade ocidental africana, a depender da atividade particular que exerciam. Ferreiros, principalmente, eram apartados. Como os comerciantes, eles e os mineiros tinham uma posição especial na sociedade, mas sofriam uma espécie de ostracismo porque seu conhecimento secreto era tido como perigoso e disruptivo".

Mas não vamos nos alongar mais. O que importa assinalar é que a Bahia recebeu um bom número de negros originários da supracitada Costa do Ouro, aqui genericamente tratados como *minas*. Yeda Pessoa de Castro lembra que, segundo Arthur Ramos, em sua *Introdução à Antropologia Brasileira*, "minas eram chamados, na Bahia, os negros procedentes da Costa do Ouro, mas no sul do país, especialmente no Rio de Janeiro, onde prevalecia a presença de bantos, 'a denominação se aplicava a todos os negros sudaneses, englobando nagôs, jejes, minas propriamente ditos', para ele, os fantes-axantes de Gana atual, uma região aurífera, por isso batizada pelo tráfico de Costa de Ouro". Outro povo que veio parar aqui e tinha forte vínculo com as rotas africanas do ouro: os hauçás. Eles operavam através de uma rede de cidades-estados no norte da atual Nigéria. "O governante hauçá, ou *sarkin*, vivia em cidades muradas, das quais as mais famosas foram Kano, Katsina, Zaria e Gobir. Junto com uma aristocracia rica, o sarkin era dono do campo que circundava o núcleo urbano e era cultivado por camponeses que moravam fora dos muros da cidade. Foi somente nos séculos XV e XVI que eles [os hauçás] se engajaram no comércio, enviando ouro e produtos de luxo através do Sahara", escrevem os mesmos Atmore e Stacey. Os hauçás viajavam por terras axantes e iorubanas vendendo armas e cavalos – e comprando ouro.

De qualquer forma, ainda que nem todos pudessem ter peças e joias de ouro, o fato é que não existia negra africana que não possuísse seus adereços corporais, produzidos com os mais variados materiais. Suas joias ou bijuterias. E, ao fazer a travessia compulsória do Atlântico Sul e passar a viver no Brasil, negros e seus descendentes – tanto homens, quanto mulheres – não abriram mão de nenhuma dessas duas coisas. Sempre tiveram em alta conta a posse de escravos e de joias. Daí a tranquilidade com que negros escravizavam outros negros por aqui, ou mesmo se vinculavam a operações do comércio negreiro, como veremos em diversos exemplos nas páginas que seguem. No caso baiano, com uma singularidade, já apontada: escravas e ex-escravas negras ou negromestiças ostentavam os brilhos das *joias de crioula*, produzidas e consumidas apenas na Bahia. Aqui e ali, por motivos variados, autoridades coloniais chegaram mesmo a tentar bloquear a produção baiana de joias. Sem sucesso. Sabe-se que, pelo menos na Bahia, ao longo de toda a segunda metade do século XVIII, foi intensa a atividade dos ourives. Existem informações de que irmandades especialmente fortes – como as do Santíssimo Sacramento da Sé, da Conceição da Praia, do Pilar, de São Pedro e da Ordem Terceira do Carmo, entre outras – andaram contratando, por essa época, o trabalho dos mais conhecidos e admirados mestres ourives de Salvador, que, no âmbito de sua ourivesaria, produziam também joias. Cabe aqui, aliás, uma distinção entre joalheria e ourivesaria, tal como feita por Eliana Gola, em *A Joia – História e Design*: "Ao falarmos em *joalheria*, o foco recai na *criação* e *feitura* de objetos para servir de *ornamento*, usando metais como ouro e prata, por exemplo, associados ou não a pedras preciosas (e até mesmo a imitações simulando seu brilho). Já a *ourivesaria* dá valor artístico a metais considerados preciosos, segundo as culturas e as épocas, não importando se os objetos com eles confeccionados sejam joias, armas, baixelas ou objetos utilitários".

Pois bem. Treinadas nos tratos do comércio, vivendo numa cidade cheia de oportunidades de ganho, algumas das mulheres negras, que desembarcaram como escravas na Bahia, chegaram a enriquecer. A ganhar dinheiro suficiente para ter a sua própria escravaria e se dar ao luxo de investir em belas e requintadas joias. E mesmo a merecer publicamente o respeitoso tratamento de *dona*. No texto "De Escravas a Senhoras", o historiador e antropólogo Luiz Mott fez a abordagem certa do tema. São suas as palavras seguintes: "No discurso contemporâneo dos militantes do Movimento Negro, quando se fala de mulher escrava ou liberta no Brasil Colonial, enfatizam-se sempre três aspectos: sua exploração enquanto mão de obra servil, sua discriminação como pertencente a uma raça que era considerada como sub-humana, sua inferiorização como membro do 'segundo sexo'. Lélia Gonzales, famosa socióloga negra e militante do Partido dos Trabalhadores do Rio de Janeiro, costuma dizer em suas conferências que 'todo mulato é fruto da violência sexual do homem branco contra a mulher negra'. Contraditoriamente, tal exagero dá razão ao principal ideólogo da 'democracia racial brasileira', Gilberto Freyre, quando se refere à 'desbragada prostituição' da escrava dentro da casa grande, presa fácil da 'ociosidade voluptuosa dos senhores'". Plantando-se no solo firme das evidências históricas, Mott contesta a parcialidade desta visão que pretende absolutizar apenas um aspecto da realidade – e, ironicamente, irmana Freyre e seus mais furibundos adversários. Para Mott, "embora Chica da Silva seja a mais célebre das libertas bem-sucedidas no período escravista, os documentos comprovam a existência de milhares de outras negras, no mesmo período, que também conseguiram grande êxito em seu projeto de enriquecimento e ascensão social".

Quem prefere conhecer os fatos a meramente se limitar a repetir clichês de militância, sabe que Mott está certo. Ele e outros historiadores recentes da vida brasileira. Daí que tenhamos até mesmo de providenciar uma espécie de pequena, mas relevante revisão lexical a propósito de nosso vocabulário escravista. Veja-se o *Dicionário Houaiss da Língua Portuguesa*. Lemos ali que a palavra *sinhá* é uma "forma de tratamento com que os escravos designavam a senhora ou patroa" – e que *sinhá-moça* ou *sinhazinha* era forma de tratamento "dado pelos escravos à filha do senhor ou a uma donzela". Mas sempre empregamos estas expressões com referência a mulheres brancas ou, no máximo, brancomestiças. E assim o fazemos porque é o que se implantou e se enraizou em nosso imaginário, como consequência dos estereótipos historiográficos vigentes a respeito da vida social no mundo escravista brasileiro. Por isso mesmo, não surpreende que a muitos surpreenda o título da tese da historiadora Sheila Siqueira de Castro Faria, apresentada à Universidade Federal Fluminense, em Niterói: *Sinhás Pretas, Damas Mercadoras – As Pretas Minas nas Cidades do Rio de Janeiro e de São João Del Rey (1700-1850)*. No entanto, Sheila está corretíssima. Sinhás pretas existiram, sim. E, não raro, majestosamente. É do que vamos tratar, um pouco mais de perto, nas páginas por vir.

III
PRECIOSISMOS
COLONIAIS

Em seu livro *As Artes Plásticas no Brasil — Ourivesaria*, José Gisella Valladares começa pelo começo, expondo um aspecto interessante do processo. Lembra ele que não tínhamos aqui a matéria-prima — vale dizer, ouro e prata — para produzir joias de ouro e outros objetos de alto valor, a exemplo de todo aquele variado conjunto de peças preciosas existentes nos templos e/ou usadas nas atividades e ritos da Igreja Católica. Mas a verdade é que o ouro e a prata não demoraram a circular por aqui. E em abundância.

"Descoberto o Brasil e iniciada sua conquista, uma grande desilusão aguardava os portugueses. Ao contrário do México e Peru, onde os indígenas se adornavam com joias de valor, de ouro e prata, nosso índio se embelezava com penas, pedaços de osso, pedras e desenhos corporais. Nada que indicasse o conhecimento e exploração das jazidas cuja posse daria a Portugal, como logo deu à Espanha, uma situação verdadeiramente fabulosa em lastro metálico", escreve o crítico. À falta de ouro, os lusos e luso-brasileiros se viram obrigados a se empenhar na produção agrícola. E aí vem a segunda parte da história:

com a riqueza gerada pelos canaviais e plantações fumageiras da Bahia e de Pernambuco, ficou fácil importar ouro, joias e tudo o mais. Valladares: "Até que as minas brasileiras fossem realmente encontradas e exploradas, cerca de cem anos depois, quem tinha razão eram os partidários do aproveitamento agrícola do país. O comércio de mantimentos, sobretudo do açúcar, e de manufaturas, já ao findar daquele século [XVI], conseguia para algumas cidades das colônias nascentes, uma posição de entreposto rendoso, onde o ouro e a prata corriam abundantes, vindos daquelas regiões da América do Sul em que se encontravam quase à flor da terra, mas despertando ambições que, praticamente, não davam margem a outra atividade além da extrativa. Especialmente em Pernambuco, os 'colossais proventos do açúcar', como os chamou A. E. Taunay [Afonso d'Escragnolle Taunay, *São Paulo nos Primeiros Anos – 1554-1601*], garantiam a importação de tudo que a vaidade humana pudesse cobiçar: sedas, veludos, joias, alfaias".

No rastro do velho Taunay, nosso José Valladares destaca a riqueza pernambucana – e não há como duvidar disso. Mas não era diverso o caso da Bahia. E não faltam exemplos de fulgurações auríferas e argênteas na Cidade do Salvador. E já no século inaugural da colonização, no século XVI. Veja-se, a propósito, o *Tratado Descritivo do Brasil em 1587*, escrito por Gabriel Soares de Sousa, senhor de engenho em Jequiriçá – ou seja: livro redigido pouco menos de quarenta anos depois que Thomé de Sousa fez construir a Cidade da Bahia. Gabriel Soares, falando do Terreiro de Jesus no século XVI (itálicos meus), registra: "Passando além da Sé, pelo mesmo rumo do norte, corre outra rua mui larga, também ocupada com lojas de mercadores, a qual vai dar consigo num terreiro mui bem assentado e grande, onde se representam as festas a cavalo, por ser maior que a praça, o qual está cercado em quadro de nobres casas. E ocupa esse terreiro a parte da rua da banda do mar *um suntuoso colégio dos padres da Companhia de Jesus, com uma formosa e alegre igreja, onde serve o culto divino com mui ricos ornamentos...*". Isto é, os tempos eram realmente outros. E não só na esfera eclesiástica, pedagógico-missionária, dos jesuítas. Ou no campo da Igreja. No mundo profano, também. Ainda Gabriel (itálicos novamente meus): "Na Cidade do Salvador e seu termo há muitos moradores ricos de fazendas de raiz, peças de prata e ouro, jaezes de cavalos e alfaias de casa, entanto que há muitos homens que têm dois e três mil cruzados em *joias de ouro e prata lavrada*. Há na Bahia mais de cem moradores que têm cada ano de mil cruzados até cinco mil de renda, e outros que têm mais, cujas fazendas valem vinte mil até cinquenta e sessenta mil cruzados, e davantagens, os quais tratam suas pessoas mui honradamente, com muitos cavalos, criados e escravos, e com vestidos demasiados, especialmente as mulheres, porque não vestem senão sedas, por a terra não ser fria, no que fazem grandes despesas, mormente entre a gente de menor condição; porque qualquer peão anda com calções e gibão de cetim ou damasco, e trazem as mulheres com vasquinhas e gibões do mesmo, os quais, como têm qualquer possibilidade, têm suas casas mui bem concertadas e *na sua mesa serviço de prata, e trazem suas mulheres mui bem ataviadas de joias de ouro*".

Na mesma época de Gabriel, o padre Fernão Cardim, que integrou o quadro de dirigentes da Companhia de Jesus em seu avanço missionário nos trópicos (foi reitor do Colégio da Bahia) e morreu na aldeia baiana do Espírito Santo (hoje, Abrantes), escreveu os *Tratados da Terra e Gente do Brasil*. E o que Cardim pinta não é em nada diferente do que Gabriel Soares desenhou. Mas é em sua "Narrativa Epistolar de uma Viagem e Missão Jesuítica" que encontramos as informações que ora nos importam. Cardim está viajando da aldeia jesuítica do Espírito Santo para a aldeia jesuítica de Santo Antonio. Hospeda-se, a caminho, em casa de Garcia d'Ávila, na atual Praia do Forte: "Aquela noite fomos ter à casa de um homem rico que esperava o padre visitador: é nesta Bahia o segundo em riquezas por ter sete ou oito léguas de terra por costa, em a qual se acha o melhor âmbar que por cá há, e só em um ano colheu oito mil cruzados dele, sem lhe custar nada. Tem tanto gado que lhe não sabe o número, e só do bravo e perdido sustentou as armadas d'El-rei. Agasalhou o padre em sua casa armada de guadamecins com uma rica cama, deu-nos sempre de comer aves, perus, manjar branco, etc. Ele mesmo, desbarretado, servia a mesa e nos ajudava à missa, em uma sua capela, a mais formosa que há no Brasil, feita toda de estuque e timtim de obra maravilhosa de molduras, laçarias e cornijas; é de abóbada sextavada com três portas, e tem-na muito bem provida de ornamentos". No dia seguinte, Cardim seguiu viagem, mas, ao longo do percurso, ainda teve de passar uma noite em terras de Garcia d'Ávila: "Aquela noite nos agasalhou um feitor do mesmo homem de que acima falei, a quem ele tinha mandado recado. Fomos providos de todo o necessário com toda a limpeza de porcelanas e prata, com grande caridade". E José de Anchieta, contemporâneo de Cardim, registraria que as mulheres portuguesas aqui residentes vestiam "muitas sedas e joias".

E aqui podemos chegar à figura do *peruleiro*. Volto a José Gisella Valladares: "Enquanto a colônia ia recebendo os artífices [ourives], desenvolvia-se em suas principais cidades marítimas — Salvador, Olinda e o Rio de Janeiro — um tráfico regular com Buenos Aires, por onde escoava parte do ouro e da prata das minas do Peru. No exercício desse comércio, tomaram parte eclesiásticos, autoridades e exportadores de largo fôlego, além do personagem que recebeu nome específico, derivado de suas atividades, o peruleiro — pessoa que tem negócios no Peru". Nos *Diálogos das Grandezas do Brasil*, encontramos a figura do peruleiro, a propósito de uma conversa sobre o Rio das Amazonas. Um dos interlocutores dos *Diálogos*, Brandônio, conheceu este peruleiro em Pernambuco, no ano de 1586. E é ele quem lhe fala sobre o Amazonas. Um irmão seu havia cometido alguma contravenção pesada na cidade de Lima e ele vinha fugindo pela floresta, perseguido pelo Vice-Rei peruano (é complicado: se estava fugindo, também se devia ter enrascado). Temendo ser encontrado, desistiu de fugir pelo litoral até alcançar o Brasil e se enfurnou na floresta, onde deu de cara com a suposta nascente do Rio das Amazonas... Mas o que nos interessa é que os peruleiros eram figuras comuns na época, final do século XVI. Forneciam ouro e prata ao Brasil. E aqui eram mais do que bem-vindos. A sede desses metais era tal que se sabe que, pelo menos nos séculos XVII e XVIII, até moedas de ouro e de prata eram derretidas para a fabricação de peças de ourivesaria e joalheria, o que preocupava a coroa portuguesa, que via sumir parte considerável do dinheiro que deveria circular na colônia.

E a profissão de ourives se expandia e ganhava sempre mais importância entre os ramos produtivos de nossa economia urbana colonial. Valladares *again*: "Aos ourives do Brasil parece que nunca faltou trabalho [o que relativiza totalmente a visão unilateral e algo panfletária dos que acham que os ourives foram tenazmente perseguidos, principalmente por terem sido, *em parte*, também mulatos e pretos]. Além das encomendas que recebiam das igrejas e dos particulares, e dos artigos que vendiam em avulso, chegaram a manter transações de porte com o exterior. Nos fins do século XVII, temos notícia de que da Bahia se mandavam anualmente para Angola vinte e cinco a trinta mil cruzados em baixelas de prata aqui lavradas, com grave prejuízo para o comércio local, que assim ficava privado das moedas para esse fim fundidas [a informação está no Arquivo Municipal de Salvador, *Atas da Câmara 1690-1702*]. Em 1767, o vice-rei conde da Cunha havia de informar que os ourives do Rio de Janeiro colocavam boa parte de sua produção em Buenos Aires. [...]. Estes, porém, são exemplos superlativos da amplitude atingida pelo ofício. E não era necessário ter exportado para fora do país, para que se tornasse um ramo de trabalho importante na economia da colônia. A suntuosidade da liturgia católica e a vaidade dos homens teriam sido suficientes para manter os ourives sempre ocupados". Da Igreja, na verdade, nem é preciso falar. Mas a riqueza transbordava. "Na vida profana, conforme, no primeiro quartel do século XIX, havia de observar Tollenare, o luxo era 'sólido e bárbaro'. Baixelas pesadas e joias maciças. Os diamantes usados pelas senhoras ofuscavam a vista. Outros viajantes ou residentes estrangeiros iriam impressionar-se com a ostentação de facas e punhais com bainha de prata lavrada, arreios, cabos de rebenque, estribos, esporas, botões, abotoaduras, talheres, cafeteiras, copos, bacias e gomis, um luxo de prata e de ouro que, muitas vezes, não correspondia à modéstia da habitação e do seu mobiliário".

Por essa mesma época, crescendo entre os séculos XVIII e XIX, viríamos a contar, em nosso desenho ou composição social, com pretas e mulatas ricas o suficiente para comprarem suas joias de crioula, suas casas, sua escravaria particular. Pretas que ficaram ricas, ganhando dinheiro bastante para se converterem de escravas em pretas escravistas. É este inédito processo de ascensão social, com suas repercussões na vida baiana e brasileira, que vai nos interessar principalmente aqui. Mas, antes disso, vamos abrir o foco. Vejamos, em linhas básicas, os principais agrupamentos negroafricanos que se viram transportados para a margem de cá do Atlântico Sul. Alguma coisa sobre bantos, jejes, nagôs e hauçás.

IV
OS BANTOS NA
CIDADE DA BAHIA

Falar de realidade negra baiana, no século XVI, é falar dos chamados "escravos da Guiné" – africanos de procedência variada, sobre os quais sabemos muito pouco. Naquela época, Guiné era um nome geral que os europeus davam à costa ocidental africana que se alongava ao norte da linha equatorial. Em sua *Breve História da África*, Oliver e Fage dizem que os portugueses tomaram o termo "guiné" da primeira língua africana que conheceram, que foi a dos berberes marroquinos. Encontraram-no na expressão *akal n-iguinawen*, que tinha o significado de "terra de pretos". No século seguinte, o cenário ganha nitidez. Os pretos passam a vir, mais precisamente, das regiões de Angola e do Congo. É o início do fluxo massivo dos pretos bantos, assim batizados, no século XIX, por um linguista chamado Bleek, que adotou a expressão *ba-ntu*, "os homens", plural de *mu-ntu*. Eram povos que haviam se dispersado, desde tempos remotos, pela África Central. No primeiro milênio da Era Cristã, conheciam já a cerâmica, praticavam a agricultura, criavam animais domésticos e gado bovino. Haviam domesticado várias plantas. E conheciam a tecnologia do ferro. Eram metalúrgicos hábeis nos trabalhos da forja. Dedicavam-se, também, à fabricação de cestos, à tecelagem em ráfia, à tanoaria, à extração de sal do mar. Importante: conheciam a escravidão, o comércio e a moeda. Mas, quando se fala de um estilo de vida banto, o que salta à frente é um *modus vivendi* fundado na agricultura e na utilização intensiva do ferro.

Ao alcançar a costa ocidental da África Equatorial, os portugueses depararam os reinos de Loango e do Kongo. Supõe-se que eles se tenham formado entre os séculos XIII e XIV. Dos dois, sabemos mais sobre o do Kongo, implantado pelos bakongos em aliança com os ambundos, povos que forneceriam levas e levas de escravos à Baía de Todos os Santos e seu Recôncavo. O Kongo era, no final do século XV, um dos maiores estados africanos existentes ao sul do Saara. Seu Rei, o manikongo, assentava-se na capital Mbanza Kongo. A propósito, escreve Vansina: "O rei não era como o comum dos mortais. Cometendo incesto com a irmã, tornava-se 'sem família' − o que o capacitava, e somente a ele, a governar todas as famílias com justiça e imparcialidade. Esse ato e sua iniciação lhe conferiam formidável poder sobre os encantamentos, que era comparável ao dos feiticeiros". A estratificação social do reino era clara, com suas três ordens distintas: a casta aristocrática, impedida de se casar com plebeus; a camada intermediária de pessoas livres; os escravos. Seus guerreiros − que, no campo de batalha, se comunicavam musicalmente com trompas de marfim e tambores − eram admirados por seu desempenho bélico.

"Angola tornou-se, para infelicidade sua, a filha querida dos portugueses", escreveu Joseph Ki-Zerbo, em sua *História da África Negra*. Parece que a intenção inicial dos lusitanos era fazer de Angola uma vasta colônia agrícola. Mas o projeto não vingou. O tráfico de escravos acabou se sobrepondo a todas as outras iniciativas, apagando-as. Em *Nzinga*, Roy Glasgow anotou que todos os esforços para implantar e desenvolver uma economia mais variada, em Angola, foram barrados e superados pelo condomínio dos traficantes europeus e de seus aliados africanos. E a Bahia recebeu, por cerca de dois séculos, parte considerável dos negros bantos exportados pelo continente africano. O comércio dessa gente era facilitado, obviamente, pela proximidade entre a Bahia e Angola, travessia oceânica que então se faria, em média, em quarenta dias de viagem. "O abastecimento em Angola era cousa natural... era um mercado novo, abundante, fácil. Para ele convergiu o comércio baiano, que, em troca de aguardente, fazendas, missangas, facas, pólvora, ia buscar negros", escreve Luiz Viana Filho, em *O Negro na Bahia*. Em consequência dessa migração massiva, os bantos se tornaram fundamentais para a formação biológica e cultural do povo baiano. E todos que se aproximam do tema da participação banto na configuração de nosso povo não hesitam em sublinhar a natureza profunda e poderosa do fenômeno. O supracitado Luiz Viana Filho, por exemplo: "Bantos foram os primeiros negros exportados em grande escala para a Bahia, e aqui deixaram de modo indelével os marcos da sua cultura. Na língua, na religião, no folclore, nos hábitos, influíram poderosamente".

Podemos rastrear sinais dessa presença cultural já na poesia barroco-mestiça de Gregório de Mattos. Gregório fala, mesmo que com algum preconceito, dos "tios" e das "tias" do

Congo e das pretas de Angola, além de usar palavras bantas, como nos versos seguintes: "Que mengui colo moambundo/ mazanha, malunga e má". E ao escrever um poema como "procurador" da Cidade da Bahia, atacando vícios ou supostos vícios de seus moradores, Gregório satiriza o mundo cultural banto, que já se ia alastrando em nosso meio:

> *Que de quilombos que tenho*
> *com mestres superlativos,*
> *nos quais se ensinam de noite*
> *os calundus e feitiços.*

Vivaldo da Costa Lima esclareceu que *calundu* (palavra que passou a designar, no português brasileiro, uma espécie de zanga ou embirrância) "nos falares de Angola, nos falares da língua congo, significa, exatamente, um sinônimo de inquice, portanto, de orixá, de vodum". O que temos então, no texto gregoriano, é a referência a um culto seiscentista de candomblé, culto de inquices (que é como se chamam os deuses-forças bantos, entre nós — *nkisi*, em língua kikongo), com os seus sacerdotes (os "mestres do cachimbo", diz Gregório no mesmo poema) e as suas práticas rituais. Por sinal, escrevendo em inícios do século XVIII, o jesuíta Plácido Nunes, ao tratar de negros, vai mencionar justamente, em meio a outras manifestações culturais bantas, os calundus de que falava Gregório — "delitos de feitiçarias, malefícios, calundus, danças a seu modo e com instrumentos".

Sobre os calundus, especificamente, Nuno Marques Pereira nos descreve, em seu *Compêndio Narrativo do Peregrino da América*, o que eles eram e significavam, na passagem do século XVII para o XVIII. Hospedado numa casa do Recôncavo Baiano, Marques Pereira passou a noite em claro por causa "do estrondo dos atabaques, pandeiros, canzás, botijas e castanhetas". Quando o dia nasceu, comentou com o dono da casa, classificando o que ouvira como "tão horrendo alarido, que se me representou a confusão do Inferno". Não era o que o dono da casa pensava. Para ele, não podia haver "coisa mais sonora, para dormir com sossego". Mas, preocupado, diz ao hóspede: "se eu soubera que havíeis de ter este desvelo, mandaria que esta noite não tocassem os pretos seus calundus". Pereira, intrigado, pergunta: "que cousa é calundus?". Responde o senhor de engenho: "São uns folguedos, ou adivinhações... que dizem estes pretos que costumam fazer nas suas terras [em África], e quando se acham juntos, também usam deles cá [na Bahia], para saberem várias cousas; como as doenças de que procedem; e para adivinharem algumas cousas perdidas; e também para terem ventura em suas caçadas e lavouras". Percebendo de imediato a natureza essencialmente religiosa do calundu, Marques Pereira parte para a pregação. Diz que é absurdo permitir a realização "de semelhantes ritos, e abusos tão indecentes". Consegue convencer o dono da casa a reunir seus escravos, quando faz um longo discurso contra a idolatria. Obriga todos a se ajoelharem e rezar. Por fim, manda fazer uma grande fogueira, onde são atirados "todos os instrumentos com que se obravam aqueles diabólicos folguedos".

Bem. Quando Gregório inclui o calundu entre os traços distintivos da Bahia seiscentista, nos revela a importância local que aquele culto candomblezeiro adquirira. O poeta registra explicitamente, aliás, que tais terreiros ou centros ("quilombos" é a expressão que emprega) eram frequentados por um considerável número de pessoas de ambos os sexos (e por homossexuais: "mil sujeitos femininos"). Com Marques Pereira, vemos que o calundu existia, também, pelas terras do Recôncavo. Sua forte presença na região levou nosso moralista a denunciar a "quase geral ruína de feitiçaria e calundus dos escravos e gente vagabunda neste Estado do Brasil". Mas o fato é que não eram somente os negros que se entregavam a tais práticas e frequentavam tais ritos. Também mestiços e brancos recorriam a bruxos e compareciam a batuques. Já se formara ali, portanto, no século XVII, um mundo cultural paralelo, distinto do mundo da cultura oficial – e esse mundo veio se desenvolvendo e se afirmando através dos séculos. O culto seiscentista do calundu chegou vivo até nós, embora reestruturado sob o forte influxo dos modelos jejes e nagôs das casas de santo, dos terreiros de orixás e de voduns. É a ele que nos referimos quando falamos, atualmente, dos candomblés congos e angolas. Foram os calundus, ou os quilombos-de-calundu, os primeiros focos do culto candomblezeiro que se implantou na Bahia. Deles descende, por exemplo, o belíssimo terreiro do Bate Folha, na Mata Escura do Retiro, com seus amplos espaços, mais de quinze hectares de Mata Atlântica, repleto de árvores, onde ainda hoje é possível andar entre sucupiras, cedros, maçarandubas e cajazeiras, em cujos galhos pousam sabiás e bem-te-vis, além do pássaro preto, do azulão e de corujas e gaviões. Uma paisagem que se completa com a presença de animais diversos, da cotia ao camaleão, da raposa ao teiú, circulando em meio a cobras, lagartos, sapos e borboletas. O Bate Folha é mundo dos inquices trazidos pelos bantos — mundo de Zambi, Catendê, Dandalunda, Gangazumba, Caiari, Luango e Lemba. Como se vê, aliás, os próprios nomes dos inquices foram abrasileirados, numa aclimatação fonética de resultados às vezes surpreendentes, com Ndembu ou Dembwa Tembwa, senhor do vento e da tempestade, se transmudando em Tempo — e Mabyala Mpaadinzila, o grande inquice dos caminhos, virando Maria Padilha.

Depois de tanto utilizar a palavra banta "calundu", não podemos deixar de mencionar a influência linguística daqueles africanos na configuração do português do Brasil, seguindo a orientação de Yeda Pessoa de Castro, a estudiosa dessa obra-prima que é *Falares Africanos na Bahia*. São de origem banta palavras como caçula, fubá, andu, dendê, bunda, quiabo, dengo, maconha. Também de origem banta são expressões referentes ao nosso mundo religioso de raiz negroafricana, a exemplo de candomblé, macumba e umbanda. Igualmente ao banto remete parte considerável do vocabulário ligado à vida no escravismo colonial brasileiro, como quilombo, senzala, mucama. Aliás, cercando-se de dados históricos e linguísticos, Yeda Castro chega à conclusão de que eram de base banta os dialetos predominantes nas senzalas e nos quilombos, Palmares inclusive. Conforme Yeda, "essa penetração [linguística] banto se deve a um processo mais prolongado de contatos interétnicos e interculturais e à supremacia numérica dos povos de língua banto entre os africanos transplantados para o Brasil Colônia". Ainda segundo Yeda, os ambundos (de língua quimbunda, da região de Luanda) e os bakongos (de língua kikongo, da foz do Rio Congo, do Baixo Zaire e do sul da República do Congo) foram, entre os povos bantos da Bahia, "os grupos étnicos mais impressivos", diferentemente do que ocorreu em outras regiões brasileiras – como Minas Gerais, São Paulo e Rio de Janeiro –, onde também é marcante a presença dos ovimbundos, povo de língua umbunda, proveniente de Benguela, no sul de Angola. Os bantos só perderam a hegemonia cultural popular, na Cidade da Bahia, entre o final do século XVIII e as primeiras décadas do século XIX, quando assistimos ao processo de migração compulsória de nagôs, jejes e, em menor escala, hauçás.

V
JEJES, NAGÔS, HAUÇÁS

Estudiosos sublinham quatro aspectos sempre que lidam com a presença nagô-iorubá na Bahia.

Em primeiro lugar, ressaltando que, entre os séculos XVIII e XIX, a cultura iorubana estava em sua "época mais florescente" – e, em consequência de guerras com os daomeanos e por força do comércio escravista, vieram desembarcar no Brasil, naquele período, representantes de sua nobreza e alto clero. Em segundo lugar, os nagôs não só chegaram em grupos constantes e sucessivos, como aqui permaneceram compactados. Não experimentaram um dos piores rigores do pragmatismo escravista, ditado por motivo de segurança senhorial, que foi a política de pulverização das etnias. Os donos de escravos faziam com que estes fossem agrupados, nas cidades e nos campos brasileiros, de modo que não se entendessem entre si. Que, no mesmo barracão ou senzala, falassem línguas diversas, alimentassem crenças distintas, tivessem projetos políticos dessemelhantes e códigos amorosos e familiares descoincidentes. Desse modo, seria mais difícil que tramassem fugas, assassinatos, quilombos e motins. Esta política senhorial vinha, desde o início da colonização, regendo o modo como os senhores se dispunham a distribuir os escravos em suas propriedades. Mas não foi aplicada, entre nós, no caso dos iorubanos. Eles permaneceram contactados — e souberam tirar proveito disso. Dentro e fora dos limites estabelecidos pelos senhores. Vale dizer, tanto participando de ordeiras irmandades religiosas, quanto se engajando na formação de quilombos rurais e em conspirações e levantes urbanos. Em terceiro e quarto lugares, além de terem sido os últimos a chegar ao Brasil, juntamente com jejes e hauçás islamizados, os nagôs se viram concentrados numa *cidade*. E numa cidade excepcionalmente urbana para os padrões da época, como Salvador, que manteve, durante tempo considerável, *intercâmbio* com a costa ocidental africana. Esses quatro aspectos, entrelaçados, foram fundamentais para a reprodução física e cultural desses negros na diáspora atlântica. E explicam, em boa parte, o motivo pelo qual a cultura jeje-nagô se converteu em código central das manifestações de cultura que apresentam, no Brasil, traços africanóides nítidos. Em uma espécie de metalinguagem ou de ideologia geral, lugar geométrico no qual as demais formas e práticas culturais negroafricanas, para cá trazidas, se imantam e se tornam legíveis, traduzindo-se umas nas outras, transfiguradas.

Esses novos migrantes negros, como disse, não vieram ao Brasil para trabalhar principalmente nos campos, em engenhos ou plantações fumageiras, nem para arriar bateias ou escavar jazidas de ouro e diamantes. Ficaram, basicamente, em dois dos principais polos urbanos do país — Salvador e Recife. E quando dizemos Salvador, com referência àquela época, estamos nos referindo à Cidade da Bahia e ao rosário das ilhas e vilas barrocas do Recôncavo (ilhéu e continental, portanto), hinterlândia mais imediata da capital baiana. Uma série de núcleos citadinos que aparecia, mesmo antes do século XIX, como uma trama notável e notavelmente articulada. Em *Na Bahia, Contra o Império: História do Ensaio de Sedição de 1798*, István Jancsó chamou a atenção para o fato de que Salvador e suas vilas apresentavam um índice de urbanização superior, na época, aos da Escandinávia, da Suíça e da Europa Centro-Oriental, onde Budapeste se destacava com seus 54 mil habitantes e Belgrado, na Sérvia, só em meados do século XIX chegaria a ter 17 mil moradores. Quanto a Salvador, somava já, no final do século XVIII, 60 mil habitantes (mais populosa, portanto, do que o Porto e Coimbra) e as duas maiores "freguesias" do Recôncavo — Nossa Senhora do Rosário do Porto da Cachoeira e Santo Amaro da Purificação —, juntas, ultrapassavam a casa dos dez mil moradores. Os nagô-iorubás, por sua vez, já conheciam — e muito bem — a vida urbana. Neste sentido, eram pessoas treinadas. Em *Yoruba Culture: A Geographical Analysis*, Afolabi Ojo destaca que o alto grau de urbanização da assim chamada Iorubalândia não encontrava paralelo em toda a África Tropical. Em meados do século XIX, Lagos, Ibadã, Oió e Ilorin eram centros urbanos consideráveis. E William Bascom generaliza: a tradição de vida urbana dá aos iorubanos um lugar único não só entre as sociedades africanas, mas também entre os povos iletrados do mundo inteiro. Na Bahia, em ambiente urbano, esses negros nagôs se sentiram à vontade. Souberam se imiscuir e proliferar no aglomerado urbano. Circular por esquinas e praças de algazarra e vozearia, mas também de posturas panfletárias e tramas insinuantes da sobrevivência grupal.

Não surpreende, por isso mesmo, a intensa participação nagô nas revoltas urbanas que aconteceram no Brasil na primeira metade do século XIX, período em que a elite local temeu sofrer um desbaratamento racial semelhante ao que ocorrera no Haiti. Esta forte agitação escrava que tumultuou a vida baiana, estendendo-se de 1807 a 1835, foi conduzida, em especial, pelos hauçás, mas não raro em alianças com jejes e nagôs. Os hauçás, negros islamizados, eram, em África, vizinhos dos iorubanos. É provável que tenham sido um povo autóctone, coisa mais do que rara na história da humanidade. Muitos povos vizinhos, atraídos pela cultura que se formou naquele território, abandonaram as suas línguas e os seus costumes para se integrar no mundo hauçá. Os hauçás, por sua vez, se viram envolvidos, ainda no século XIV, pela maré islâmica que se espraiava pelo continente africano. Vivendo em cidades-estados como Kano e Katsina, aprenderam a ler e a escrever em árabe. Conheceram a guerra santa, a *jihad* muçulmana, como a que foi comandada por Usman dan Fodio, por exemplo. Em inícios do século XIX, chegaram ao Brasil, onde foram chamados "malês" – do iorubá *imalê*, "muçulmano". E chegaram dispostos a incendiar a Cidade da Bahia, em parceria com os nagôs. Tudo indica, por exemplo, que a revolta que estourou no Recôncavo em 1809, nos arredores de Nazaré das Farinhas, foi liderada por iorubás. Àquela altura, aliás, muitos iorubanos de Salvador e do Recôncavo haviam se convertido ao islamismo (e africanos islamizados viveram, aliás, no reino de Ketu), trocado Xangô por Maomé ou feito seus sincretismos — a exemplo do célebre Pacífico Licutã, iorubá que se tornou marabu maometano, ou "alufá", como se dizia na Bahia —, o que facilitava acordos de guerra com os hauçás.

Em fevereiro de 1814, tivemos a Revolta de Itapoã, que deixou um saldo de armações pesqueiras incendiadas, mais de setenta pessoas mortas em combate, rebeldes enforcados, punidos com açoite, "suicidados", mortos nas prisões ou deportados para colônias penais portuguesas na África. Em 1826, a Revolta do Quilombo do Urubu, maioritariamente nagô, articulada, ao que parece, a uma casa de candomblé, dirigida por um mulato de nome Antonio. Em *Rebeliões da Senzala*, Clóvis Moura relata o choque entre a tropa policial e cinquenta quilombolas armados, principalmente, de facas e facões: "A tropa abriu fogo sobre os negros que, depois de alguma resistência, abandonaram o campo de luta deixando quatro mortos — três homens e uma mulher — e, aproveitando-se da noite, internaram-se nas matas próximas, onde pretendiam se reorganizar. Nessa ocasião foi aprisionada a escrava Zeferina, de arco e flecha nas mãos, que lutou bravamente antes de ser submetida à prisão". Veio a insurreição de 1830, também chefiada por nagôs. Pela primeira vez na história do escravismo brasileiro, uma insurreição concentradamente urbana, explodindo no que é hoje o centro histórico de Salvador. Clóvis Moura: "As forças da polícia e mais alguns civis investem sobre eles [os insurrectos], obrigando-os, depois de sangrento choque em que morreram mais de cinquenta e ficaram prisioneiros quarenta e um, a se retirarem para as matas de São Gonçalo, onde tentam reagrupar as suas forças. A escolta militar, porém, não lhes dá descanso e, ali, são cercados e definitivamente batidos

[...]. A repressão — como de todas as outras vezes — não se fez esperar. Veio drástica e violenta. Os pretos eram espancados nas ruas, linchados, apedrejados. Os soldados prendiam todos os escravos que apareciam sob as suas vistas".

Àquela altura, o temor de uma reviravolta racial espalhara-se já pelas Américas. Pelos Estados Unidos, inclusive, onde provocou a extinção legal (não a clandestina) do tráfico. Em *The Decline and Abolition of Negro Slavery in Venezuela*, John V. Lombardi observou que, ao tempo da *Patria Boba*, como é chamada a "primeira república" venezuelana, a aristocracia de Caracas começou a ter, diante de gestos negros mais radicais, "visões do Haiti". Era preferível renunciar à luta pela independência, chegando a um acordo com a Espanha, do que encarar a ira negra. O estamento senhorial brasileiro também temia uma grande rebelião dos pretos escravizados, assim como, no Peru, a elite se arrepiava de medo à simples menção da ameaça indígena. Negros falavam do Haiti na Bahia, no Rio, em Sergipe. E o fato foi que, em 1835, com a chamada Revolta dos Malês, a Bahia viveu dias ao longo dos quais poderia realmente ter presenciado cenas similares às da revolução haitiana capitaneada por Toussaint Louverture. Depois de montar uma estrutura organizacional forte e de desenvolver uma bem-sucedida campanha proselitista, os filhos negros de Alá se sublevaram numa noite do Ramadã, janeiro, o mês sagrado dos muçulmanos, dando conteúdos de classe e cor à *jihad*. Foram os combates mais ferozes de que se tem notícia na história das insurreições escravas no Brasil — e os mais desesperados. Uma corrida frenética e sanguinária pela Cidade da Bahia, desembocando em Água de Meninos, onde se deu o confronto crucial. Setenta malês mortos. E o Islã Negro fracassou. Morreu ali, naquela noite, o projeto de implantação do Califado da Bahia. Ou, ainda, o projeto extremista de uma Bahia exclusivamente negra, onde os brancos seriam exterminados – e os mulatos, reduzidos à escravidão.

Mas não devemos nos concentrar obsessivamente na guerra. A trama cotidiana da vida tem mais a dizer. Costumo distinguir, no caso, entre a estratégia do quilombo e a estratégia do terreiro – sinônimo, este, de modos associativos que abriam espaços culturais alternativos dentro da sociedade senhorial. Se os nagôs se envolveram em levantes, foram também mestres na arte de reinventar e desenvolver formas de associação e solidariedade no interior da ordem constituída, na qual haviam sido inseridos como seres subalternos. Foi assim que teceram laços comunitários dentro da rede urbana. E formaram sociedades como a do culto dos eguns e o Aramefá. Eguns são ancestrais históricos ilustres dos nagôs. E o Aramefá, na Bahia, foi uma espécie de conselho ou tribunal, congregando personalidades de relevo da religião dos orixás. Conta-se, aliás, que Marcos Theodoro Pimentel ou Marcos-o-Velho (voltaremos a falar dele adiante), que trouxe o culto dos eguns para o Brasil, teria sido condenado à morte pelo Aramefá baiano. Além disso, vamos sublinhar a dimensão das alforrias. O complexo cultural jeje-nagô se impôs, na Baía de Todos os Santos e seu Recôncavo, como ação criativa de uma gente de cor que era, em sua maioria, liberta ou livre.

Não surpreende, por isso mesmo, que o iorubá tenha se convertido numa espécie de "língua geral" dos negromestiços da Bahia. Em sua *História Geral do Brasil*, Varnhagen já observava que, na Bahia, muitos escravos "aprendiam menos o português, entendendo-se uns com os outros em nagô". Pouco depois, em *Os Africanos no Brasil*, Nina Rodrigues anotaria: "A língua nagô é, de fato, muito falada na Bahia, seja por quase todos os velhos africanos das diferentes nacionalidades, seja por grande número de crioulos e mulatos [...] muitos negros que aprenderam a ler e a escrever esta língua em Lagos, nas escolas dos missionários, têm estado na Bahia e aqui a têm ensinado a negros baianos que já a falavam". O registro da existência desses cursos, por sua vez, nos leva ao fato de que Salvador manteve, de forma ininterrupta, contatos com a costa ocidental africana. E de que este relacionamento do estrato baiano socialmente dominante com a África Negra foi bem utilizado pelos nagôs que aqui viviam. Em três direções principais, já que nossos negros participaram, em graus variáveis, do tráfico negreiro. De uma parte, eles tinham sempre informações conjunturais sobre os seus lugares de origem, mantendo-se a par do que ia acontecendo pela Iorubalândia. De outra, não foram poucos os que viajaram até à África, ou que navegaram no ir e vir oceânico, em expedições de caráter comercial, político-cultural ou mais estritamente religioso. Além disso, o intercâmbio comercial com a África Negra, mantido pela classe dominante baiana, permitia que os pretos comprassem aí não só parte dos seus próprios cativos, como também importassem produtos que não encontravam na margem de cá do mar oceano – incluindo-se, no rol dessas mercadorias, coisas do culto religioso. Por tudo isso, os nagô-iorubás não conheceram aquela profunda e radical *dessocialização* que Katia Mattoso (*Ser Escravo no Brasil*) dá como a experiência traumática do negro desembarcado compulsoriamente nas Américas. Ao contrário, o que realmente impressiona, no caso dos nagôs da Bahia, é a eficácia ressocializadora.

Além disso, embora atravessando processos desestruturantes, os nagôs sempre demonstraram extrema capacidade de adaptação e criação, reinventando aqui formas de vida, convívio e cultura. Como no caso da invenção do terreiro de candomblé, tal como o conhecemos hoje. Sim: o terreiro de candomblé, como o samba e a capoeira, foi uma invenção brasileira, que a África não conheceu. Lá, talvez à só exceção de Exu, os deuses eram cultuados em regiões distintas: Oxóssi em Ketu, Xangô em Oió, Oxum em Oxogbô, etc. Em seus inícios, a paisagem cultural brasileira não era diferente. Acontece que nagôs de diversos reinos e regiões da Iorubalândia, atirados no tráfico escravista, viram-se compactados na Bahia. Em resposta compactaram também seus templos e deuses. Os jejes também entraram na jogada. E assim nasceu o terreiro. Se os iorubás de Oió vieram com os cultos de Oiá-Iansã e Xangô, os egbás trouxeram Iemanjá (que aqui se converteu em grande divindade marítima), os ijexás trouxeram Oxum, os nagôs de Ekiti e Ondô parecem ter trazido Ogum, etc. Além disso, voduns jejes como Nanã Buruku, Obaluaiê e Oxumarê também integraram os terreiros baianos, tornando-se orixás. Boa parte do nosso léxico candomblezeiro, aliás, é de origem jeje, da língua fon, em expressões que designam o altar dos santos, a camarinha iniciática, lugares na hierarquia sacerdotal, instrumentos musicais, etc., a exemplo de dofona, gamo, rum, peji, ogã, roncó. Em *A Língua Mina-Jeje no Brasil — Um Falar Africano em Ouro Preto do Século XVIII*, Yeda Pessoa de Castro assinala não só essa presença linguística, mas diz, ainda, que o influxo jeje se expressa na própria "estrutura conventual do modelo urbano prestigioso dos candomblés em geral, quer sejam eles de raízes congo-angola (banto) ou nagô-queto (iorubá)".

Além disso, o terreiro jeje-nagô foi concebido como uma espécie de ícone miniaturizado do espaço iorubano original. Conta com o espaço das casas, espaço "urbano", onde ficam os ilês dos orixás, a camarinha para a reclusão de noviços, o "barracão" das festas públicas, moradias para membros da comunidade. E o espaço "mato", frequentado principalmente pelos filhos de Ossânin (o deus da vegetação), onde se acham uma fonte e a reserva vegetal, simulacro da floresta africana, do qual são retirados os espécimes vegetais indispensáveis às práticas litúrgicas. "Entre as construções, no limite do espaço 'urbano' e debruçado sobre o 'mato', encontra-se o Ilê Ibó Aku, a casa onde são adorados os mortos e onde se encontram seus 'assentos' — lugares consagrados —, local de onde ninguém pode se aproximar, guardados por sacerdotes preparados para estes mistérios e separado do resto do 'terreiro' por uma cerca de arbustos rituais", escreve Juana Elbein, em *Os Nagôs e a Morte*. Inscrito no corpo da terra, o terreiro é o espaço-lugar de uma potência sagrada, mas também de uma *diferença*. Um lugar que possui uma identidade distinta da dos lugares comuns da cidade e de sua periferia. Um lugar onde o escravo já não é escravo, mas filho de uma entidade sagrada africana. Se a Cidade da Bahia fora pensada originalmente como uma Nova Lisboa, uma réplica tropical da metrópole banhada pelo Tejo, a criação de terreiros de candomblé significou a abertura de espaços relativamente públicos que apontavam para outro horizonte – e que engendraram aqui, dentro do espaço luso, um outro mundo simbólico. Nas palavras de Muniz Sodré, em *O Terreiro e a Cidade*, a criação desses templos jejes-nagôs foi um movimento de "reterritorialização étnica dentro do espaço nacional brasileiro". As nossas cidades não eram feitas apenas pelos senhores latifundiários, as autoridades católicas, a burocracia estatal e os grandes comerciantes. Mas, também, pelos africanos que aqui desembarcaram. E que aqui ficaram para também construir uma nova sociedade e uma nova cultura.

VI
GRAUS DE LIBERDADE NA ESCRAVIDÃO

Devemos distinguir graus de liberdade na estruturação da vida e na organização do trabalho escravo. E ninguém tem por que estranhar a expressão *graus de liberdade*. O regime escravista foi cruel e violento, sim. Mas os africanos embarcados compulsoriamente para as Américas e aqui introduzidos no sistema escravagista — no Brasil, em Cuba, nos Estados Unidos — não conheceram nada de semelhante aos campos de concentração em que os nazistas enfiaram filhos do povo judeu.

Eram distintas as realidades sociais em que os escravos se viam inseridos, em decorrência dos empregos a que eram destinados. Uma era a vida do escravo das minas, outra a dos escravos nas plantações, outra a do escravo doméstico e ainda outra a do escravo urbano, relativamente solto no espaço da cidade. "No Brasil, o enquadramento dos escravos urbanos não se parece ao dos escravos do campo. A obediência não é praticada de maneira idêntica no campo, na cidade, na mina. As servidões de um escravo tropeiro não são as mesmas de um doméstico, um artesão, um lavrador", nos ensina Katia Mattoso, em *Ser Escravo no Brasil*. A escravidão urbana não se deixa confundir com a mineradora ou a camponesa. É claro o contraste entre o cotidiano acanhado do engenho e o rebuliço do mundo citadino. Escalas diferentes, em termos de percepção e experiência humana e social. Eram negros e negromestiços menos livres aquele estabelecidos em plantações, pisando o chão de terra nua das senzalas, isolados "do mundo", entre os edifícios do complexo arquitetônico açucareiro. A cidade propiciava um leque ou elenco de movimentos impensáveis em furnas e eitos. Stuart B. Schwartz, em *Segredos Internos: Engenhos e Escravos na Sociedade Colonial*: "O trabalho em um engenho brasileiro era ininterrupto, sendo as tarefas pertinentes aos canaviais realizadas durante o dia e as atividades de moenda feitas à noite. A moenda ficava em funcionamento normalmente por dezoito a vinte horas, parando por apenas algumas horas para limpeza do mecanismo. No século XVII, os engenhos baianos [...] iniciavam a moagem às quatro horas da tarde, prosseguindo durante toda a noite até às dez horas da manhã seguinte [...]. Durante as poucas horas de folga, os escravos tentavam dormir, mas às vezes passavam esses momentos procurando mariscos ou outros alimentos".

Nem todos os engenhos utilizavam força hidráulica. Havia os que eram movidos à tração animal – via bois, quase sempre. E, a lembrar quadros do que aconteceria também na Revolução Industrial na Europa, crianças eram empregadas como condutoras dos animais. Cumpriam jornadas penosas, andando em círculo, no ritmo da moagem. A colheita era feita por pessoas de ambos os sexos. Os homens cortando a cana rente ao solo e retirando-lhes as folhas de cima. As mulheres reunindo as canas em feixes. E sempre havia mulheres trabalhando na moenda, passando canas, carregando bagaço, regando as engrenagens ou cuidando da candeia. Muitas, entre exaustas e bêbadas, tinham as mãos trituradas pelas máquinas. Mas a faina prosseguia, à luz das fornalhas. O caldo das canas indo para gamelas e daí para a "casa das caldeiras", passando por processos de cozimento até atingir a consistência do "melado", que era retirado das tachas sob a orientação do mestre-do-açúcar. Colocado em fôrmas de barro na "casa de purgar", o melado passava umas duas semanas endurecendo, antes de ser filtrado. Seis semanas depois, o açúcar estava pronto. Mas este era um trabalho que se estendia até ao tempo das chuvas, quando as atividades cessavam. Havia, portanto, períodos de alguma independência. E é a partir de coisas assim que podemos estabelecer uma gradação. Num extremo, ficaria, talvez, a escravidão mineira. Não há estação propícia para uma pepita rebrilhar numa jazida. Engajado nas tarefas contínuas da mineração, o escravo praticamente não contava com um tempo para si mesmo, onde pudesse recompor um espaço de refúgio, voltando-se para crenças ancestrais. O escravo agrícola, ao que parece, teve mais liberdade que o escravo das minas. No tempo entre o plantio e a colheita, ao menos, via-se relativamente livre para se dedicar aos seus sonhos. Mas era visualmente controlado. E o seu mundo não tinha a variedade e a vivacidade do espaço citadino.

Os escravos urbanos eram empregados em tarefas domésticas ou trabalhavam no "ganho", fazendo "serviços" nas ruas. Ainda aqui, havia graus distintivos. "É evidente que a mucama de rica família não pode ser equiparada à escrava de família remediada, onde, via de regra, além de realizar os serviços domésticos ainda contribuía para a despesa da casa com trabalho realizado fora. A mesma disparidade pode ser constatada entre os escravos de aluguel. Um servente alugado para obras públicas não goza do mesmo *status* nem possui o mesmo preparo de um oficial de carpinteiro, também alugado", escreve Maria Inês Côrtes de Oliveira, em *O Liberto: o seu Mundo e os Outros*. Para ganhar mais e ter maior mobilidade física e social no espaço urbano, o escravo dependia ainda de atributos pessoais, de seu sexo, sua idade, seu temperamento, sua inteligência, sua capacidade de sedução, seus músculos. De qualquer modo, o escravo direcionado para o "ganho" — empenhando-se em ocupações manuais qualificadas ou não, e sob diversos tipos de relações de trabalho — tinha um nível de autonomia pessoal que é quase impossível encontrar na exploração de minas de metais preciosos e nas atividades de plantio e colheita desenvolvidas no campo. Ou mesmo entre outros escravos urbanos, como as mucamas e os pajens que realizavam serviços pessoais economicamente não rentáveis para os seus senhores. Vender coisas ao ar livre, passando por lugares movimentados e coloridos, com ocasiões de paquera e namoro, estabelecimento de laços de amizade ou trocas de palavras e ideias, não era o mesmo que atravessar o dia de bateia na mão, em busca de grãos luzentes, ou despendê-lo no eito, entre sementes e mudas.

Note-se ainda que o aluguel de escravos para trabalhar nisso ou naquilo tornou-se prática cada vez mais comum, entre nós, ao longo do século XIX, quando os jejes e nagôs haviam chegado já ao Brasil. Maria Inês chama a atenção, de resto, para um aspecto interessante (e importante) dessas práticas de ganho e locação. Precisamente, para a "contradição que começava a se operar na relação de trabalho escravista: de um lado o locador, mantendo com o escravo uma relação escravista calcada na propriedade de outra pessoa, e de outro lado, o locatário, que se utilizava da força de trabalho não mais realizando uma inversão [um investimento] e sim preferindo alugá-lo ao modo de um 'capitalismo embrionário'. A generalização do costume de alugar a mão de obra, ao invés de comprá-la, pode ser um fator elucidativo das primeiras manifestações de dissolução do sistema escravista e de transição para formas de trabalho assalariado, aceleradas especialmente a partir da perda de sua principal fonte de renovação, com o fim do tráfico". Realmente, o "ganhador" aparece como um curioso misto de escravo e trabalhador assalariado. Em seu livro *O Escravismo Colonial*, Jacob Gorender prefere chamar, aos "negros do ganho" (vendedores, artesãos, carregadores, estivadores, marinheiros, alfaiates, pedreiros, carpinteiros, etc.), "rendeiros do próprio corpo". E toca com justeza no ponto crucial da maior liberdade encontrável no espaço do escravismo urbano. Se não nos sentirmos exatamente à vontade para dizer que os escravos urbanos do ganho – com os seus pontos de encontro, lavor e comércio quase sempre étnicos – eram mais livres do que os escravos da mineração ou das plantações, digamos, então, que eram menos escravos do que estes. E é bem neste espaço que iremos encontrar as escravas, futuras sinhás e sinhazinhas pretas, compradoras de alforrias, escravos e joias, como veremos adiante.

Tem razão a historiadora Katia Mattoso: "A sociedade urbana parece menos dicotômica do que a rural, menos enquadrada [...] não resta dúvida que o escravo urbano é com frequência mais independente diante de seu senhor do que o escravo rural. Artesão, ele pode morar longe da residência de seu senhor [...]. O senhor que aluga seu escravo carregador, pintor ou marinheiro, certamente o vigia, mas é forçado a permitir-lhe certo grau de autonomia. O escravo urbano circula nas ruas, estabelece vínculos com os homens livres humildes, seus irmãos de trabalho, e sente-se, sem dúvida, menos prisioneiro de sua condição que o escravo rural". Gorender fala, a propósito, de duas concessões restritas: a da locomoção relativamente livre e a da propriedade individual do escravo. "Numerosos escravos urbanos desfrutavam de liberdade de locomoção de certa latitude, negada aos escravos rurais. Podiam até, mediante ajuste com o senhor, residir em domicílio separado". Maria Inês toca na mesma tecla: "... os ganhadores gozavam de uma liberdade de movimento muito mais ampla do que os escravos domésticos [...] submetidos à vigilância direta dos senhores [...] podiam criar instrumentos de solidariedade grupal, dentre os quais as 'juntas' para alforria foram os mais conhecidos e, ao mesmo tempo, preservar a tradição cultural africana". Gorender: "Quanto à propriedade individual do escravo, a norma geral foi negativa [...]. Mas a praxe consuetudinária cedo admitiu a propriedade individual do escravo, por ajuste com o senhor, como no caso dos negros de ganho, por doação ou legado, por usufruto de lotes de terra concedidos nos estabelecimentos agrícolas". E Inês: "Dentre as propriedades pertencentes a escravos, a mais peculiar é a posse de outros escravos".

A soma de tudo isso é bem interessante. Escravos não só compraram escravos aqui mesmo, no Brasil, como chegaram a importá-los da África. E a se juntar para alforriar os seus, por motivos de solidariedade e/ou afeto ou para fins de ação político-cultural. Diz-se que a devoção à Senhora da Boa Morte, em Salvador e no Recôncavo, serviu para abrigar o culto às deusas-mães iorubanas e às atividades de uma "sociedade secreta" feminina – Gueledé (talvez levada à clandestinidade, no contexto escravista vigente no Brasil, quando em África essas associações eram públicas) –, como, também, para alforriar sacerdotisas nagôs. Mas o importante é dar realce ao fato de que, trabalhando nas ruas de uma cidade, o escravo estava mais à vontade do que no campo. Possuía um outro e maior grau de autonomia – tanto física, quanto psíquica. Também pelas cidades circulavam negros livres e libertos. Mulatos e mulatas de diversas gradações. Exercendo suas atividades profissionais, realizando seus investimentos – principalmente, como foi dito, na compra de escravos, imóveis e joias. Foi nesse contexto, no qual mais largo era o horizonte de oportunidades de trabalho e, consequentemente, de oportunidades para juntar e aplicar dinheiro, que algumas ex-escravas se tornaram mulheres ricas. Que se formou o pequeno mas vistoso contingente das sinhás pretas desfilando pelo espaço urbano baiano e brasileiro. É certo que o critério de riqueza – ou a linha que se pode estabelecer para definir como rica qualquer pessoa que se encontre acima dela – é assunto para alguma discussão. Uma coisa, entretanto, me parece mais do que óbvia: uma mulher que possuía joias, escravos e imóveis poderia ser tudo, menos pobre. E é o que vemos no caso das sinhás pretas. Elas faziam parte não só da elite dos pretos ricos. Mas da elite econômica geral da Bahia e de outras cidades do Brasil Colônia, como o Rio de Janeiro e os belos núcleos barrocos que pontuavam as terras das Minas Gerais.

VII
EM TORNO
DA ALFORRIA

Negros e negromestiços não se agruparam só em entidades religiosas de extração negroafricana. Reuniram-se também no âmbito da Igreja Católica, em irmandades religiosas (no rastro das irmandades de Nossa Senhora do Rosário, criadas pelos jesuítas no século XVI), que se distinguiam umas das outras em base étnica (agrupando jejes e nagôs, por exemplo), racial (entidades exclusivas de pretos, por exemplo) ou de cor (entidades negras, brancas ou mulatas, por exemplo). Fenômeno tipicamente urbano de agremiação etnossocial, essas irmandades se constituíram também em núcleos de preservação cultural e luta sociopolítica. Em *Devoção e Escravidão*, Julita Scarano nos adverte que, além de espaço para o escravo se fazer ouvir (e mesmo a oração, disse certa vez Marcel Mauss, pode ser vista como a mais branda das formas de protesto), estas confrarias "serviram de veículo de transmissão de diversas tradições africanas, que se conservaram pela frequência dos contactos, pela conservação da língua e outras razões semelhantes". Roger Bastide, em algum dos seus livros, não diz coisa diversa: "... todas estas instituições, agrupando os oriundos de um mesmo país numa solidariedade estreita, permitiram a transmissão das civilizações africanas no continente americano". É certo que tais irmandades foram uma investida senhorial, acionando o catolicismo como meio de controle social e abrandamento de conflitos raciais. Mas é igualmente certo que pretos e mulatos, escravos ou libertos, as transformaram em instrumentos próprios, voltados para a defesa de seus interesses. E aqui é preciso sublinhar o papel fundamental que tiveram na compra de cartas de liberdade ou de alforria de negros e negras que viviam na escravidão.

Mas comecemos por umas preliminares básicas. A instituição da alforria — do árabe *al-hurruâ*, significando a concessão de liberdade ao cativo — era algo que fazia parte da tradição escravista do Ocidente, existindo já entre os antigos romanos. Foi pela mão dos romanos que alcançou a Península Ibérica, a legislação portuguesa, no plano do direito consuetudinário ou costumeiro. E via Portugal, obviamente, passou ao sistema luso-brasileiro dos dias coloniais, passando-se, empós, às regras escravistas de nosso tempo imperial. Alguns dos tipos de alforria eram, por assim dizer, automáticos. Não implicavam, em princípio, qualquer esforço ou dispêndio monetário da parte dos escravos. Entre as situações ou condições nas quais uma pessoa ficaria instantaneamente livre da escravidão, uma delas era a do casamento. Casando-se o senhor com uma sua escrava, esta se tornava automaticamente livre. A relação matrimonial sacralizada pela Igreja era incompatível com a manutenção do estatuto de cativo. Ficavam livres ainda, entre outros, escravos que fossem enjeitados (ou deixados em roda de "expostos", como a que existiu na Santa Casa de Misericórdia da Bahia, por exemplo). Ou escravos que se apressassem a denunciar transgressões senhoriais classificáveis como danosas ao poder lisboeta, a exemplo do contrabando de pau-brasil ou da sonegação de diamantes. Havia também a lenda de que, ao dar ao senhor valor equivalente ao da soma pela qual fora comprado, o escravo poderia obrigá-lo a conceder-lhe alforria. Mas não era bem assim. Não se tratava exatamente de uma obrigação. Era costume, não letra de lei — e a passagem do direito consuetudinário ao direito formal só se daria com a decretação da chamada Lei do Ventre Livre, em 1871. Mas aqui já estamos no âmbito da "alforria onerosa", quando o escravo, para deixar de ser escravo, tinha que recompensar financeiramente o senhor.

Eis o ponto. Por volta de fins do século XVIII, as irmandades religiosas irão se desdobrar em sociedades de emancipação, que funcionavam como "juntas": organismos creditícios embasados no auxílio mútuo e nas caixas de alforria. Passa-se da irmandade à sociedade. Aqui é onde mais claramente se manifesta aquela "dupla finalidade" das irmandades — religiosa e social — de que nos fala Julita Scarano. As sociedades buscavam libertar do cativeiro os "irmãos de cor". No caso da assistência material e espiritual, a função dessas agremiações teve o seu relevo. "Muitos dos problemas do quotidiano, tais como negócios, decisões de dúvidas e todas as questões do interesse dos habitantes, resolviam-se nas salas de reuniões das irmandades. Era esse um meio de entrar em contato com novas ideias e de se ventilarem assuntos importantes. Tal fato levou a autoridade real, tanto quanto a eclesiástica, a tentar fiscalizar essas agremiações, receosa de que nelas se desenvolvessem pensamentos sediciosos", escreve Julita. Daí, de resto, a disposição estatutária da Sociedade Protetora dos Desvalidos, em Salvador, determinando: "fica expressamente proibido à mesa [à coordenação dos trabalhos, digamos assim] revelar a amigo ou parente o que se tratava nas reuniões". As caixas de alforria foram definidas, por Arthur Ramos, como uma "reação econômica" de negros e negromestiços ao regime que os oprimia. Nelas, os associados se cotizavam para a compra das cartas de liberdade, servindo-se, como foi dito, de um princípio mais ou menos estabelecido na legislação costumeira da sociedade escravista: um escravo podia comprar sua liberdade, dando ao senhor a soma pela qual fora comprado. Era a autocompra, em suma. E escravos se organizaram para conquistar a liberdade sua e de seus companheiros ou descendentes. "E assim auxiliavam-se mutuamente, no interesse principal de obterem suas cartas de alforria, e delas usarem como se se encontrassem ainda nos sertões africanos", como curiosamente diz Manuel Querino, que nos deixou descrição pormenorizada dessas "caixas de empréstimo".

Nesse terreno das alforrias obtidas por meio de pagamento ao senhor, como disse, as irmandades religiosas tiveram empenho e desempenho notáveis. Mas havia outros e variados caminhos para alguém se alforriar ou ser alforriado. Antes de enveredar pelo tema, todavia, vamos nos deter brevemente em dois aspectos que logo se impõem ao observador. O primeiro deles é perfeitamente previsível e até esperável, pelo que vimos anteriormente: a incidência de alforrias era muito mais elevada no âmbito da escravidão urbana (onde o escravo estava mais solto para angariar recursos e formar pecúlio, habilitando-se a "ressarcir" o senhor) do que no campo da escravidão rural. Já o segundo aspecto, ao contrário, é surpreendente, paradoxal mesmo: embora fossem minoria no contingente geral dos escravos, as mulheres eram maioria entre os alforriados. A propósito, a já mencionada Sheila Faria informa: "Realmente, uma das poucas unanimidades entre os historiadores é a de ter sido a mulher privilegiada no acesso à manumissão, apesar de bem menos numerosa na população escrava. Mary Karasch calcula que, para o Rio de Janeiro, entre 1807 e 1831, dois terços da alforria contemplavam as mulheres. Para a Cidade do Salvador, na Bahia, entre 1779 e 1850, as proporções foram similares, com o número de mulheres alforriadas perfazendo o dobro do de homens". Penso que alguns fatores podem concorrer para explicar esta, digamos, disparidade demográfica. Dois, pelo menos, me ocorrem de imediato. De uma parte, o lugar da mulher escrava na estrutura e na teia de relações da família senhorial, com implicações de intimidade e afeto. De outra, o desempenho da mulher escrava no campo das operações comerciais de pequeno porte, através das quais amealhavam e estocavam recursos. Veremos um pouco mais adiante, em outro tópico deste escrito, a *performance* de mulheres negras e mulatas em sua ação comercial, gerenciando vendas ou quitandas, mercanciando em tabuleiros ou mercadejando os próprios corpos, na prática da prostituição. Mas, primeiro, vamos atentar para seu papel e função no dia a dia da vida familiar, tal como ela rolava nos sobrados senhoriais de nossas cidades.

A escravidão doméstica permitia e até propiciava que um razoável grau de intimidade e afetividade se estabelecesse entre senhores e senhoras e suas escravas mais próximas. Laços sentimentais entretecidos na vida cotidiana, com escravas atuando como amas de leite de ninhadas senhoriais, destacando-se nos serviços da casa ou se esmerando no trato e no cuidado de seus amos. Sabemos de mulheres que alforriaram suas escravas por terem sido amamentadas por elas. Laços afetivos existiam também entre senhores/senhoras e crianças filhas das escravas, como se pode ver em tantas cartas e testamentos encontráveis no Arquivo Público da Bahia. Porque não são nada incomuns cartas em que os senhores declaram que estão alforriando determinado escravo porque o criaram desde que nasceu e porque o amam "como se fosse filho". São as chamadas *crias*. Sobre estas, com a pesada carga preconceituosa de sempre, Luiz Vilhena escreve numa das suas cartas sobre o nosso século XVIII: "Há também precisão de saberes [o amigo a quem a missiva é dirigida] que é aqui tão dominante a paixão de ter mulatos e negros em casa, que logo que seja cria, que nasceu nela, só por morte é que dela sai; havendo muitas famílias que das portas para dentro têm 60, 70 e mais pessoas desnecessárias; falo dentro na cidade, porque no campo não admira; todas as crias, sejam mulatas ou negras, são criadas com mimo extremoso; motivo por que são todos vadios, insolentes, atrevidos e ingratos, por culpa dos senhores, e falta de governo político". Mas não é só. Vemos também relações de dependência, como a que se desenhava entre um senhor ou mesmo uma família senhorial e seu escravo de ganho, cujo trabalho era a única garantia da sobrevivência familiar. "Nas cidades, proliferavam os pequenos proprietários cujo sustento, não raro, dependia inteiramente do trabalho dos escravos de ganho, na rua [existem, inclusive, registros de casos de escravos fazendo empréstimos financeiros a seus senhores]. É bem possível que a dependência do senhor em relação, às vezes, ao trabalho de um único escravo tenha criado maiores oportunidades de ascendência deste sobre o senhor e o envolvimento de ambos em laços pessoais bastante complexos", escreve, a propósito, Lygia Bellini.

Havia, ainda, elos e anelos se construindo em dimensão erótica e amorosa. Tanto em termos heterossexuais, quanto nas seduções do homossexualismo. É uma paisagem que vai de senhores se servindo sexualmente de suas negras a mulheres brancas e pretas se envolvendo em plano homoerótico, ou nas delícias do lambarar lesbiano, para lembrar o verbo empregado por Guimarães Rosa no *Grande Sertão: Veredas*. E isto para não falar do prestígio estético-erótico de mulatos e mulatas, impondo-se igualmente a senhores, sinhás e sinhazinhas brancas – ou, no dizer de Antonil em seu célebre *Cultura e Opulência do Brasil*, "não falta entre eles e elas quem se deixe governar por mulatos". Em seu texto "Por Amor e por Interesse: a Relação Senhor-Escravo em Cartas de Alforria", Lygia Bellini panoramiza justamente isso: "Na convivência cotidiana, na micropolítica da vida diária, podemos observar escravo e senhor tendo frequentemente que negociar entre si, enfrentar-se, fazer acordos, enfim, criar espaços em que um e outro têm sua chance de exercer influência e pequenos poderes. Poderes, é claro, diferentes dos exercidos pela ocupação de aparelhos e instituições públicas estatais, pois o Estado, a macropolítica, está longe, especialmente dos engenhos e fazendas; diferentes do poder local, que estava nas mãos dos grandes fazendeiros e senhores; e diferentes mesmo da ocupação de lugares institucionalizados de mando no microuniverso constituído por casa-grande e senzala, na zona rural, ou pelos sobrados urbanos. Trata-se, na realidade, de jogos singulares de poder e sedução, favorecidos por situações que muitas vezes envolvem diretamente os corpos do senhor e do escravo, como a preparação da comida dos proprietários pelas escravas, o cuidado e a amamentação das crianças brancas pelas amas, a convivência estreita na mesma casa e até no mesmo quarto, as relações sexuais e filhos que estes protagonistas, que ocupavam lugares institucionais tão diferentes, tiveram um com o outro". Citando Sheila de Castro Faria e a Adriana Dantas Reis de "Mulheres Afrodescendentes na Bahia: Gênero, Cor e Mobilidade Social 1780-1830", em *Guerreiras e Sobreviventes: Uma Breve História da Mulher no Brasil: de 1500 a 2000*, a historiadora Mary del Priore comenta:

"Muito se fala da mulher negra como vítima de permanentes estupros. Não foi bem assim. De acordo com a historiadora Sheila de Castro Faria, entre escravizadas, as relações sexuais impostas ou consensuais com seus senhores, e os filhos naturais ou adulterinos que delas nasciam, tanto podiam ser 'um infortúnio quanto uma estratégia' de conquista da liberdade. O mito de constantes estupros não explica que tantas concubinas tenham sido alforriadas quando da morte de seu senhor. Alforriadas e favorecidas. Foi o caso, por exemplo, de Luiza Jeje, mãe de seis filhos do capitão Manuel de Oliveira Barroso, morador do Engenho Aratu, na freguesia de Paripe, Recôncavo Baiano. Ele quis garantir que seus herdeiros fossem beneficiados e não só legitimou e nomeou os filhos, deixando-lhes duas fazendas, como alforriou a mãe. Vários estudos nos testamentos de época, como o da historiadora Adriana Reis, comprovam que homens solteiros e casados, livres e libertos, beneficiaram escravas, libertas e livres de cor, pelo reconhecimento da paternidade de seus filhos ou como resultado de relações de afeto, dependência, fidelidade e gratidão. A divulgada insensibilidade de senhores diante de suas amantes ou seus filhos é desmentida por casos como o de Luiza Jeje. Como bem diz Adriana Reis, nem sempre tais relações foram negativas para as mulheres. Donas de suas posses, livres de cor e libertas administram negócios e governam escravos, tornando-se verdadeiras pontes no processo de mobilidade social de seus descendentes".

Ao longo do século XVIII, como se sabe, foi gratuita grande parte (talvez a maioria) das cartas de liberdade concedidas a mulheres. No século XIX, a gratuidade também predominou – pelo menos é o que nos diz a pesquisa de Mieko Nishida, "As Alforrias e o Papel da Etnia na Escravidão Urbana: Salvador, Brasil, 1808-1888", publicada na *Revista de Estudos Econômicos*. Alforrias testamentárias, particularmente, nos levam ao campo dos relacionamentos mais propriamente sexuais. É significativo o número de alforrias gratuitas concedidas a mulheres, alto o número de crianças libertas. Como nem sempre era possível reconhecer filhos ilegítimos (adulterinos, jamais) naquela sociedade, não se tem como comprovar – mas é claro que é muito provável que tantas alforrias gratuitas envolvendo mulheres e crianças (diferentemente dos homens adultos, que de modo quase invariável tinham de pagar por suas alforrias) indiquem seguramente que havia nexos de sexo e parentesco em jogo por aí. É conhecida uma carta de liberdade concedida na Bahia em que o senhor assume que o alforriado em questão é filho que fez numa escrava sua, "a qual comprei pequenina e dela tive o dito mulatinho". Com a chegada do século XIX, entre o processo da conquista da autonomia nacional e o prenúncio da desagregação final do sistema escravista, fortemente assinalada pelo fim do tráfico de escravos e a decretação da chamada Lei do Ventre Livre, a doação ou conquista de cartas de alforria se deu em ritmo crescente. As mulheres sempre foram mais numerosas em conseguir obtê-las. E em se dar bem materialmente. Veja-se, por exemplo, o testamento de um frade franciscano de Salvador que, em retribuição aos bons préstimos de sua escrava Luzia, deixa-lhe, entre outras coisas, não só a liberdade, como camisas de linho fino, anáguas, coletes, espelho, tacho de cobre, rendas e botões e argolas de prata. Ou o testamento da liberta Brígida de Santa Rita Soares, preta brasileira, declarando ser proprietária de duas casas em Salvador (uma na Rua da Ajuda, na paróquia da Sé; outra na paróquia de Sant'Anna) e de numerosas joias de ouro.

E não vamos eclipsar a relevância geral do aspecto demográfico da questão. Quando nos referimos ao contingente de pretas e pretos alforriados no Brasil, militantes identitário-racialistas e jornalistas e historiadores *soi disant* "de esquerda", logo se apressam a fazer a ressalva de que eles constituíram um grupo relativamente reduzido, se comparado ao conjunto total dos escravos. *È vero*. Aliás, também os brancos privilegiados constituíam um agrupamento bem minoritário em meio à soma total de brancos aqui vivendo. Mas o que devemos enfatizar é outra coisa. Se o grupo dos alforriados não chegou a assumir grandes proporções, seus descendentes, ao contrário, foram extremamente numerosos, com levas e levas de pretos e mulatos de todos os sexos se configurando como uma fatia ou círculo mais do que considerável da população livre do Brasil. A propósito, estudiosos como Stuart B. Schwartz costumam lembrar que, à entrada da década de 1820, nada menos do que metade da população da Bahia era de pessoas libertas e seus descendentes livres. Por fim, em vez de passar silenciosamente ao largo, devemos sublinhar o fato de que pretas e pretos alforriados, ex-escravos e ex-escravas, ao assumir o estatuto senhorial, não tratavam com mão leve os escravos que compravam para o seu serviço. Muitíssimo pelo contrário. As informações existentes desenham um quadro incontestável. Machado de Assis tratou o tema em pauta romanesca, ficcional, no seu *Brás Cubas*, com a personagem Prudêncio. Logo que é alforriado, Prudêncio compra imediatamente um escravo, que trata de humilhar e espancar sadicamente em lugar público. Mas isso não era coisa de ficção. Vigorava de fato no chão duro e áspero da realidade. Muitos negros e negras que se tornaram proprietários usavam sem pena seus escravos. Exploravam-nos à larga. Não raro, de modo impiedoso. Cruel. Este seria o caso de um Antonio Xavier, por exemplo. Ex-escravo, nagô, Antonio teria sido senhor rigoroso, pouco dado a gentilezas no trato com seus escravos, também nagôs. Daí as fugas do escravo Marcelino e da escrava Feliciana, por exemplo, a fim de escapar ao seu jugo.

Mas vamos encerrar este tópico. Em sua *Narrativa de uma Viagem ao Brasil*, publicada em 1805, o mercador inglês Thomas Lindley (que, na Bahia, se envolveu com o contrabando de pau-brasil, teve seu navio apreendido, juntamente com sua mulher e a tripulação da embarcação – e ficou preso no Forte do Mar) fez a observação preciosa: os negros, ao conseguirem sua carta de liberdade, experimentavam uma espécie de metamorfose sociocultural: "passam por senhores, assumindo, frequentemente, os modos de seus antigos donos, agindo, em toda a plenitude, com igual desenvoltura". É certo que sabiam ser perfeitamente escravistas desde a África. Mas, aqui no Brasil, deixaram algo de parte o figurino original africano – para se aproximar de modelos e modos senhoriais vigentes nesta margem ocidental do Atlântico Sul. Era esperável. Como Marx e Engels nos ensinaram, em *A Ideologia Alemã*, as ideias e os hábitos da classe dominante sempre se fazem hegemônicos – e são assim impostos ou transmitidos aos (ou copiados pelos) demais segmentos sociais que configuram a esfera dos dominados. E isso está presente em tudo.

Tome-se o caso da roupa, por exemplo. Quando um sujeito que era escravo, andava descalço e nu da cintura para cima, aparece – depois de alforriado e já tendo montado um pequeno plantel de seus próprios pretos escravizados – calçando sapatos vistosos, envergando casaca e cartola e marcando seus passos com uma bela bengala de jacarandá, temos a ilustração perfeita do ensinamento marxista. A apropriação do código vestual ocidental se mostra então como signo de assimilação da personalidade social dominante e de avanço daquele negro na escala da civilização. Ter escravos também "embranquecia". Vejam o quanto de apropriação, assimilação, incorporação de coisas senhoriais marcam a vida de uma liberta descrita por Mary del Priore, em seu livro supracitado: "Na casa de Jacinta de Siqueira, forra analfabeta, em Vila do Príncipe, em

1751, licor e sucos eram servidos em garrafas e copos de cristal. O fino chocolate derretido em chocolateira era acompanhado de pão de ló, feito em bacia própria para esse fim. Jacinta dormia num catre de jacarandá torneado, coberta com colcha de seda e envolta em lençóis e fronhas de linho. Tinha 27 escravos, plantel significativo para a época, além de outros dez com que presenteara uma filha". Devemos pensar nesse mesmo horizonte o fato de a arquitetura senhorial brasileira ter sido levada para a África pelos "retornados", ainda na primeira metade do século XIX. Aqueles ex-escravos que voltavam para a África depois do levante malê de 1835 tinham aderido ao modelo arquitetônico residencial de seus antigos senhores. E queriam sobrados sólidos e luxuosos também para eles.

VIII
CASAMENTOS E CASAMENTOS FEMININOS

Até à década de 1970, à maneira de Florestan Fernandes, nossos historiadores e sociólogos consideravam impensável a ideia de que escravos tivessem formado unidades familiares estáveis e duradouras em nosso país. Hoje, reconhece-se que eles foram capazes não só de estabelecer a família nuclear como de articular a chamada "família extensa". Filhos e filhas de negros escravizados chegaram muitas vezes a nascer e crescer sob os olhares e os cuidados conjuntos do pai e da mãe. Para trazer à luz um só aspecto, escravos que se casavam, sob a bênção da Igreja Católica, deixavam o ambiente promíscuo da senzala e passavam a ter um canto só para eles, marido e mulher, acompanhados somente pelos filhos, no crescimento da família conjugal.

No caso dos libertos, a conversa é outra. Eles tinham suas próprias casas e temos de observar outros matizes. Mas vamos abrir o foco. Tornou-se um lugar-comum, banal mesmo, entre os estudiosos, a observação de que o conceito *família* não significava exatamente a mesma coisa para os diversos grupos ou segmentos sociais e culturais que constituíam a sociedade baiana setecentista/oitocentista, especialmente com relação a seus extremos senhorial e escravizado. E aqui a senzala do casal escravo e a casa própria ou alugada do ex-escravo são coisas obviamente bem distintas, como disse. Ao elencar razões que levavam pessoas de cor alforriadas a se casar, em seu livro *Bahia Século XIX – Uma Província no Império*, a historiadora Katia Mattoso escreve: "O casamento era um acordo de entendimento e ajuda mútua, visando a melhorar a qualidade de vida dos dois parceiros. A partir do momento em que os dois cônjuges encontrassem vantagens e garantias na vida comum, não importava que os bens estivessem repartidos de maneira desigual: a mulher buscava o apoio de uma presença masculina, tão necessária nessa sociedade em que o verbo 'poder' se conjugava no masculino; o homem, frequentemente desprovido de bens, trocava, sem problemas, esse apoio por sustento. O casamento de africanos entre si, num ambiente profundamente hostil, estreitava os laços de solidariedade e ajudava a sobrevivência do grupo e dos indivíduos". Katia está falando, evidentemente, da realidade que vê na Cidade do Salvador. Mas a verdade é que isto vale, de um modo geral ou mesmo unânime, para todo o Brasil Urbano da época.

É também corriqueiro, entre os estudiosos do assunto, assinalar aqui a distinção elementar entre família legal e família consensual. Casais brancos formam o agrupamento maioritário no campo das famílias legalmente constituídas. A família consensual é bem mais comumente encontrada entre pretos e pretomestiços. Para o casal negro ou mulato, de resto, a busca da bênção matrimonial na Igreja Católica tinha quase invariavelmente a ver com ascensão social, expressando adesão a (incorporação de) formas e valores do grupo branco dominante, coisa que facilitava, inclusive, maior projeção de seus filhos na sociedade envolvente, ainda que a família consensual nunca tenha sido de fato estigmatizada no ambiente baiano. Até porque, embora predominasse entre pretos, mulatos e mestiços em geral, esse tipo familiar era facilmente encontrável também entre brancos e brancomestiços. A supracitada Katia Mattoso nos dá um quadro geral desse tópico da família fundada apenas no consentimento mútuo dos parceiros:

"As pessoas viviam juntas, de preferência com gente da mesma cor da pele. Desejosas de ascensão social, mulheres brancas [pobres] e mulatas optavam por filhos ainda mais claros, descartando uniões com homens de cor mais escura. O 'negro' lembrava a África e a escravidão. O 'embranquecimento' dos baianos se fez através das mulheres. [...]. Esses casais tinham em média 1,4 a 2,5 filhos, e quase nunca ultrapassavam quatro filhos; 62,3% das crianças batizadas eram ilegítimas e 20% dessas eram brancas. Examinando os mesmos dados sob outro ângulo: 33,5% dos batismos de crianças brancas envolviam filhos ilegítimos. Em 85,9% dos casos, eram as mães que levavam seus filhos à pia batismal; logo, eram elas as declarantes, cabendo-lhes a responsabilidade legal pela criação da prole. Só 2,5% desses filhos ilegítimos eram abandonados, percentagem mais elevada que a de abandonos de filhos por mães solteiras (casais legais também abandonavam filhos). Quase a metade (44,7%) das crianças abandonadas eram brancas, mas isso se explica: as mulheres brancas eram mais frequentemente forçadas por seu meio social a 'salvar a honra' da respectiva família, abrindo mão de seu papel de mãe. Algumas grandes famílias guardavam na lembrança verdadeiras tragédias: a filha de um senhor de engenho das margens do Paraguaçu, altiva e bela, amava com ternura um não menos altivo e belo mulato, escravo da plantação. Para evitar a fuga e o escândalo, a mocinha grávida foi trancada em seu quarto, onde deu à luz um menino, atirado nas águas do rio. O fim da história foi o suicídio da moça, que cortou as veias com cacos de vidro. [...]. Nem todos os amores ilegais terminavam tragicamente. Ao contrário. Ilegitimidade e bastardia eram traços característicos da Bahia de Todos os Santos. A Igreja tentava moralizar os costumes, mas não obtinha êxito, até porque ela mesma não dava o exemplo. Entre 1801 e 1850, declaram ter filhos 18% dos padres baianos falecidos em Salvador. Entre 1851 e 1887 essa proporção subiu para 51%. [...]. Em Salvador, era sobretudo a população livre (de todas as cores, mas com nítida predominância branca) que constituía famílias legais (64,5%). Somente 9,7% dos negros se casavam dessa forma".

Parece ter havido uma inclinação razoável à endogamia étnica em meio aos escravos alforriados. E mesmo uma certa pressão étnica, digamos assim, nos domínios do mercado conjugal. Katia Mattoso se refere, a este respeito, a um documento encontrado por Luiz Mott, que comprova a influência do grupo étnico na constituição de um casal: "Trata-se de uma queixa feita ao arcebispo-primaz por um negro alforriado, nascido no Brasil, que tinha concluído as negociações necessárias para casar-se com a filha de uma africana nagô. Esta última o acusava de ainda ser escravo e, além disso, casado; o queixoso afirmava que essas alegações eram falsas. Ele explicava que vivia na casa da futura sogra e já mantinha relações sexuais com sua prometida mulher, que desejava casar-se com ele; mas, por influência da comunidade, a 'sogra' desejava que a 'donzela' se casasse com um nagô". Poderia haver então, mesmo que só eventualmente, alguma conexão forçada entre laço étnico e formação de par. Outro ponto a ser realçado é o das queixas de mulheres negras vítimas dos maridos também pretos. Um exemplo típico: em seu testamento, Ana Maria da Silva Rosa, negra africana do "povo da Guiné", separada, diz que o ex-marido Mathias de Souza não só não tinha trazido nenhum bem para o casamento, como tinha dissipado os bens dela com as concubinas dele. Exploração e machismo são quase onipresentes. Mas é também certo que nem tudo foram lamúrias e lástimas, condenações e protestos. Katia: "Mariana Joaquina da Silva Pereira, africana da Costa da Mina, casou-se com José Antônio de Etra, africano da mesma região. Em 1810, ela o instituiu legatário universal de seus bens, que haviam sido 'adquiridos por ele e a ela doados por causa do amor, da fidelidade e do zelo que ele sempre me dispensou e do bom casal que formávamos'. Tendo enviuvado, o marido fez redigir seu testamento em 1826, após ter sido obrigado a vender uma grande parte de seus bens durante as guerras da Independência, para poder nutrir os poucos escravos que possuía. Legou a eles a pouca fortuna que lhe restava".

Lembremos que na outorga de cartas de alforria, em Salvador, os dados disponíveis indicam que as mulheres eram mais alforriadas do que os homens. E que boa parte delas primava pela independência. Era comum a figura da mulher chefe de família. Ainda Katia: "A mulher africana... conquistou na Bahia uma independência e uma preeminência que não possuía no âmbito do patriarcado tradicional existente em sua terra natal. Sendo minoritária no Brasil, ela ocupava posição privilegiada na sociedade escrava de então, desempenhando, na Bahia, importante papel. Sozinha na criação dos filhos, sem família consanguínea, cercada por gente de várias etnias e forçada a viver segundo um código social 'ocidental', a mulher africana procurou — e achou — em sua etnia novos laços de solidariedade". Mas passemos a outro aspecto, que deveria interessar bem mais às nossas pesquisadoras feministas, que permanecem eternamente presas à repetição das mesmas coisas sobre a vida das mulheres no escravismo, praticamente estacionadas no tópico da violência do homem branco contra a mulher preta. Isso todo mundo já está cansado de saber — e chega de tanta redundância. Há muitas outras coisas — e até fascinantes — a serem mais conhecidas e mais bem examinadas. Uma delas é a da formação de *famílias de mulheres*. A nossa já citada Sheila de Castro Faria deu uma mapeada no assunto. Ela fala de ex-escravas que, em vez de se juntarem a um marido, escolhiam viver em uma família formada com outras mulheres que selecionavam — suas escravas e suas "crias" (filhos e filhas dessas mesmas escravas). Vamos acompanhá-la num caso concreto: o da liberta Francisca Maria Tereza. Fala Sheila (a citação é longa, mas não vou copidescar):

"Francisca Maria Tereza, natural da Costa da Mina, foi batizada na freguesia de Nossa Senhora das Mercês da cidade de Lisboa, onde se casara com o falecido José Pereira de Araújo, de cujo matrimônio não lhe ficaram filhos. Fez seu testamento em 1776, no Rio de Janeiro.

"Era proprietária de três escravas: Isabel, nação angola, sua filha Dorotheia e Thereza, crioulinha. Deixou coartada a escrava Isabel, no valor de três *doblas*, pelo prazo de dois anos, e forrou gratuitamente a Dorotheia, sua filha. Afirmou que tinha uma demanda contra os representantes do defunto José Antônio Pacheco, a quem havia emprestado algumas *doblas*. Caso vencesse o pleito, deixaria forra gratuitamente também Thereza, crioulinha. Caso perdesse, o testamenteiro deveria dispor da crioulinha para o pagamento das determinações testamentárias.

"Havia empenhado as seguintes joias: três cordões de ouro da Vera Cruz, quatro pares de brincos de ouro com suas pedras e diamantes, um botão de ouro grande de gota, duas imagens da Conceição de ouro, ambas com seu cordão de pescoço, dois anéis de ouro com suas pedras vermelhas e olhos de diamante, pelo valor de 2 *doblas* e 4$000 (quatro mil-réis). O testamenteiro deveria remir todas as joias na quantia estipulada. Era dona de uma morada de casas térreas, na rua do Alecrim, em terras foreiras, que deveriam ser conservadas para a moradia das *suas crias*, a saber: Maria Theresa e suas filhas Claudiana e Anna (ex-escravas), a escrava Isabel, coartada, Maria da Glória (ex-escrava), Dorotheia, filha da escrava Isabel, e mais a crioula Thereza. O intuito de deixar a casa para suas ex-escravas, escrava e *crias*, todas mulheres, foi expresso de maneira clara:

'E toda esta minha família viverão unidas sem que possam dispor tudo ou parte das ditas casas por limitada que seja e serão obrigadas a pagar o foro de 4$000 em cada ano a quem de direito for; e logo as justiças de sua majestade e ao mesmo tempo direito senhorio impeçam qualquer repartição que das ditas casas

queiram as doadas nela fazer, impedindo-lhes a dita venda. E caso que se cobre
a sobredita demanda deixo à minhas escravas e família acima declarada o rema-
nescente de meus bens satisfeitos que sejam meus legados...'

"As palavras de Francisca dão a impressão de que todas já viviam juntas — senhora, escravas e ex-escravas — e este não era um arranjo incomum, pois várias outras pretas forras que conseguiram enriquecer após a alforria apresentaram uma estrutura domiciliar muito semelhante, composta majoritariamente por mulheres, além de realizarem os mesmos investimentos: escravas, joias e casas e deixar como herdeiras de seus bens a estas mulheres".

Em síntese, e ainda nas palavras de Sheila: "... havia um tipo de família composta por mulheres forras, sem filhos, que consideravam suas escravas, ex-escravas e seus filhos como sua *família*. É realmente impressionante o fato de várias forras de origem africana, proprietárias de bens, não terem filhos, mesmo sendo viúvas ou casadas. É também impressionante o fato de muitas delas deixarem suas *crias* e as mães, suas ex-escravas, como herdeiras de seus bens". Mais: "Quase todas as sinhás-pretas minas exigiam pagamento para alforriar suas escravas [a chamada alforria onerosa], mas era a elas que deixavam como herdeiras ou lhes destinavam bens em seus testamentos. Antes, porém, lhes transmitiam seus conhecimentos. Formavam, com elas, suas *famílias*". O mais provável é que razões econômicas prevalecessem no sentido da formação dessas famílias femininas (falaremos disso adiante, a propósito da preferência de mulheres forras pela compra de escravas e não de escravos). Mas ao mesmo tempo penso que não devemos eliminar possível componente lésbico nesta questão. Um indício relativamente seguro disso é que, quando uma preta forra alforriava uma escrava sua, esta não costumava ir embora, afastar-se daquela. A própria Sheila observa: "Claramente a alforria de mulheres escravas por parte das forras não significava o seu afastamento de sua ex-senhora. Ao contrário, indícios em testamentos apontam para uma convivência muito próxima entre elas. Pela documentação com que trabalho, palavras como *amor*, *carinho* e *atenção* foram muito comuns e utilizadas por senhoras para se referir aos desvelos com que as ex-escravas as tratavam".

Infelizmente, não disponho de informações documentadas sobre a existência desse tipo de família feminina no ambiente baiano. Mas era e é forte por aqui, sem dúvida, o que costumamos definir, antropologicamente, sob o conceito de matrifocalidade. Vale dizer: uma unidade familiar-residencial centrada especial e fortemente na figura da mulher-mãe, que reina absoluta como "chefe de família" e conduz sozinha, sem recorrer a muletas masculinas, a criação de seus filhos. De fato, podemos falar de um espantoso matrifocalismo existente na velha sociedade baiana, estendendo-se dos tempos do escravismo colonial aos dias de hoje. Em "La Organización Social de las Antillas" (texto incluído no volume *África en América Latina*, organizado por Manuel Moreno Fraginals), Jean Benoist diz coisas aplicáveis à realidade baiana. Destaca, na vida familiar do arquipélago, a coexistência do modelo da família nuclear, unida pelo matrimônio, e de outro modelo menos estável, encontrável sobretudo em meio às classes populares. Neste segundo modelo, na visão de Benoist, notamos uma débil coesão da unidade habitacional, a instabilidade das uniões e a poliginia aceita sem maiores complicações. O parentesco sanguíneo é forte, "mas está em total discordância com os comportamentos fluidos relativos à residência". Benoist: "Nestas condições, frente à norma expressa que é o matrimônio, se desenvolve uma constelação de comportamentos centrados na família 'matrifocal'. Orientada em torno da mulher ou, dito com maior exatidão, em torno do eixo mãe-filho, o lugar matrifocal pode oferecer composições distintas, mas só este eixo permanece estável".

A importância do marido-pai, na organização doméstica, é muitas vezes menor do que a da parentela. Mas o importante é que a instabilidade das relações, em oposição à firmeza do eixo mãe-filho, faz da mulher-mãe a personagem central da casa (o grau em que se realiza a matrifocalidade é evidentemente variável). E é natural que a preponderância da figura da mulher-mãe, eco da vida doméstico-familiar de negros e negromestiços no sistema escravista brasileiro (já que é o nosso caso que aqui nos interessa), tenha se estendido a outras instâncias da vida social. Considero que a presença nítida da mãe, na poesia de Dorival Caymmi, deve ser entendida nesse contexto. Em "Saudade da Bahia", ele canta: "ai, se eu escutasse o que mamãe dizia". E, em "Peguei um Ita no Norte": "mamãe me deu um conselho/ na hora de eu embarcar"... São dois momentos significativos na vida da pessoa. E, nos dois casos, ouve-se a mãe. O que o pai pensa é silenciado. Mas o matrifocalismo, mesmo que tenha entre suas raízes a formação de famílias femininas na sociedade escravista, não se confunde com estas. Pode ser uma pista ou indício que nos fala da possível existência, no ambiente baiano, daquelas famílias de mulheres. Mas penso que o melhor mesmo é avivar o caráter socialmente específico da formação de famílias femininas. E esperar que um dia nossos pesquisadores em geral, e nossas pesquisadoras feministas em particular, procurem ver se há documentação apontando a existência na Bahia dessas casas matriarcais habitadas por famílias de mulheres. Vale dizer, a existência, entre nós, das tais unidades domésticas exclusivamente femininas.

IX
PRETAS E BRANCAS NO ESPAÇO DA CIDADE

As mulheres sempre se moveram, no espaço urbano, de forma diferente dos homens. Não são somente as classes ou os grupos sociais que existem de modo específico na cidade. Os sexos, também. Mas mesmo os sexos são sociologizáveis. E ainda: as condutas, mesmo dentro de um mesmo sexo, não são separáveis da localização da pessoa num determinado ponto ou patamar da hierarquia social. Vemos isso, com alta nitidez, na história urbana das mulheres no Brasil – e, obviamente, na Bahia.

É lugar-comum afirmar que as mulheres brasileiras, durante séculos, viveram isoladas, encerradas no recinto de suas casas. "A dona de casa que saísse para fazer compras corria o risco de ser confundida com uma prostituta", escreve Frédéric Mauro, em *O Brasil no Tempo de Dom Pedro II*. Mas é preciso fazer duas ressalvas fundamentais aqui. De uma parte, a ressalva histórica, para sublinhar a surpreendente altivez das mulheres no século XVI, quando, por exemplo, encararam abertamente e de cabeça erguida os inquisidores do Santo Ofício, para assumir seus casos amorosos transgressores da cartilha católica, como no caso de envolvimentos lésbicos. A submissão ou sujeição total das mulheres virá a caminho do final daquele século primeiro da colonização, com a progressiva ruralização da vida luso-brasileira. De outra parte, a ressalva sociológica, para sublinhar que o quadro só vale para senhoras e sinhazinhas da classe dominante e/ou dirigente. Vamos insistir, aqui, neste segundo ponto. Sim. Observações sobre o enclausuramento feminino, no Brasil colonial e mesmo imperial, aplicam-se unicamente aos círculos da elite social, econômica e política. Se a regra, para as mulheres ricas, era a indolência, a inatividade propiciada pelas mucamas ou pelos escravos, a regra, para as mulheres dos demais estamentos sociais, andava bem longe disso. Muitas eram obrigadas a batalhar, quando escravas, para tentar comprar a própria alforria. E, já libertas, para se sustentar e à sua família — buscando, ainda, algum enriquecimento, coisa que não raro conseguiram. É certo que algumas negras e mulatas se tornaram senhoras de casarões onde tinham vivido como escravas. Mas não estava ali o comum da vida feminina na sociedade escravista brasileira. As brancas ricas, com raríssimas exceções, viviam mesmo praticamente enclausuradas. As mulheres do povo, ao contrário, viviam na rua. Gastavam suas energias ao ar livre. Frequentavam mercados e chafarizes. E podiam até se ver envolvidas — ou mesmo comandar — iniciativas de alto relevo cultural.

Já em *Casa-Grande & Senzala*, Gilberto Freyre fala do "isolamento árabe" em que viviam as sinhás brancas (principalmente, nos engenhos) e de sua "submissão muçulmana" aos maridos, "a quem se dirigiam sempre com medo, tratando-os de 'senhor'". Ao passar do engenho para a cidade, da casa-grande para o sobrado, a realidade permaneceu praticamente a mesma, durante décadas e décadas. "O patriarcalismo brasileiro, vindo dos engenhos para os sobrados, não se entregou logo à rua; por muito tempo foram quase inimigos, o sobrado e a rua. E a maior luta foi travada em torno da mulher por quem a rua ansiava, mas a quem o *pater familias* do sobrado procurou conservar o mais possível trancada na camarinha", escreve o mesmo Freyre, em *Sobrados e Mucambos*. Sinhás e sinhazinhas brancas ou brancomestiças continuaram trancafiadas, entregues aos "cafunés afrodisíacos" das mucamas – que, para o Roger Bastide de *Psicanálise do Cafuné*, exibiam claro aspecto lesbiano. Ainda na expressão de Freyre, sobrados eram "quase-conventos". Para ele, o homem, no regime patriarcal, marca, com a maior nitidez possível, a diferença entre os sexos. O sexo forte e o sexo fraco, como se costumava dizer, nada teriam ou poderiam ter em comum. Sob a distinção aguda, a "raiz econômica: principalmente o desejo, dissimulado, é claro, de afastar-se a possível competição da mulher no domínio, econômico e político, exercido pelo homem sobre as sociedades de estrutura patriarcal". Mulheres deveriam ser antônimos de ação, iniciativa, energia. E nossa sociedade patriarcal gerou dois tipos femininos básicos: o da criatura "franzina, neurótica, sensual, religiosa, romântica" – e o da senhora gorda, prática e caseira. Ambas, longe do bulício das ruas. É claro que houve exceções – mas exceções são exceções. O comum, mesmo dentro de casa, era que a mulher nem sequer aparecesse quando houvesse visita de estranhos – sumiço feminino que só começou a ser superado no Rio de Janeiro, no tempo da Corte.

Escrevendo no ano de 1807 – em *A Economia Brasileira no Alvorecer do Século XIX*, resposta a um questionário do Conde da Ponte, então governador da província, sobre as razões do retardamento econômico da Bahia –, Rodrigues de Brito, discípulo de Adam Smith, surpreende ao apontar pioneiramente, entre os fatores do nosso atraso, "a reclusão do sexo feminino". Defende ele a introdução, em nosso meio, "dos costumes das nações mais civilizadas da Europa, onde o belo sexo se ocupa em vender nas lojas e no exercício de todas as artes". Pensa ele que isto duplicaria "a soma das riquezas anualmente produzidas", acrescentando: "... e eu ouso crer que as suas [das mulheres] virtudes não perderiam nada na livre comunicação e trato civil dos homens; antes a maior independência, em que ficariam a respeito deles, as preservaria dos perigos, a que expõe a necessidade. Além disto o hábito do trabalho ativo lhes daria uma constituição mais vigorosa e animada; pois vejo a maior parte das senhoras definhar em moléstias nervosas, procedidas da inação e enjoo, em que vivem". Para incrementar a comunicação intersexual, Rodrigues de Brito reivindica, ainda, a implantação de um passeio público e o fim dos muxarabis, que herdamos da arquitetura árabe. No seu entender, os muxarabis "obstam à civilização, escondendo o belo sexo ao masculino, para aparecer a furto sempre envergonhado. A destruição deste esconderijo mourisco poria as senhoras na precisão de vestir-se melhor para chegarem às janelas, a satisfazer a natural curiosidade de ver e serem vistas, e assim familiarizando-se com o sexo masculino, não olhariam como virtude o insocial recolhimento, que as faz evitar os homens, como a excomungados".

O problema não estava nos muxarabis, é claro, mas na dominação patriarcal. (Até porque a coisa podia ser vista de outro ângulo. Nas *Memórias de um Sargento de Milícias*, por exemplo, Manuel Antônio de Almeida escreveu: "A mantilha para as mulheres estava na razão das rótulas para as casas: eram o observatório da vida alheia".) E as mentalidades ainda demorariam a mudar. Freyre: "O tipo mais comum de mulher brasileira durante o Império [...]. Muito boa, muito generosa, muito devota, mas só se sentindo feliz entre os parentes, os íntimos, as mucamas, os moleques, os santos de seu oratório [...] desinteressando-se dos negócios e dos amigos políticos do marido, mesmo quando convidada a participar de suas conversas. Quando muito chegando às margens sentimentais do patriotismo e da literatura. Alheia ao mundo que não fosse o dominado pela casa [...]. Ignorando que houvesse Pátria, Império, Literatura e até Rua, Cidade, Praça". E mais: "Nunca numa sociedade aparentemente europeia, os homens foram tão sós no seu esforço, como os nossos no tempo do Império; nem tão unilaterais na sua obra política, literária, científica". O quadro era outro com a ausência da figura dominadora do homem. Temos exemplos de projeção de mulheres da elite, na antiga sociedade colonial brasileira, nesse espaço deixado pelo vazio de gênero. Citam-se, entre outros, casos como o de Ana de Holanda, senhora de engenho em Pernambuco (seu engenho, Casa Forte, deu nome ao atual bairro do Recife), personalidade ainda hoje polêmica e de vida sexual bastante animada (casou-se algumas vezes e, entre os seus amantes, os historiadores costumam listar os nomes de Maurício de Nassau e Vidal de Negreiros). O de Ana Sutil, proprietária de engenho de açúcar no litoral da Bahia, no século XVIII. O da comerciante, latifundiária e líder política maranhense Ana Jansen, senhora de muitas fazendas e escravos ("a maior proprietária de negros do Maranhão"). O de Úrsula Luiza de Montserrate, que fundou, construiu e dirigiu o Convento das Ursulinas das Mercês, na Bahia, na primeira metade do século XVIII, considerado "o maior centro de formação da vida religiosa feminina" no Brasil Colônia. O de Brites de Carvalho, dona de sesmaria na região do Rio Real, pioneira no avanço lusitano sobre os grupos indígenas e as terras cobiçadas de Sergipe. Etc. Mas são exceções. A regra, no segmento que ocupava o lugar superior na hierarquia social brasileira, era outra. Predominavam ali fêmeas encolhidas e recolhidas, como que fugindo sempre da luz do sol e até dos cômodos menos privados de suas próprias moradias.

Mas é também evidente que as mulheres da classe dominante não foram apenas fantasmas equivocados entre as paredes grossas das casas-grandes. Freyre sublinha o papel da mulher-matrix em nossa formação. Diz que é impossível imaginar a casa-grande sem ela. E que "essas iaiás foram sempre as estabilizadoras da civilização europeia no Brasil". É claro que não seria igual o estilo de vida num espaço dominado por um homem casado com sua matrona portuguesa e num lugar onde vivesse um homem solteiro ou amasiado com alguma índia ou cabocla da terra, mulheres extraeuropeias, regidas por outros códigos de cultura. Sabemos o que isto significa. Nos termos de Freyre, aquelas mulheres portuguesas, quase sempre gordas e ignorantes, deram maior "dignidade moral" (não é a expressão adequada: com ou sem elas, no dizer do mesmo Freyre, casas-grandes foram "antros de perdição") e conforto físico à moradia, além de maior estabilidade à vida doméstica. Podemos substituir palavras e conceitos, mas entendo o que Freyre quer afirmar: "Em São Vicente, no Recôncavo da Bahia, em Pernambuco — os pontos de colonização portuguesa do Brasil que mais rapidamente se policiaram — a presença da mulher europeia é que tornou possível a aristocratização da vida e da casa. E, com esta, a relativa estabilização de uma economia que, tendo sido patriarcal nos seus principais característicos, não deixou de ter alguma coisa de 'matriarcal': o maternalismo criador que desde o primeiro século de colonização reponta como um dos traços característicos da formação do Brasil".

Penso que Freyre não convence ao asseverar que aquelas matronas lusas definiram um estilo de vida doméstico entre nós. Salvo raríssimas exceções, o fato é que elas nunca definiram nada. Freyre pisa terreno mais firme quando diz que as senhoras (de casas-grandes e sobrados), ociosas, submissas e isoladas, quase que só tinham permissão para uma coisa: "inventar comida". Porque isto elas fizeram, dedicando-se às "artes domésticas", introduzindo produtos nativos dos trópicos em modos produtivos europeus, sincretismos culinários se manifestando em doces, conservas, geleias, licores, etc. Tudo bem. Mas o que importa ressaltar aqui, de nosso ponto de vista, é que foi múltiplo de zero o peso dessas mulheres em nossa vida extradoméstica. Mas ao tempo em que as mulheres brancomestiças da elite se fechavam em suas casas — principalmente, ao longo dos séculos XVII e XVIII, desde que mudanças nesse quadro principiam a se tornar visíveis no século XIX, com fêmeas ricas frequentando teatros, festas e os bailes de máscaras, como vemos já nos primeiros romances de Machado de Assis –, bem outra era a vida de pretas, mulatas, mestiças em geral e mesmo brancas pobres respirando o ar livre das ruas e praças das cidades, que ocupavam com seus risos e afazeres, em movimento tão colorido quanto incessante. Enquanto sinhás e sinhazinhas brancas e brancomestiças eram condenadas a cultivar a reclusão e a indolência, não projetando o seu olhar para além do âmbito estreito da casa e da família, vamos encontrar mulheres menos abastadas e mesmo pobres, quase sempre pretas e mulatas, engajadas em iniciativas e movimentos de relevo, atravessando dimensões políticas e culturais. Concordo por isso mesmo com Freyre, quando ele diz que "foi no escravo negro que mais ostensivamente desabrochou no Brasil o sentido de solidariedade mais largo que o de família". No caso das mulheres, logo nos vem à mente a figura hoje algo lendária de Luiza Mahin, que se envolveu em movimentações de negros malês, com revoltas urbanas violentas e mesmo sanguinárias na Bahia, durante as primeiras décadas do século XIX.

Mas nem é preciso pensar em confusões históricas extremas. Coisas pequenas também merecem destaque. Como o movimento das aguadeiras contra o guarda do chafariz do Terreiro de Jesus, em Salvador, no ano de 1871. O fato foi notícia em *O Alabama*, jornal "crítico e chistoso" que circulou durante anos na capital baiana, na segunda metade do século XIX. É interessante. Pouco tempo depois da fundação de Salvador por Thomé de Sousa, o Terreiro de Jesus (com esse nome que hoje mais sugere coisa candomblezeira – terreiro de um pai de santo chamado Jesus) já aparecia como um dos principais pontos da cidade. Espaço de passagem, lugar de encontro e trabalho, onde aconteciam touradas e todos comentavam tudo, era referido já em soneto por Gregório de Mattos, no século XVII, numa descrição da Cidade da Bahia:

> *A cada canto um grande conselheiro,*
> *Que nos quer governar cabana e vinha;*
> *Não sabem governar sua cozinha,*
> *E podem governar o mundo inteiro.*

> *Em cada porta um frequentado olheiro,*
> *Que a vida do vizinho e da vizinha*
> *Pesquisa, escuta, espreita e esquadrinha,*
> *Para levar à praça e ao Terreiro.*

Foi nesse Terreiro de Jesus, centro do fuxico colonial baiano, que as aguadeiras fizeram o seu movimento. Eram negras africanas que trabalhavam carregando água do chafariz do terreiro, a fim de vendê-la à sua clientela. No chafariz, ficava um guarda, funcionário da empresa que fornecia a água. O guarda e as negras se desentenderam – segundo o *Alabama*, "pelas maneiras bruscas e impertinentes que [ele] usava para com elas". Veio a reação: as africanas se reuniram sob uma árvore do terreiro e decidiram não mais pegar água do chafariz, até que o guarda mudasse seu comportamento. O boicote funcionou. O guarda se viu não só obrigado a se desculpar, como a presentear as negras com duas garrafas de vinho.

Além do campo mais propriamente produtivo ou político, em que vemos Luiza Mahin e as aguadeiras, mulheres negras e mestiças tiveram presença ainda mais forte no espaço religioso.

Dos primeiros calundus de que temos alguma notícia no Brasil, parte deles era coisa de mulher. Em *O Candomblé da Barroquinha*, Renato da Silveira nos fornece informações sobre o assunto. Fala de calundus que nossas mulheres abriram em tempos escravistas coloniais. Antes de mais nada, a nota linguística. Calundu "vem do quimbundo *kilundu*, derivado de *kulundûla* (herdar), 'alusão ao modo de transmissão'". Mas também pode ter vindo de *kalundu*, termo encontrável tanto em kikongo quanto em kimbundo, implicando a realização de um culto para os espíritos. E calundus saíram pontuando o espaço colonial. Na passagem do século XVII para o XVIII, numa chácara nas vizinhanças da Vila de Rio Real, na Bahia, existia um templo desses. Era o calundu de uma escrava chamada Branca. Em Minas Gerais, nas cercanias de Sabará, primeira metade do século XVIII, havia o calundu de Luiza Pinta, que enfrentou um processo da Inquisição. Escreve Silveira: "Suas festas eram reuniões 'com atabaques e cantos' na sala da casa de Luzia onde operavam percussionistas (tocando 'timbales' ou 'tabaques' pequenos, não sabemos quantos), duas mulheres angolanas, mais um africano de etnia ignorada. Nessas cerimônias sempre havia um público, o objetivo era justamente o contato com ele, a purificação da comunidade, cerimônias portanto abertas a todos, frequentadas por negros e por brancos".

Adiante, em inícios do século XIX, mulheres organizaram aquele que é dos primeiros terreiros de linhagem ketu aqui no Brasil, o Ilê Omi Axé Airá Intilê — matriz da qual nasceram alguns dos grandes terreiros jeje-nagôs da Bahia. Mais ou menos pela mesma época, formou-se a Casa das Minas, centro de culto dos voduns em São Luís do Maranhão — assunto estudado por Nunes Pereira, em *A Casa das Minas: Culto dos Voduns Jeje no Maranhão*, e Sérgio Ferretti, em *Querebetan de Zomadonu: Etnografia da Casa das Minas*. À frente, uma mulher – Nan Agontimé – da nobreza daomeana: "Os fundadores [da Casa das Minas] foram negros africanos jejes trazidos como escravos para o Maranhão. Mãe Andresa [nochê do templo na primeira metade do século XX] disse a Nunes Pereira que quem assentou a casa foi 'contrabando', gente mina jeje vinda da África, que trouxe o peji consigo. No Brasil eram chamados de 'contrabando' os escravos desembarcados após 1831, ano da primeira lei que proibiu o tráfico negreiro e que foi violada por cerca de vinte anos. Pesquisa de Costa Eduardo [*The Negro in Northern Brazil: A Study in Acculturation*], complementada por Pierre Verger ["*Le Culte des Voduns d'Abomey Aurait-il Été Apporte à Saint-Louis de Maranhon par la Mère du Roi Ghézo?*"], identificou, entre divindades cultuadas na Casa das Minas, o nome de inúmeras pessoas da família real de Abomey, anteriores do rei Adandozan (1797-1818), que pela primeira vez vendeu como escravos membros da família real [...]. Verger conclui que o culto de antepassados da família real de Abomey foi estabelecido na Casa das Minas por Nan Agontimé, viúva do rei Agonglô (1789-1797) e mãe do futuro rei Ghezo (1818-1859), que teria sido, com parte da família, vendida como escrava para o Brasil".

Isto nos remete ao romance *Un Océan, Deux Mers, Trois Continents*, do cantor e romancista negroafricano Wilfried N'Sondé, nascido em Brazzaville, na República do Congo. Ao falar da participação ativa dos bakongos (e muitos deles vieram parar na Bahia, para cá carreados por navios negreiros) no comércio transatlântico de escravos, retratando um tratado comercialescravista assinado entre o rei bakongo e negociantes portugueses, N'Sondé é realista: "Não hesitou muito tempo e assinou, logo que compreendeu que em troca dos cativos que devia fornecer, os seus parceiros lhe iam enviar uns trinta operários especializados no trabalho do cobre e da madeira, pistolas, fuzis e, sobretudo, dez peças de artilharia. Viu também nesse arranjo a oportunidade de se desembaraçar não apenas de um grande número de prisioneiros de guerra que ameaçavam rebelar-se, mas também dos seus mais ferozes inimigos políticos, assim como das respectivas famílias. E depois seu reino tinha bastantes criminosos e gente inútil que bem poderia exilar para longe das suas terras". Mais: o rei entrou a vender membros da própria família real. Como vimos, coisas assim de fato aconteceram. Como no Daomé. Adandozan, ao se tornar regente depois do assassinato de Agonglô, mandou prender e vender como escravos membros da família real. Vimos que foi assim que Agontimé veio parar no Brasil, em São Luís do Maranhão, onde criou a Casa das Minas. E este não seria caso único de realeza escravizada assumindo, aqui, o comando de operações culturais, religiosas, através de mulheres. Temos ainda, entre outros, o exemplo de Otampê Ojaró, da família real de Ketu, fundando um terreiro de candomblé na Cidade da Bahia (terreiro independente, nascido sem qualquer conexão com a Barroquinha ou com a Casa Branca): o Alaketu (sintagma que, segundo Vivaldo da Costa Lima, tanto pode ser o título do rei daquele reino, quanto ser corruptela de *ará Ketu*, que, em iorubá, significa "gente de Ketu"). E aqui devemos recorrer a um estudo de Lisa Earl Castillo, antropóloga que vem providenciando correções e enriquecendo em lances decisivos o campo informacional sobre a história e a vida do candomblé no Brasil. Refiro-me ao texto "O Terreiro do Alaketu e seus Fundadores: História e Genealogia Familiar, 1807-1867", publicado num dos números da revista *Afro-Ásia*.

Integrante da aristocracia de Ketu, neta do Rei Akebioru, a pequena Otampê Ojaró foi raptada ainda criança, no crepúsculo do século XVIII, por daomeanos que a venderam a outros traficantes de escravos – e assim veio parar em nossos litorais, mais precisamente, na Cidade da Bahia, onde recebeu o nome de Maria do Rosário. Entre os anos de 1833 e 1835, bem depois de conseguir sua carta de alforria, fundou, juntamente com (ou auxiliada por) seu marido Gaspar Ferreira de Andrade (Babá Laji), o já citado terreiro do Alaketu – que nasceu autonomamente, sem qualquer vínculo com a Casa Branca –, o mais antigo de Salvador, "em termos de funcionamento contínuo no mesmo local". Esses fundadores, como os demais grupos familiares que criaram as grandes casas do culto candomblezeiro entre nós, eram "pessoas de posses que participavam ativamente de irmandades católicas". Desde meados da década de 1810 eram senhores escravistas (Lisa Castillo encontrou documentação para 14 escravos, em sua maioria mulheres africanas nagôs, quase todas registradas no nome de Otampê), comprando terrenos no Matatu e casas na Saúde. Pertenciam, portanto, a uma elite economicamente privilegiada de africanos forros.

X
A RIQUEZA EM
MÃOS NEGRAS

A sociedade setecentista-oitocentista baiana não se dividia drasticamente entre dois extremos nítidos e polarizados: o dos senhores e o dos escravos. Este dualismo esquemático não encontra correspondência factual naquele mundo. Entre os dois extremos da hierarquia ou escala social, circulava uma população livre consideravelmente numerosa — faixa intermediária formada em grande parte por uma gente mestiça. Mais do que isso: havia escravos e ex-escravos que eram proprietários de escravos. Negros e negras escravistas. A primeira coisa que ex-escravos faziam, depois de ter a sua carta de alforria, era comprar para si um ou mais escravos, usando-os com os mesmos propósitos dos senhores brancos: tê-los a seu serviço pessoal e empregá-los para obter lucros, fosse no comércio ou na prostituição. Mas não só escravos: investiam igualmente em bens móveis e imóveis.

"Poucos foram os pesquisadores que trataram dos forros depois de sua libertação do cativeiro. Apesar disto, foi comum a avaliação de suas vidas... que afirma terem os forros engrossado o contingente da população *pobre*, qualificada pela precariedade das condições materiais de existência. Esta conclusão parte muito mais de deduções lógicas... do que de uma análise sistemática da documentação", alerta corretamente Sheila de Castro Faria. Para exemplificar: "... sugiro que quem tem um escravo, nem que seja um só, não pode ser considerado pobre nesta sociedade, em qualquer época. Considero um contrassenso afirmações com as que faz Maria Odila da Silva Dias [*Cotidiano e Poder em São Paulo no Século XIX*], que qualificou como *pobres* mulheres negras ou mestiças proprietárias de até dez escravos, em São Paulo, no século XVIII". Ainda mais que esses mesmos historiadores, que decretam como lógica e incontornável a pobreza do liberto, não falam de pobreza a propósito de famílias brancas que vivem da renda de um só escravo ou escrava, na prostituição ou no ganho. E se era possível viver com o suporte do trabalho de um só escravo, imagine-se como vivia um liberto que, na praça comercial de Salvador, empregasse três ou quatro pretos a seu serviço... Além disso, o óbvio: não foram poucos os ex-escravos que deixaram testamento ou provocaram feituras de inventário *post mortem*: isso só acontece com quem possui bens. Quem não era proprietário de nada, não fazia testamento, nem tinha inventário. Por tudo isso, na contramão dos clichês historiográficos sobre o assunto, Sheila é peremptória: "o enriquecimento [de ex-escravos] foi muito comum". É o que veremos a seguir.

Africanos aqui desembarcados ou pessoas nascidas já no Brasil, pretos e pretas, assim como mulatos e mulatas, chegaram a ficar ricos na Bahia setecentista/oitocentista, como nos mostra a produção historiográfica mais recente sobre o assunto. Veja-se, por exemplo, o estudo "José Pedro Autran e o Retorno de Xangô", escrito por Lisa Earl Castillo e Luís Nicolau Parés. "José Pedro Autran era nagô, como eram conhecidos os falantes do iorubá na Bahia, provavelmente de origem ijexá, um reinado poucos quilômetros a nordeste da cidade de Ilê Ifé, berço ancestral da cultura iorubá. José Pedro deve ter sido escravizado em algum momento das duas primeiras décadas do Oitocentos. Foi escravo e herdou o nome de Pedro Autran da Matta e Albuquerque, um abastado francês envolvido no comércio marítimo, de quem se libertou, provavelmente, em 23 de fevereiro de 1822, por 300$000 réis, sob a identificação de 'José do Gentio da Costa da Mina'. Após a alforria, José Pedro manteve boas relações com seu ex-senhor, que assinava documentos para ele e foi testemunha no seu casamento", eles começam a nos contar. Prosseguindo: "Superando as adversidades do cativeiro, José Pedro Autran conseguiu em quinze anos acumular um capital considerável. Nesse processo, ele não contou apenas com a boa vontade do seu ex-senhor francês. Desde os primeiros anos da sua liberdade – talvez até antes – José Pedro inseriu-se numa rede social constituída pela elite negra da cidade, na qual andavam outros africanos libertos, bem-sucedidos, membros de irmandades católicas, proprietários de imóveis e senhores de escravos. [...] em 1827, apenas cinco anos após sua alforria, José Pedro comprou 'dois terços de uma morada de casas de dois sobrados', na Ladeira do Carmo, na freguesia da Rua do Passo. O preço foi pouco mais de um conto de réis, uma soma considerável para um recém-liberto, pago em 'moeda corrente' aos herdeiros de uma próspera liberta africana, Anna de São José da Trindade, falecida em 1823".

Mais: "Contudo, José Pedro Autran só foi morar na Ladeira do Carmo depois de casar no rito católico com Francisca da Silva [também conhecida como Iyá Nassô, fundadora do célebre terreiro da Barroquinha, que geraria a Casa Branca e as dissidências do Gantois e do Axé do Opô Afonjá] [...]. A longa demora entre a compra e a mudança sugere que a aquisição tenha sido inicialmente um investimento, com vistas ao aluguel de quartos ou armazéns. Todavia, no mesmo ano do casamento, Autran comprou, por um conto de réis, outra casa, na Calçada do Bonfim, um lugar afastado do centro da cidade". O investimento imobiliário era característico dos libertos mais bem-sucedidos e, geralmente, sucedia ao investimento inicial em propriedade escrava. "Na compra do sobrado na Ladeira do Carmo, percebe-se a importância de laços sociais forjados na Irmandade do Rosário dos Pretos da Baixa dos Sapateiros. Tanto José Pedro Autran quanto a falecida proprietária, seus herdeiros e a testemunha de Autran, Geraldo Roiz Pereira, pertenciam a essa confraria negra, uma das mais importantes da cidade. Próspero liberto de nação mina, Geraldo esteve envolvido no tráfico atlântico, talvez através de seu padrinho, o africano Manoel Pereira Lopes, cuja imensa fortuna sugere que também comerciasse escravos". Quando se viu obrigado a voltar à África, na conjuntura tumultuada que se seguiu à Revolta dos malês em 1835, também José Pedro Autran se integraria na rede do tráfico negreiro. Foi coisa comum entre nós: ex-escravos se envolverem, em graus variáveis e em vários papéis, de agente comercial a cozinheiro, com o tráfico atlântico de escravos. Havia mesmo um pequeno comércio de negros escravizados, com esses ex-escravos aproveitando sua participação em navios negreiros para comprar alguns cativos, sempre em reduzido número. Mas não vamos tratar disso agora. O que quero sublinhar é que ex-escravos africanos ficaram ricos na Bahia — e muitos estudos, pesquisas e teses vêm esquadrinhando essa realidade tão incômoda para os militantes racialistas. Basta ver, por exemplo, a tese *Luís e Antonio Xavier de Jesus: Mobilidade Social de Africanos na Bahia Oitocentista*, de Elaine Santos Falheiros, onde lemos sobre a vida de conforto e riqueza de Antonio Xavier e de Felicidade Friandes, sua esposa nagô. Ou o texto "A Árvore da Liberdade Nagô: Marcos Theodoro Pimentel e sua Família entre a Escravidão e o Pós-Abolição", de Wellington Castellucci Júnior.

O nagô Marcos, a quem antes nos referimos como condenado à morte pelo Aramefá, introduziria o culto dos eguns na Ilha de Itaparica; um filho seu, José Theodoro Pimentel, seria sucessor de Bamboxê Obitikô no cargo de Balé Xangô; e uma sua neta, Ondina Valéria Pimentel, seria a quarta mãe de santo do Axé do Opô Afonjá. Marcos chegou ao Brasil em 1833. Viveu cerca de quinze anos como escravo em Itaparica, então uma vila de pescadores e caçadores de baleias. Integrando o contingente profissional dos barbeiros (sangradores e/ou músicos), o escravo Marcos juntou dinheiro suficiente para comprar sua carta de liberdade em 1849, pagando 900 mil-réis, preço consideravelmente alto no mercado das alforrias. Liberto, adotou o sobrenome do ex-senhor (Pimentel) — e trocou o ofício de barbeiro por negócios ligados à atividade baleeira. Pouco depois, alforriou seu primogênito, também chamado Marcos, que viria a ser seu sócio no profano e seu companheiro nos ritos e ofícios do sagrado. Era uma dupla: Marcos-o-

Velho e Marcos-o-Jovem, como passaram a ser conhecidos aqui na ilha. Na década de 1860, Marcos-o-Velho se associou a outro nagô, José Severo Martins Braga. "Não sabemos, com exatidão, quando esses dois africanos começaram a caçar baleias para comercializar os seus derivados e o óleo extraído da sua gordura. Mas foi com base nessa atividade produtiva, historicamente de suma importância para a economia colonial, que eles se tornaram sujeitos endinheirados e influentes entre os libertos e alguns livres na Ilha. À época em que os dois começaram a despontar como comerciantes desse negócio, as armações de baleias, instaladas em Itaparica desde a época colonial, estavam fechando. Era o sintoma da decadência de um negócio espalhado por todo o litoral brasileiro e que, em decorrência da expansão da baleação estadunidense e do final do tráfico de escravos, entrava em colapso. Assim, enquanto as armações tradicionais faliam em meados do século XIX, Marcos Theodoro Pimentel e José Severo Martins Braga começavam a dominar esse comércio local, envolvendo uma cadeia de sujeitos que, de alguma forma, ganhavam dinheiro com os derivados da baleia. Ganhadeiras, fabricantes de cordas, calafates, tanoeiros, arpoadores, remadores, praticamente todos eram libertos e giravam em torno dos negócios controlados por aqueles dois sócios africanos", escreve Castellucci.

Vale aqui uma digressão esclarecedora. No início do século XVII, a Ilha de Itaparica já contava com suas primeiras feitorias de pesca, voltadas para a captura e o tratamento do grande cetáceo — e os que se empenhavam nesse mister formavam a chamada *gente do azeite*. Era no mês de junho que as baleias entravam massivamente no golfo azul da Bahia, parindo filhotes grandes como cavalos. E logo o negócio baleeiro se tornou fundamental para a economia da ilha. Tanto na poesia de Gregório de Mattos quanto na de Frei Santa Maria, quando a referência é Itaparica, a baleia está presente sempre. Para Gregório, Itaparica é sinônimo de areias alvas, praias alegres, frutos marinhos, frutas frescas, baleias e putas. E Frei Santa Maria, escrevendo já no século XVIII, em sua *Descrição da Ilha de Itaparica* (onde emprega o neologismo "brásilo", no sentido de "nativo"), nos diz:

> *Tanto que chega o tempo decretado,*
> *Que este peixe do vento Austro é movido,*
> *Estando à vista de terra já chegado,*
> *Cujos sinais Netuno dá ferido,*
> *E de todo o preciso prevenido,*
> *Estão umas lanchas leves e veleiras,*
> *Que se fazem cos remos mais ligeiras.*
>
> *Os Nautas são etíopes robustos,*
> *E outros mais do sangue misturado,*
> *Alguns mestiços em a cor adustos,*
> *Cada qual pelo esforço assinalado:*
> *Outro ali vai também, que sem ter sustos*
> *Leva o arpão da corda pendurado,*
> *Também um, que no ofício a Glauco ofusca,*
> *E para isto Brásilo se busca.*

Lembre-se que, em *Viva o Povo Brasileiro*, João Ubaldo recria a vida senhorial e escrava numa armação itaparicana, de onde se projeta a figura de Perilo Ambrósio, o Barão de Pirapuama – palavra que, em tupi, significa "baleia". Acontece que esse negócio altamente lucrativo foi por água abaixo nas primeiras décadas do século XIX. De uma parte, a Bahia ficou para trás, vertiginosamente ultrapassada pela Revolução Industrial. De outra parte, barcos ingleses e norte-americanos, movidos pelo novo combustível tecnológico, se lançaram a périplos oceânicos, como vemos em *Moby Dick*, de Herman Melville, e no *Gordon Pym*, de Edgar Allan Poe. E o cetáceo foi sumindo, quase desaparecendo das águas baianas. É justamente aqui que Marcos Theodoro e José Severo entram em cena, ocupando o espaço deixado pelos antigos senhores, para se enriquecerem na produção e no comércio de nível estritamente local.

Castellucci imagina ainda que, vivendo no centro da Vila de Itaparica, tanto Marcos quanto José deviam encontrar com frequência – e cumprimentar – seus antigos senhores, mas agora como libertos que tinham poder econômico e prestígio social. O quadro não é apenas provável, mas inevitável. Ainda hoje, os moradores do centro da cidadezita de Itaparica veem seus caminhos se cruzar diariamente, entre a padaria do Campo Formoso e a beira do mar, passando pela Matriz do Santíssimo Sacramento, onde Marcos (assim como o abolicionista Luiz Gama) foi batizado. E naquela época a vila não contava mais de 4.600 moradores... Mas havia uma diferença entre os dois sócios, que cumpre ressaltar. José Severo, "de forma pragmática e solitária", investia em negócios, imóveis e escravos. Marcos, de sua parte, não demonstrou interesse na compra de escravos. Caso raro, limitou-se a investir em imóveis e em coisas ligadas às atividades baleeiras. Mas o fato é que ambos enricaram. Castellucci: "Os anos 1860 significaram a transição entre a afirmação como africanos libertos e a consolidação como comerciantes, coroada na década seguinte, como importantes empreendedores, donos de armação de baleias e proprietários de casas de aluguel". E ainda: "... Marcos nunca teve escravos e seguiu comprando casas, uma delas na Praça [Largo] da Quitanda, local privilegiado para as atividades comerciais na Vila de Itaparica [ainda hoje, um bisneto de Marcos-o-Velho, conhecido como Joanilton Marvado, mantém um boteco nessa mesma casa no Largo da Quitanda, sob o olhar da irmã caçula da ialorixá Ondina, dona Joanita]. Ao fim da vida, Marcos Theodoro Pimentel possuía quatro casas de morada e uma de molhados na vila, animais de carga, uma armação de cozinhar óleo de baleia no Manguinho, embarcações, algum dinheiro em mãos e crédito nas praças comerciais de Itaparica e de Salvador". Antes de partir, porém, Marcos-o-Velho, cujo nome-título candomblezeiro era Obaráyì ou Obaraín, foi com o filho à Nigéria, de onde trouxeram o assentamento de Babá Olukotum, ainda hoje cultuado nos terreiros de eguns da Bahia.

Bem. Falamos de José Pedro Autran, Marcos Theodoro Pimentel e José Severo. Mas muitos outros enricaram, a exemplo do africano Antonio Xavier de Jesus, também conhecido como Antonio Galinheiro, que Pierre Verger retratou em *Os Libertos — Sete Caminhos na Liberdade de Escravos da Bahia no Século XIX*. Antonio era rico e, além de possuir os seus escravos, era dono de uma padaria (considerada de alta qualidade) na Baixa dos Sapateiros. Verger cita, inclusive, uma modinha ou quadrinha popular a seu respeito: "Se quiser ganhar dinheiro/ Vá na Baixa dos Sapateiros/ Para trabalhar na padaria/ De Antonio Galinheiro". Outro exemplo é o de Joaquim d'Almeida, ex-escravo de Antonio Galinheiro, que se dedicou ao tráfico, chegando a ser proprietário de 36 escravos em Havana e 20 em Pernambuco, além dos que mantinha sob seu controle direto. Deve-se dar destaque, no entanto, ao casal nagô formado por Antonio Xavier e Felicidade Friandes, que, como salienta Elaine Falheiros, "eram provavelmente os mais prósperos entre os africanos que viviam então na Bahia". Possuíam, além de escravos, três lojas de carne-seca, duas tavernas e dezessete imóveis, a exemplo de duas casas na Baixa dos Sapateiros. Importante: "Felicidade e Antonio investiram numa educação refinada para os filhos, mais um sinal a diferenciá-los da maioria dos descendentes de africanos nascidos no Brasil. Todos sabiam ler e escrever, mas foram além disso. Fortunato, por exemplo, teve aulas de filosofia, matemática e inglês no Colégio São Francisco, localizado na Rua da Barroquinha, próximo à sua residência. Prudência e Albina, além de terem completado a educação doméstica, aprenderam a tocar piano, instrumento que o casal de libertos possuía em casa, um símbolo da modernidade urbana no Brasil imperial" — e não era um pianinho qualquer, mas um *playel*, igual ao que existia na casa do pai do líder abolicionista André Rebouças, mulato nascido no Recôncavo Baiano, descendente do casamento bem-sucedido de um português com uma preta baiana.

(Por falar em educação, faço aqui um desvio para tocar num aspecto importantíssimo da questão, tal como resumida por Lisa Earl Castillo e Luís Nicolau Parés, em seu estudo sobre Marcelina Obatossí, mãe de santo da Casa Branca no século XIX: "Enquanto a elite branca mandava seus filhos para estudar em Paris, a emergente elite dos libertos olhava para a África. Em 1904, João do Rio comentava, a respeito desse fenômeno, que 'alguns [africanos] ricos mandam a descendência brasileira à África para estudar a religião'. Podemos considerar como paradigmático o conhecido caso de Martiniano Eliseu do Bomfim [que se tornaria o legendário babalaô Ojeladê], citado por estudiosos do candomblé desde o início do século XX. Em 1875, ainda adolescente, Martiniano viajou para Lagos, acompanhado do seu pai, Eliseu do Bomfim. O velho Eliseu era da etnia egbá, comerciante de produtos africanos e, por esse motivo, viajava com frequência para Lagos. Martiniano ficou lá por longos anos, até 1886, aprendendo a ler e escrever em inglês e iorubá numa escola de presbiterianos ingleses. Nesse período, também frequentava comunidades religiosas tradicionais, iniciando-se no sistema de adivinhação de Ifá".)

Prossigamos. No inventário de Felicidade Friandes, feito em 1867, podemos apreciar o rol de suas peças preciosas: uma pulseira de ouro de filigrana; uma outra de filigrana com quatro corais azuis; 65 contas de ouro; um relicário com sete voltas de cordão de ouro; um crucifixo de ouro; um jogo de abotoaduras de ouro; um anel de ouro lavrado com círculo de diamantes; um anel de ouro lavrado com um diamante; um par de argolas com aros de ouro... Mas não eram só homens ou casais que ficavam ricos, evidentemente. Mulheres, também — e talvez em maior número. Entre os diversos exemplos disponíveis para Salvador, vejam os testamentos e inventários de Francisca Maria da Encarnação, que conseguiu sua alforria em 1812, e de Custódia Machado de Barros, que comprou sua carta de liberdade em 1814. Francisca Maria era proprietária de algumas peças de ouro e prata, uma casa em Itapagipe, uma canoa e quatro escravos. Custódia, por sua vez, tinha duas casas — uma no Areal de Cima e outra no São Miguel — e seis escravos, todos empregados no ganho, produzindo renda suficiente para ela viver com tranquilidade financeira. Lembre-se, como foi dito, que algumas famílias brancas consideradas pobres sobreviviam às vezes com a renda que um único escravo de ganho fornecia. Com seis escravos na empreitada, a pessoa podia dormir em sossego, com folga, inclusive, para fazer algum investimento. Sabe-se ainda que Joaquina Maria Borges de Sant'Anna, vendedora de rua em Salvador, dispunha de reserva suficiente para emprestar dinheiro a outros comerciantes e mesmo a donos de armazém da zona portuária.

Sobre a própria mulher de José Pedro Autran, a mãe de santo Francisca da Silva/Iyá Nassô, Lisa Earl Castillo e Luís Nicolau Parés escrevem: "Na década de 1820, desembarcavam no Brasil um número crescente de nagôs, aprisionados nos conflitos relacionados ao colapso do império de Oió. O processo começou em 1789 e intensificou-se nas primeiras décadas do século XIX... A própria Francisca da Silva, cujo nome iorubá, Iyá Nassô, corresponde ao título da sacerdotisa responsável pelo culto a Xangô no palácio do *alafin* (rei) de Oió, foi provavelmente vendida ao tráfico em consequência desses conflitos e intrigas políticas. Considerando que em 1822 ela já era liberta e senhora de escravos, podemos supor que tenha sido escravizada na década anterior". Rica ficou também uma escrava e filha de santo de Iyá Nassô, que viria a ser a primeira mãe de santo da Casa Branca do Engenho Velho: a africana Marcelina Obatossí. Marcelina comprou sua alforria em 1836, pagando

500 mil-réis ao casal José Pedro Autran e Iyá Nassô. Depois disso, chegou a ter pelo menos dezoito escravos — e também cobrava caro para lhes conceder cartas de liberdade. Além disso, Marcelina e família acumularam propriedades imobiliárias. Casas na Rua das Laranjeiras, na Ladeira do Taboão, junto à Praça da Piedade, no Bângala, na Cruz do Cosme. Na década de 1860, a família contava com meia dúzia de casas — cinco delas no hoje chamado "centro histórico". Em "Marcelina da Silva e seu Mundo: Novos Dados para uma Historiografia do Candomblé Ketu", a mesma dupla, Lisa Earl Castillo e Nicolau Parés, anota: "As rendas geradas pelos aluguéis... assim como, provavelmente, os lucros do ganho dos escravos, sem esquecer os possíveis dividendos provenientes dos serviços espirituais, forneciam a base da economia desse bem-sucedido casal de libertos [Marcelina e Miguel Vieira], trazendo-lhes uma prosperidade que os colocava numa privilegiada camada social. Marcelina e sua família pertenciam, assim, a uma espécie de elite entre a população africana de Salvador, com uma segurança econômica e um padrão de vida material fora do comum". E Marcelina possuía joias, muitas joias.

Mas um dos casos mais espetaculares de enriquecimento de uma ex-escrava é o da supracitada Anna de São José da Trindade, que vendeu uma casa no Carmo a Pedro José Autran e Iyá Nassô. É a ela que o historiador Richard Graham dá ressalte (mais um historiador, aliás, a afirmar categoricamente que nossa cidade se chama "São Salvador", quando o "são" nunca fez parte do seu nome, sendo antes um deslize toponímico cometido pelo papa Júlio III, na bula em que nomeou o bispo Pero Fernandes Sardinha), em seu livro *Ali-*

mentar a Cidade: Das Vendedoras de Rua à Reforma Liberal (Salvador, 1780-1860):

"Anna de São José da Trindade tirou licença em 1807 para que ela e três escravas suas pudessem vender alimentos de porta em porta em Salvador, ou armar uma barraca numa esquina ou praça. Ela morreu em 1823 e, quando seu testamento foi aberto, descobriram-se muitas coisas que talvez não surpreendessem seus contemporâneos, mas que nos surpreendem. O fato de ser analfabeta era mais do que previsível, pois tinha nascido na África Ocidental e fora trazida para o Brasil num navio negreiro, com pouca idade mas não especificada. Ao chegar a Salvador, foi vendida como parte de um grupo maior, 'em lote', e posta pela patroa para trabalhar vendendo comida na rua. Com o tempo, conseguiu comprar a liberdade, em troca de uma escrava recém-chegada e de uma substancial quantia em dinheiro. Dizia que levava sua carta de liberdade o tempo todo consigo. Apesar de, em suas palavras, ter se conservado sempre solteira, deu à luz cinco filhos: três deles morreram e duas filhas ainda estavam vivas. Não sabemos que idade tinha quando morreu, mas sabemos que sua neta já estava casada.

"Essa ex-escrava deixou aos seus uma casa de três andares de pedra e cal com paredes de gesso e janelas de vidro cujo andar térreo estava alugado para uma loja. Era proprietária do terreno sem nenhuma dívida ou pendência. Também tinha nove escravos, dois dos quais ainda mandava vender comida 'na rua' todos os dias, incluindo uma escrava descrita como 'moça presentemente pejada'. Libertou uma escrava condicionalmente, estipulando que ela teria de pagar determinada quantia à neta de Anna durante certo tempo para assegurar a liberdade. Libertou de imediato outra escrava, já velha, que tinha o corpo coberto de feridas. Três escravos eram crianças, duas das quais ela deixou para as filhas, libertando a terceira. Sua rica coleção de joias de ouro incluía crucifixos, escapulários, rosários – um com sete padre-nossos e setenta ave-marias –, um relicário e muitos 'cordões finos de ouro', além de abotoaduras e duas fivelas de ouro para sapato. Tinha ainda um diadema com espelhos em meia lua, um par de brincos com águas-marinhas e doze brilhantes incrustados, um anel de topázio e um anel com dez 'diamantinhos rosa'. Objetos de prata incluíam um crucifixo com Cristo cercado de raios que exibia seu título e os cravos com os quais foi crucificado; também tinha um garfo, uma colher e uma jarra com pires de prata. Um negociante de escravos que lhe tomara dinheiro emprestado e penhorara artigos de ouro e prata ainda não tinha quitado a dívida, na época em que ela fez o testamento. Já a própria Anna dizia: 'Não devo nada a pessoa alguma'. O valor total de seus bens era impressionante, e eu o utilizo como ponto de referência para avaliar a riqueza de outras pessoas... Isso faz dela uma dona de casa de classe média. Anna de São José da Trindade tinha deixado de ser escrava para se tornar, primeiro, uma forra pobre e depois uma dona de propriedades e escravos. Não foi a única, pois a mobilidade vertical certamente não se restringia a brancos nem a pessoas do sexo masculino".

Bem, esta é a realidade. Havia aqui diversas sinhás pretas cobertas de ouro, proprietárias de imóveis e de escravos. Apenas para dar mais um exemplo, quando a mãe de santo Marcelina Obatossí morreu, em sua casa na Rua das Laranjeiras, sua filha Magdalena investiu contra o viúvo Miguel Vieira, acusando-o, segundo Lisa e Parés, de "ter vendido, sem consultá-la, objetos de ouro pertencentes ao casal – oratórios, colares, pulseiras e outras joias de Marcelina". Na verdade, pesquisas mais recentes indicam, com segurança razoável, que mulheres de cor libertas formavam a categoria mais rica de nossa sociedade escravista, depois dos homens brancos. Há até exemplo de ex-escrava que, em seu testamento, deixou bens para sua ex-senhora, em agradecimento pela "boa criação" recebida. Enfim, algumas dessas negras forras chegaram mesmo a receber publicamente o tratamento de *dona*, que na época era signo de prestígio, de diferenciação e distinção social. E aqui voltamos a Sheila de Castro Faria: "Eduardo França Paiva, num trabalho muito interessante [*Escravidão e Universo Cultural na Colônia, Minas Gerais, 1716-1789*] sobre escravos e libertos na Comarca do Rio das Velhas... afirmou que, entre os mais de 600 testadores que analisou, o grupo de maiores posses era o dos homens livres, destacando-se os portugueses, seguidos das mulheres forras e, depois, das mulheres livres. O grupo de menores posses era o dos homens forros... O autor afirma que esta escala hierárquica está de acordo com o exame das listas de contribuintes do Real Donativo de Vila Rica, entre 1727 e 1733, onde consta que as mulheres forras foram a segunda categoria que mais pagou tributo sobre as vendas e os escravos que possuíam". Ainda Sheila: "A posição das mulheres forras como segundo grupo a testar não foi uma especificidade mineira. Ocupavam também a segunda posição, sempre perdendo apenas para os homens brancos ou tidos como tal, para o Rio de Janeiro, no século XVIII". Concluindo: "A mulher forra, especialmente de origem africana... era um grupo relativamente favorecido em termos de fortuna".

XI
MULHERES NO JOGO
DO MERCADO

Podemos falar de uma convergência muito interessante das tradições e heranças lusitanas e africanas, com relação ao pequeno comércio. Tanto em Portugal quanto em parte razoável da África Negra, as atividades, no terreno do pequeno comércio, eram monopolizadas pelas mulheres. Havia, portanto, uma espécie de divisão sexual do trabalho no setor do comércio, a depender da dimensão do negócio envolvido. Os homens ficavam com o que se passava em escala maior. Mesmo as lojas, desde que tivessem um porte considerável, eram mantidas sob seu controle. Enfim, os homens ficavam com as baleias. Às mulheres, cabiam as piabas. Assim, de suas rodas de tabuleiros em lugares públicos ou de suas casas, casinhas e casinholas térreas, expressões típicas da arquitetura popular lusitana em nossos trópicos, a mulher dominava a comercialização de miudezas. Como foi dito, uma realidade portuguesa transplantada para nossos trópicos. E o aparelho estatal cuidava de garantir essa divisão sexual do trabalho, como igualmente passou a acontecer também no Brasil. Aliás, o historiador-antropólogo Luiz Mott, ao fazer um inventário de produtos que circulavam nos tabuleiros, em "Subsídios à História do Pequeno Comércio no Brasil", escreveu: "... sem as negras vendedeiras das ruas, seria praticamente inviável viver no Rio de Janeiro, Salvador e Recife, especialmente durante os séculos XVIII e XIX". Mas é claro que nenhuma transplantação se dá por inteiro. E aqui a paisagem humana e social do comércio feminino adquiriu seus traços distintivos. Com a entrada em cena de escravas, ocupando postos de trabalho ao lado de brancas pobres e mestiças um pouco mais claras. Com a algazarra e a vozearia de pretas e mulatas libertas.

Mas não vamos apressar o passo. Falemos, também, de uma herança africana. Entre os iorubás ou nagôs (e esta denominação lhes foi dada por seus inimigos jejes: "os nagôs" = "os sujos"), o mercado sempre foi, historicamente, um espaço ocupado por mulheres. Na especialização de funções econômicas – ou na divisão sexual do trabalho, como queiram –, as atividades comerciais de varejo se concentraram em mãos femininas. Enquanto os homens nagôs se empenhavam na labuta agrícola, eram as mulheres iorubanas que mercavam pelas ruas ou se reuniam no mercado para expor seus produtos. Veja-se, a este respeito, *Central Africa*, escrito por T. J. Bowen, um missionário norte-americano que viveu em terras dos iorubás no meado do século XIX – mais precisamente, de 1850 a 1856. Bowen observa que o que há de realmente mais atrativo, numa pequena e velha cidade iorubana, depois da cidade em si mesma, é o mercado. Não se trata de um prédio, avisa. Mas de uma área larga, espaçosa, circundada por cabanas, por pequenos barracos ou abrigos compostos de uma cobertura de palha assentada sobre pilares toscos. Mais uma quase choupana precária do que um "*box*", digamos. "Aqui, as mulheres se sentam e tagarelam o dia inteiro, desde cedo pela manhã até às nove horas da noite, vendendo mercadorias várias". Não há referência a mercadores ou quitandeiros do sexo masculino. E olha que a descrição de Bowen entra pela noite, quando ele diz que, assim que as sombras do entardecer se aprofundam – "e se o tempo permitir que as atividades prossigam, e se não houver lua" –, cada mulher acende uma lâmpada dentro de sua tenda ou venda, de modo que, aos olhos de um observador distante, o mercado se desenha com "a bonita aparência de inumeráveis estrelas brilhantes".

E as coisas continuaram assim no século XX, para alcançar este nosso século XXI. Em *The Yoruba of Southwestern Nigeria*, William Bascom escreve: "Os mercados são compostos de áreas ocupadas por mulheres que vendem as mesmas mercadorias: pequenos perus e pintinhos encerrados em gaiolas, bodes e carneiros amarrados, inhame, pimentas, pacovas, tempero verde, carne, sal, óleo e vinho de palma, sabão, roupa, panelas, lenha, ingredientes vários para encantamentos e medicamentos, roupas europeias e outros itens importados. Eles são dominados por mulheres comerciantes, a exceção principal sendo o homem que abate e vende gado do norte. Durante o dia, antes que o mercado alcance o pico, mulheres apregoam seus produtos pela cidade ou os vendem na frente de casa e nas esquinas. Muitas mulheres preparam e vendem comida nas ruas ou espalhadas pelo mercado. [...]. A mulher de um agricultor pode levar sua produção ao mercado e vendê-la por ele, a quem repassará o valor total da venda. Mas muitas mulheres são comerciantes profissionais. Algumas pagam à vista

Mulheres no jogo do comércio 135

por suas mercadorias, outras as tomam a crédito – mas ambas mercanciam para lucrar, barganhando tanto com o produtor quanto com o consumidor, a fim de obter a maior margem possível de lucro. Barganhar é um traço padrão das transações econômicas iorubanas. Outras mulheres comerciantes atuam como agentes comissionadas que lidam regularmente com um produtor particular". E Mary del Priore completa a aquarela: "Até hoje, na Nigéria, as mulheres são responsáveis por 90% do comércio de rua e 66% do comércio total do país. Na cidade de Lagos, uma das mais importantes praças da capital nigeriana homenageia uma célebre mulher de negócios das comunidades iorubás: Tinubu. Comerciante, foi uma das personagens selecionadas pela memória coletiva para encarnar o dinamismo das culturas pré-coloniais. Seu sucesso na primeira metade do século XIX deveu-se ao comércio de armas com que financiou guerras contra o reino de Abomei".

E o que se vê de invariável é a profissionalização feminina nesse campo. Ou, por outra, o pequeno comércio é um nicho mercadológico que elas monopolizam. Daí que, ao comentar a greve das aguadeiras a que fizemos referência em tópico anterior, o antropólogo Vivaldo da Costa Lima, em "Um Boicote de Africanas na Bahia do Século XIX", texto incluído na coletânea *Lessé Orixá = Nos Pés do Santo*, tenha escrito: "É conhecida a atividade e a energia das mulheres nagôs no comércio e na liderança que exerciam sobre grupos e categorias de produção como sobre os grupos familiares – a família parcial que se cristalizava na Bahia e a família religiosa dos grupos iniciáticos dos terreiros de candomblé. Cronistas e historiadores documentam essa atividade e essa reconhecida liderança das mulheres africanas que no Brasil reproduziam os padrões da estrutura familiar e econômica dos africanos, especialmente na população de origem iorubá-nagô, dominante demográfica e culturalmente na Bahia do século XIX. Verger, em *Notícias da Bahia – 1850*, escreve: 'As mulheres nagôs e seus descendentes na Bahia têm o mesmo espírito empreendedor que as caracteriza na África. Elas vendem no mercado e, boas comerciantes, ganham dinheiro e mesmo enriquecem, tornam-se proprietárias de pequenas casas onde elas habitam e que alugam a seus compatriotas'". Costa Lima prossegue, ainda tomando como referência o movimento das aguadeiras: "Essas mulheres nagôs, enérgicas, conscientes de seu poder, sem dúvida limitado no sistema de escravismo, mas fortalecido com os mecanismos e estratégias simbólicos do princípio da senioridade, da genealogia reconhecida e da liderança religiosa, dominavam e influíam numa larga faixa de atividades produtivas. Vender águas às portas era uma delas. Vender água em barris. 'Vinte réis o pote ou barril de três canadas'. Barris equilibrados na cabeça, à maneira tradicional, na forma que surpreendia e encantava os viajantes estrangeiros da época, como descreve Wetherell, em suas *Notes from Bahia – 1860*. Sabe-se, também, de libertas que mantinham suas incipientes empresas capitalistas, como proprietárias de jumentos que carregavam até quatro 'caçotes', barris de água, com escravos seus para enchê-los e fazer a distribuição pela freguesia costumeira".

Está fora de qualquer dúvida, portanto, que essas negras reproduziam, em nosso espaço social e urbano, comportamentos comuns em suas condutas nas cidades africanas de que elas ou seus antepassados imediatos tinham vindo. Em todo caso, é bom lembrar que essas mulheres comerciantes, na vida colonial brasileira, eram de início invariavelmente pobres, mas não necessariamente pretas. Mulheres de todas as cores se distribuíam pelos ramos dos comércios fixo e infixo. No primeiro caso, dirigindo vendas, pequenas lojas, quitandas, enfim, estabelecimentos comerciais relativamente humildes e miúdos. Eram as vendeiras. No segundo caso, tocando o barco do comércio ambulante, circulando com suas mercadorias pelas cidades, vilas ou póvoas. Eram as negras de tabuleiro. Essa forte presença feminina no comércio era imediatamente visível nos mais variados pontos do Brasil Colônia, fosse na Bahia, em Minas, no Maranhão, em Pernambuco ou no Rio de Janeiro. E esses pequenos focos comerciais acompanhavam os movimentos do processo colonizador. Eles não só irrigavam todas as regiões da então chamada América Portuguesa, como também apareciam em todos os cantos e recantos dos núcleos urbanos existentes nessas regiões, independentemente do seu porte ou da densidade da população. Ou seja: havia mulheres controlando vendas fixas e vendas ambulantes por todo o país que então se configurava. Vendas presas ao solo ou entre as paredes de unidades também residenciais – e vendas atreladas ao corpo, movendo-se conforme o impulso de suas donas.

Em *Desclassificados do Ouro: A Pobreza Mineira no Século XVIII*, por exemplo, Laura de Mello e Souza chamou a atenção, mesmo de passagem, para aspectos importantes das vendas mineiras: "Pontos de ligação entre o comércio e os quilombos, esconderijo de negros fugidos, locais alegres de batuques e amores, as vendas foram também pontos privilegiados de contrabando". O destaque, aqui, corre por conta da função subversiva das vendas, em sua conexão quilombola e enquanto lugar que abrigava negros fugidos. Mas é importante realçar que a venda assumia também outros papéis, favorecendo namoros e os prazeres do sexo. Temos, além disso, a informação surpreendente de batuques que conseguiam reunir, numa mesma venda, adversários clássicos no sistema escravista, como o capitão do mato e o negro cativo. A dimensão lúdica lograva aproximar, assim, inimigos sistêmicos, na entrega relaxada de ambos aos jogos da festa e da dança. O historiador Luciano Figueiredo se deteve mais longamente no tema, em seu livro *O Avesso da Memória: Cotidiano e Trabalho da Mulher em Minas Gerais no Século XVIII*. Ele sublinha que mulheres comerciantes funcionaram, voluntária ou involuntariamente, como agentes subversoras da ordem escravista. As vendas firmaram-se então como espaços de encontro, convívio, congraçamento e desenvolvimento de laços afetivos e de princípios de solidariedade entre os excluídos da riqueza, os escravos, a massa pobre e marginalizada da Idade do Ouro nas regiões centrais do país. Naquele meio, escreve o historiador, negras de tabuleiro e vendeiras foram ativas na promoção e no aprofundamento da "trama da desordem social": "Temidas, assim como o contrabando de ouro e diamantes, os quilombolas e os quilombos, os becos e vielas escuras, e as armas e a aguardente em mãos e bocas de negros e mulatos, [elas] despertariam incessantes medidas punitivas da administração colonial e metropolitana, legitimadas sempre na suposta imoralidade decorrente da presença feminina nessas tarefas, assim como nos danos causados à propriedade particular e ao Estado".

Havia, como se vê, o aspecto moralista. Mais ainda porque, ligadas ou vinculadas a essas mulheres que comerciavam em vendas e tabuleiros, apareciam mulheres que mercadejavam a si mesmas. Eram prostitutas. O que significa que mulheres eram donas de vendas e de bordéis, entidades que, eventualmente, se combinavam no espaço da mesma casa. Contávamos, então, com meretrizes desempenhando sua função nas cidades e vilas litorais, nos primeiros avanços amazônicos, em meio às montanhas da mineração. E elas eram, em sua maioria, pretas e mulatas, escravas ou não. E digo "em sua maioria" porque há também informações sobre a prostituição de brancas pobres em diversos pontos do país. Na Bahia, inclusive. Tenho apenas de acrescentar que, entre nós, o oferecimento profissional de serviços sexuais não foi "a mais antiga profissão". Quando brancos começaram a chegar aqui, comeram primeiramente as índias. Sim: as índias gostavam de sexo – e muito. Mas não faziam sexo por dinheiro. A mais antiga profissão, no Brasil, foi a de contrabandista/comerciante – de início, na venda de pau-brasil e de exemplares da avifauna brasílica. Mas este é outro tema. Por enquanto, basta reter que a prostituição começou aqui com a chegada de pretas e brancas.

XII
AO LUAR
DO LUPANAR

Veja-se a paisagem sexual do Rio de Janeiro, mesmo depois do fim da ordem social escravista: "A zona do meretrício do Rio era na época dominada por ex-escravos negros que tinham conquistado a liberdade há pouco tempo com a Abolição da escravidão no país. Após a Abolição, muitas jovens negras desesperadas se voltaram para a prostituição, embora já houvesse dezenas de suas colegas que tinham passado anos labutando como escravas sexuais nos prostíbulos da região do porto. Ana Valentina da Silva, uma negra na casa dos 50 anos conhecida no submundo como Barbuda, controlava os chamados prostíbulos de escravas. Matrona gorducha que ostentava barba e bigode, Barbuda tinha se especializado em explorar 'belas e jovens escravas negras' que ela tinha comprado nos anos anteriores à Abolição. Tinha fama terrível entre suas pupilas, impondo 'punições bárbaras' às mulheres que se recusavam a cooperar. Embora fosse ilegal forçar escravas ou quaisquer outras mulheres a se prostituir, a prática era bastante comum no Rio de Janeiro", relata Isabel Vincent em *Bertha, Sophia e Rachel: A Sociedade da Verdade e o Tráfico das Polacas nas Américas*.

Bem antes disso, putas já batiam ponto em vendas mineiras. Numa visada geral sobre o assunto, Luciano Figueiredo escreve: "Espaços preferidos para o consumo de mercadorias básicas, as vendas, um misto de bar e armazém, atraíam diversos segmentos da população pobre que compunham a sociedade mineira. Em busca de gêneros alimentícios, instrumentos de trabalho, vestimentas e outros objetos necessários para a reprodução da vida material, mineiros, escravos, forros, oficiais mecânicos (carpinteiros, pedreiros, alfaiates, ferreiros, etc.) formavam o público frequentador destes estabelecimentos. Além de comprar, esses elementos, regados pela 'aguardente da terra' inevitavelmente servida, envolviam-se em brigas, ferimentos e mortes em seu interior. Escravos aí organizavam fugas, além de comercializarem ouro ou diamante furtados de seus proprietários. Para as vendas dirigiam-se também negros refugiados em quilombos, em busca de pólvora e chumbo para a resistência. Nesse ambiente, no entanto, nem tudo lembrava violência: bailes, batuques e folguedos atraíam ao local camadas populares em busca de um lazer coletivo. Essas ocorrências, confrontando-se com a moral vigente, eram caracterizadas como manifestações de 'ociosidade' pelas camadas dominantes, aspecto agravado ainda mais pela constante presença de prostitutas, que faziam das vendas locais de trabalho". As vendas se constituíam, portanto, em microespaços de contravenções, tecendo elos no âmbito da população pobre ou escravizada, agasalhando pretos fugidos, acobertando operações de contrabando, integrando a rede de relações do quilombo. Pode-se falar, por isso mesmo, de uma função histórico-política das vendas e vendeiras. De pretas e mulatas do balcão e do tabuleiro. Mas as vendas se constituíam também e simultaneamente, como foi dito, em microespaços de diversão, encantamento e sexo, instância em que podemos falar de sua função lúdico-erótica na vida brasileira.

Não tenho informação precisa sobre Salvador. Vilhena fala das feiras livres da cidade, tratando-as por uma expressão angolana, encontrável nas línguas kikongo e kimbundo: quitandas. Sabemos que a elite senhorial baiana também gerenciava suas prostitutas, colocando escravas no ramo dos serviços sexuais. Eram negras do ganho, mas na cama. Vilhena, como disse, se refere às nossas quitandas ("Não há nesta cidade uma só praça de mercado, mas sim uns lugares a que chamam *quitandas*, nos quais se juntam muitas negras a vender tudo o que trazem, como seja peixe, carne meio assada, a que dão o nome de *moqueada*, toucinho, baleia no tempo da pesca, hortaliças, etc."). Mas não faz qualquer conexão entre quitanda (ou venda) e prostituição. No entanto, putas havia na cidade – e muitas. Eram as "mulheres da tarifa", como ele as chama. Sugerindo inclusive o estabelecimento de um *apartheid* urbano ou a criação de guetos para elas: "Visto não ser permitido, mas tolerado, o haver mulheres públicas entre os povos cristãos, seria na Bahia um acertado rasgo de política, o destinar-se em algum dos subúrbios da cidade, onde há casas de menos preço e consideração, a morada para todas as que sem pejo se entregam, como por modo de vida, à depravação; e limpar de algum modo a cidade desta praga tão contagiosa, visto que com os seus desonestos exemplos e palavras torpes proferidas sem pejo altamente, escandalizam os vizinhos, que querem reger e educar suas famílias segundo as regras da moral cristã; bem como se lhes devera vedar o transitarem pela cidade depois do toque do sino a recolher; se bem que esta cerimônia ninguém sabe o para que serve; assim como o toque de recolher para os militares, que é o mesmo que fosse para sair, porque então o fazem até das guardas".

O fato é que a prostituição bancava a vida de muitas — e não apenas de pretas e mulatas. Brancas mais pobres, como disse, se entregavam à prostituição, a fim de sobreviverem. O velho Luiz Vilhena também toca na tecla, naquele seu estilo inconfundível: "O ordinário das mulheres deste país é serem meigas e chulas; entre as vulgares há muitas que nada devem às feias, e o não terem quem as sustente e trate, e o não haver em que se ocupem, é o motivo por que de ordinário se valem dos dotes da Natureza, de que fazem mau uso, para poderem subsistir; assim como há também muitas que, vistas de noite pelas ruas, passam pela calúnia de dissolutas, quando aliás são honestas e virtuosas; obrigando-as aqueles egressos noturnos o não terem quem de dia lhes vá comprar o sustento e tudo o mais de que precisam". No entanto, falando sobre a Cidade da Bahia de começos do século XVIII, em sua *Voyage Autour du Monde*, Gentil de la Barbinais escancara o jogo, bem do seu jeito: "As mais virtuosas mulheres [brancas da Bahia], quer dizer, aquelas cuja desordem é menos pública, fazem de suas casas um harém de mulheres escravas. Elas as ornam com correntes de ouro, pulseiras e ricas rendas. Estas escravas têm todas seus amantes e suas patroas dividem com elas os lucros de seu infame comércio". De qualquer sorte, Sheila de Castro Faria escreve: "Mulheres escravas ou forras em cidades como as de Minas Gerais, no século XVIII, e do Rio de Janeiro e de Salvador, desde o século XVII, vendiam pelas ruas comidas que poderiam agradar ao paladar e aos espíritos. Presença reconhecidamente fundamental para o abastecimento urbano e, ao mesmo tempo, incômoda para as autoridades, as negras foram sistematicamente acusadas de promover encontros tidos pelas autoridades como *badernas*. Eram as responsáveis pela organização de folguedos, como os lúdicos e sensuais lundus e batuques, em que estariam presentes comidas afrodisíacas regadas pelo líquido espirituoso mais popular do Brasil — a aguardente de cana. As tentativas de controlar seu movimento, estipulando lugares fixos para sua atuação, foram sempre em vão e elas acabaram se tornando responsáveis pelo contato e pela confraternização entre povos muito diferentes".

E o certo é que o ramo prostibular do comércio feminino era forte. Desde sempre. A prostituição feminina nunca foi coisa insignificante em Salvador e seu Recôncavo, tanto continental quanto ilhéu. Gregório de Mattos cantou as putas seiscentistas da Cidade da Bahia. Ficava furioso, aliás, com os sacerdotes católicos que concorriam com ele, disputando as boas graças daquelas mulheres. Sobre o contexto ilhéu, escreveu:

> *Ilha de Itaparica, alvas areias,*
> *Alegres praias, frescas, deleitosas,*
> *Ricos polvos, lagostas deliciosas,*
> *Farta de putas, rica de baleias.*

E muitas escravas se serviram dos expedientes sexuais para conseguir sua carta de liberdade ou alforria. Na verdade, a prostituição gerava riqueza — e tanto os senhores quanto os escravos sabiam muito bem disso. Em seu livro já citado, *Desclassificados do Ouro*, Laura de Mello e Sousa cita um exemplo que diz tudo. Em 1754, com o trabalho de somente uma escrava, no segmento do comércio prostibular ou lupanaresco, um proprietário mineiro faturava, semanalmente, uma oitava e meia de ouro. Não eram poucas as pretas que se prostituíam a mando de seus senhores. Havia inclusive, como vimos, negras que eram donas de putas pretas. Mas, também, as que agiam por conta própria. O historiador e antropólogo Luiz Mott, que também andou observando o "comércio venéreo", informa que sua personagem Rosa Egipcíaca deixou um documento, redigido em meados do século XVIII, onde confessa ter vivido algum tempo "como meretriz, tratando com qualquer homem secular que a procurava". Está no livro *Rosa Egipcíaca: Uma Santa Africana no Brasil*. O motivo que a levou ao meretrício? Simples: sua senhora não lhe dava as roupas e joias que desejava. Entregando-se à atividade sexual remunerada, no entanto, Rosa conseguiu o que queria. Cobriu-se de tecidos vistosos e joias mais vistosas ainda. E tudo, como ela mesma disse, "em prêmio de sua sensualidade". É razoável a documentação existente sobre a matéria, a começar por registros eclesiásticos. Está certo Luciano Figueiredo quando diz que as escravas engajadas no varejo e na prostituição foram as que mais facilmente puderam comprar sua carta de alforria.

XIII
ESCRAVOS, JOIAS E OURO

Antes do século XIX – e, mais especialmente, antes da configuração do movimento abolicionista –, nenhum grupo étnico ou social, no Brasil, foi contra a escravidão enquanto sistema. Pessoas e grupos reagiam contra a sua própria e particular escravização, mas não contra o escravismo como um todo. Repito sempre dois exemplos a este respeito. Os palmarinos lutavam contra a sua escravização, mas não vacilavam em escravizar outros: havia escravos e escravas em Palmares. E o mesmo se pode dizer dos malês da revolta de 1835: em seu projeto, constava fuzilar os brancos e escravizar os mulatos. A postura geral era esta, independente de classe, cor, sexo, credo ou faixa etária: eu não quero ser escravo de ninguém – mas quero escravos, muitos escravos, para mim.

Era natural, normal mesmo, para brancos e negros, naquela sociedade, a propriedade de escravos. Em sua hoje célebre autobiografia, escrita no século XIX, o africano Mahommah G. Baquaqua, ex-escravo, conta que, em sua passagem pelo Rio de Janeiro, um outro homem, também negro, quis comprá-lo. E comenta: "Menciono esse fato apenas para ilustrar que a posse de escravos se origina no poder, e qualquer um que dispõe dos meios para comprar seu semelhante com o vil metal pode se tornar um senhor de escravos, não importa qual seja a sua cor, seu credo ou sua nacionalidade; e que o homem negro escravizaria seu semelhante tão prontamente quanto um homem branco, tivesse ele o poder". Até a Igreja Católica e seus sacerdotes e sacerdotisas possuíam escravos. "Os dados disponíveis para 1775 nos trazem um fato novo: o registro dos escravos e servas dos conventos. Esses dados nos mostram uma Igreja inserida no escravismo: aos 419 religiosos de Salvador, 83 recolhidas, 32 hóspedes (papel de hotel) correspondiam 102 servas livres, 342 escravos comunitários e 541 escravos de propriedade privada dos religiosos, e mesmo as ordens mendicantes, como a dos franciscanos, tinham escravos, porém não era de propriedade particular dos religiosos. O caso mais grave era o do Convento do Desterro, no qual as 81 religiosas, sete educandas e 17 recolhidas, dispunham de 40 servas forras, oito escravos da comunidade e 290 escravas particulares", informa Pedro de Almeida Vasconcelos, em *Salvador: Transformações e Permanências (1549-1999)*.

Na verdade, muito antes que o Brasil existisse, os povos que nos formaram conheceram todos a escravidão. Mas o que nos interessa agora é a propriedade de escravos nos contextos colonial e imperial da vida brasileira. Mais precisamente, a propriedade de escravos por outros escravos. Porque ser senhor ou senhora de escravos não era entre nós, de modo algum, apanágio ou monopólio de membros da classe dominante. Pelo contrário: qualquer pessoa, desde que juntasse alguma grana, podia comprar um escravo para si. Havia até

mesmo escravos que eram senhores de escravos, como disse —
e, claro, ex-escravos que compravam negros e/ou negras para
servi-los. No primeiro caso, podemos dar o exemplo de Francisco Nazareth d'Etra, registrado por Lisa Earl Castillo, em "O
Terreiro do Gantois: Redes Sociais e Etnografia Histórica no
Século XIX". No segundo, o de Luís Xavier, encontrável na já
citada tese de Elaine Falheiros.

O africano Francisco Nazareth (de "nação jeje-mahi")
ainda era escravo quando comprou seu primeiro escravo, um
preto de "nação cabinda". E não havia nenhuma novidade no
fato: ele mesmo fora escravo de outro escravo, que conseguiu
a alforria antes dele: José Antonio d'Etra, um dos africanos
mais ricos da Bahia, que chegou a possuir um plantel de 50
negros escravizados; teve patente de capitão-mor de assaltos
e entradas, escolhido para combater os quilombos que proliferavam no Recôncavo Baiano; e foi da irmandade negra do
Bom Jesus das Necessidades, que tinha irmãos pretos envolvidos diretamente no comércio negreiro. O próprio padrinho
de Francisco Nazareth, o também africano e também jeje Antonio Narciso Martins da Costa, trabalhava tranquilamente,
entre outras coisas, como mestre de navios negreiros. E Nazareth se destacou como alta personalidade do candomblé brasileiro. Foi casado com a ialorixá Maria Júlia da Conceição (que
juntou o sobrenome dele ao seu, tornando-se também uma
Nazareth), fundadora do Terreiro do Gantois, e participou da
criação dos candomblés do Gantois e do Bogum. Assim como
Francisco Nazareth, o africano Luís Xavier de Jesus era jeje.
Elaine supõe e informa: "Luís Xavier pode ter sido capturado
no contexto de submissão do reino de Daomé ao de Oyó, pro-

vavelmente entre o final do século XVIII e o início do XIX". Em 1810, Luís Xavier compraria sua liberdade por 200 mil-réis, nas mãos de seu senhor, Francisco Xavier, ex-escravo, filho de uma crioula forra da vila de Camamu. Com o tempo, ele acumularia bens e se envolveria no tráfico de escravos. Sua ascensão social se tornou fato notável. Só entre 1824 e 1825, Xavier comprou três casas, da Saúde à Poeira. E, além de comprar escravos, o liberto também emprestava dinheiro. Há notícia de diversos escravos seus nas décadas de 1810 e 1820. Em apenas um ano, 1830, ele levou à pia batismal (como era exigido na época) três escravas e sete escravos — todos nagôs. Vale a nota de Elaine, mostrando que as coisas podem ser mais complexas do que maniqueístas podem imaginar: "O fato de ter sido capitão do mato, senhor de escravos e, ao mesmo tempo, alforriar gratuitamente seus cativos [quando foi deportado para a África], revela a personalidade no mínimo paradoxal de Luís Xavier". Como se não bastasse, já em África, morando em Uidá, ele enviava novos escravos seus para a Bahia.

Mas, embora tenhamos nos restringido aos exemplos de Nazareth e Xavier, a verdade é que a nossa produção historiográfica já registrou e até esquadrinhou diversos outros casos. Para negras, mulatas e mestiças em geral, comprar um escravo ou uma escrava era não só um investimento, como signo evidente e até ostensivo de ascensão social. E escravos possuidores de escravos chegaram a dar escravos ao senhor em troca da própria alforria. Vasculhando livros de notas e de registro geral de cartórios cariocas, Sheila de Castro Faria encontrou algumas referências a esta prática: "Maria mina, em 1745, pagou a sua alforria dando em seu lugar a escrava Guiomar, moleca ganguela. No mesmo ano, Ana mina deu dois escravos. A escrava Águida, em 1750, pagou a sua alforria mediante a entrega de sua escrava Tereza, de nação angola. Francisca, em 1830, o fez dando em seu lugar dois moleques, um nagô e um cabinda". No caso de ex-escravos que se tornam senhores de escravos, o predomínio numérico das mulheres é realmente notável. A quantidade de mulheres negras forras que se vão fazendo sinhás pretas escravistas é sempre muito superior ao dos homens forros que compram semelhantes seus. Não é que as pretas gostassem mais que os pretos de ter sua escravaria, seus cativos, suas cativas. É que, pelos motivos já expostos, conseguiam, bem mais que os homens forros, reunir recursos para investir. E aqui há outro dado extremamente interessante. Mulheres negras alforriadas tinham clara e aberta preferência pela compra de escravaria negra do sexo feminino.

Não tenho dúvida de que a razão principal desta preferência era de base ou natureza econômica. É claro que não devemos descartar que interesses lesbianos entrassem no jogo. Havia também o interesse religioso, como vimos nos casos de Iyá Nassô e Marcelina Obatossí – sem esquecer, evidentemente, o frequente entrecruzamento de candomblé e homossexualismo, tanto feminino quanto masculino, assunto sempre referido por Vivaldo da Costa Lima e examinado pelo antropólogo J. Lorand Matory, em seu estudo "Homens Montados: Homossexualidade e Simbolismo da Possessão nas Religiões Afro-Brasileiras" e no livro *Black Atlantic Religion: Tradition, Transnationalism and Matriarchy in the Afro-Brazilian Candomblé*. No linguajar candomblezeiro da Bahia, de resto, lésbicas são chamadas "monas do aló" (ou roçadeiras, ou mulheres que "ralam coco"). Afora aspectos religiosos e sexuais, a preferência feminina por uma escravaria igualmente feminina também poderia ocorrer por motivo mais simples, como o de considerar que fosse mais fácil e agradável lidar com outras mulheres do que com homens – não raro, como vimos, predadores do patrimônio amealhado. Ok. Mas confesso que concordo com os que pensam que a principal razão, que levava pretas libertas a preferir escravizar pessoas do seu mesmo sexo e não do outro, era de ordem econômica. Aquelas mulheres alforriadas conheciam muito bem, por experiência própria, os caminhos para sobreviver e mesmo para acumular alguma riqueza, no quadro ou contexto do sistema escravista brasileiro. Assim, queriam ser proprietárias de escravas porque estas poderiam fazer a mesma coisa que elas tinham feito, do empenho em atividades de comércio a varejo ao desempenho no ramo também invariavelmente lucrativo da prostituição. Era através dessas vias que negras e mulatas faturavam sua grana pelos espaços públicos das cidades brasileiras. Podiam ser cozinheiras, parteiras ou costureiras, evidentemente, mas as fontes dos recursos mais substanciosos estavam nos campos dos pequenos negócios e dos serviços sexuais remunerados. Além disso, como me lembra um amigo, escravas significavam, também, seu relevante potencial reprodutivo.

Voltemos a salientar, agora mais de perto e também chegando a outro ângulo, que a escravização de pretas e pretos se acha na raiz, na origem mesma, de nosso candomblé jejenagô. Retorno aqui ao texto de Lisa Earl Castillo e Nicolau Parés, que documentaram o pertencimento de Marcelina Obatossí a Iyá Nassô, na condição de escrava: "É presumível que

Iyá Nassô iniciasse nesse período várias outras filhas de santo, pois o sucesso de um templo depende da possibilidade de agregar pessoas para o serviço ritual e outros trabalhos profanos. Nesse sentido, para Iyá Nassô, iniciar suas escravas apresentava óbvias vantagens. Embora esse assunto seja pouco comentado na etnografia das religiões afro-brasileiras... a prática existia também em terras africanas". Marcelina Obatossí, por sua vez, teve escravas como, por exemplo, Esperança, Maria Madalena e Maria de Santa Anna... (sim: a documentação existente traz seus nomes). De fato, ela chegou a ter muitos escravos. Na sua maioria, mulheres nagôs e seus filhos crioulos. Lisa e Parés: "Levando em conta o cargo religioso de Marcelina e lembrando também da sua própria história iniciática, na qual sua senhora Francisca era ao mesmo tempo sua ialorixá, é provável que, no caso de Marcelina, algumas de suas escravas, além de prestarem serviços domésticos ou de ganho, fossem suas filhas de santo". E isto vai se inscrever fundamente na vida candomblezeira. Mais Lisa e Parés: "... a trajetória de vida de Marcelina, primeiro como escrava de sua ialorixá e, depois de liberta, como senhora de numerosas escravas, ressalta a presença tenaz da escravidão nas relações sociais daquela época, mesmo para os africanos que conseguiram libertar-se do cativeiro". *Ainda hoje, na verdade, vemos facilmente que o padrão ou modelo atual de relacionamento, estabelecido entre mãe e filha de santo, entre ialorixá e iaô, é de extração ou base senhorial-escravista.*

Depois de comprar escravos, a praxe, entre libertos de ambos os sexos, era o investimento em casas. Mas vamos nos ater aqui às sinhás pretas da Cidade da Bahia e seu Recôncavo, tanto ilhéu quanto continental. Do ponto de vista econômico e não mais simbólico, o investimento em escravos apresentava dois aspectos de relevo, além, é claro, da libertação do grupo senhorial da obrigação de trabalhar. Primeiro: era principalmente através da labuta diária de suas escravas que as negras forras asseguravam sua sobrevivência e podiam, eventualmente, situar-se em certo e até invejável patamar de riqueza. Segundo: escravos representavam o investimento com maior "liquidez", no sentido dicionarizado de "facilmente negociável e convertível em dinheiro vivo" (*Dicionário Houaiss da Língua Portuguesa*). Ninguém encontrava qualquer dificuldade para vendê-los em momentos de aperto e situações de crise. No caso da aquisição de casas, a coisa era bem simples. Além das operações de compra e venda, do jogo imobiliário, o dinheiro proveniente de aluguéis de prédios urbanos, para fins comerciais ou residenciais, sempre foi uma fonte relevante de sustentação financeira. O lance da venda, aliás, podia envolver os mais variados objetos e as mais variadas peças, mesmo que de valor pouco ou nada significativo. Em alguns documentos, encontra-se, por exemplo, a recomendação da venda de vestidos de seda — o que mostra que mesmo roupas eram vistas não só em seus aspectos de beleza e exibição narcísica, mas também como investimento, ainda que menor. Na verdade, mesmo sapatos de ex-escravas chegaram a ser vendidos em leilão público. Nesses dois últimos casos, temos o funcionamento do, digamos, brechó escravista colonial.

E havia as joias, que hipnotizavam o olhar e magnetizavam a alma das sinhás e sinhazinhas negromestiças da Cidade da Bahia e seu Recôncavo. Veja-se, a propósito, a descrição que Jean Baptiste Debret nos deixou, na década de 1830, das vestes e da decoração vestual das negras baianas que conheceu no Rio de Janeiro, para onde então muitas haviam migrado: "Desde então apareceram entre as quitandeiras da cidade as negras baianas, notáveis pela sua indumentária e inteligência, umas mascateando musselinas e xales, outras, menos comerciantes, oferecendo como novidade algumas guloseimas importadas da Bahia e cujo êxito foi grande. [...]. A negra baiana se reconhece facilmente pelo seu turbante, bem como pela altura exagerada da faixa da saia; o resto de sua vestimenta se compõe de uma camisa de musselina bordada sobre a qual ela coloca uma baeta [pano da Costa, para ser exato], cujo riscado caracteriza a fabricação baiana. A riqueza da camisa e a quantidade de joias de ouro são os objetos sobre os quais se expande sua faceirice". Claro que joias eram símbolos de distinção social (não por acaso, observadores de elite consideravam que aquelas roupas de seda e aqueles enfeites de ouro e pedras preciosas eram absolutamente inapropriados para uso de escravas e ex-escravas). Mas joias eram também, como se costuma dizer, "moeda universal". Não é por capricho que grupos perseguidos ou forçados ao exílio carregam consigo suas joias. Além disso, entre nós, eram garantia de empréstimos. Sempre que necessário, mulheres empenhavam suas joias. Em Minas Gerais, por sinal, onde se tornou corriqueiro o uso de ouro em pó para fazer e receber pagamentos, escravas e ex-escravas chegaram a ter suas pequenas e precisas balanças para medir aquele ouro. Enfim, escravos e joias eram coisas que, a qualquer momento, poderiam ser vendidas, hipotecadas ou trocadas. Fossem as joias de crioula ou outros tipos de joias, como as devocionais, com seu elenco de crucifixos em ouro com diamantes. Aliás, o escritor João Carlos Rodrigues me sugere que foi a burguesia que preferiu o banco às joias – vale dizer, a riqueza oculta em cofres do que a exibição pública narcísica de ouro e pedras preciosas.

Para finalizar, vamos aguçar um pouco o olhar sociológico, de uma perspectiva mais geral. Fizemos referência já, e algumas vezes, à existência de uma elite negra na Bahia oitocentista. E vimos o vínculo fundador e fundamental dessa elite com o candomblé, expressando-se em figuras como as de Francisco Nazareth e Marcelina Obatossí, por exemplo – ou seja, com relação aos terreiros da Casa Branca, do Bogum e do Gantois. De fato, foi essa elite que criou e bancou os grandes terreiros de candomblé da Bahia. A verdade, como veremos adiante, é que os iorubanos souberam se mover – e se mover rapidamente – nos trópicos brasileiros. Constituíram-se aqui, em pouco tempo, numa classe média ou intermediária de razoável poder aquisitivo, transmitindo patrimônios e ofícios entre si. Voltaremos ao assunto logo mais.

XIV
O CAMINHO
DAS JOIAS

Boa parte das peças preciosas produzidas na Cidade da Bahia, em tempos setecentistas e oitocentistas, formava o elenco das chamadas *joias de crioula*. Sua existência implicava, obviamente, a prática da mineração. Atividade mineradora realizada, vinham os processos de criação e fabricação. E aquelas joias só existiam por aqui, como foi dito. Não há notícia de que tenham sido confeccionadas em nenhuma outra região do país. Vamos dar então uma olhada nessas coisas, recontando, em traços básicos e rápidos, um pouco do que se sabe sobre o assunto.

Se lembrarmos que já na "Carta" de Pero Vaz de Caminha se expressa a obsessão aurífera dos portugueses, forçoso é reconhecer que Deus não andou facilitando as coisas para os lusos. Na Bahia, o ouro só foi brotar bem mais tarde, no assim chamado Piemonte da Diamantina. Foi ali que a nossa busca incessante de pedras preciosas alcançou, finalmente, o brilho de suas primeiras recompensas. Em terras da Missão de Nossa Senhora das Neves (sim: das "neves") – foco de missionários religiosos logo erigido em freguesia de Santo Antonio de Jacobina e, em 1722, na vila que viria a ser a "capital do ouro" da Bahia. "Vila com todos os atributos legais inerentes e centro de trânsito de muitos homens e de muitas riquezas, Jacobina passou imediatamente a concorrer, no seu papel de centro de liderança comunitária, com Salvador e Cachoeira", como assinala o historiador Cid Teixeira.

Verdade que os esplendores do ouro não demoraram muito a se reduzir a brilhos cada vez mais esparsos e esporádicos – para, enfim, praticamente se apagarem. Nem aquelas minas teriam como resistir por muito tempo à febre e à voracidade com que os homens costumam se atirar em terras onde o metal mais cobiçado é descoberto ou se desvela. Escrevendo sobre a região em inícios do século XIX, em sua *Corografia Brasílica*, Aires de Casal se referiu apenas de passagem à existência de ouro. E nos deixou o retrato de uma vila que, mesmo "considerável", não parecia primar exatamente pela opulência: "Jacobina, vila considerável... situada à margem esquerda do Itapicuru meridional... consta duma grande e vistosa rua, e outras pequenas, todas de casas chãs, quase geralmente de pedra, e alveadas com tabatinga, que há na sua vizinhança... Além da igreja paroquial, cujo padroeiro é Santo Antonio, tem duas ermidas... Tem mestre régio de Latim e teve casa de fundição, enquanto as minas floresceram". Já Cid Teixeira, num dos textos do volume *Mineração na Bahia – Ciclos Históricos e Panorama Atual*, nos dá uma outra visão da realidade. Referindo-se a período anterior ao do declínio apontado por Aires de Casal, observa que Jacobina recompensava as esperanças de quem ali buscava alguma riqueza. Que do ouro lá tributado, ao longo do século XVIII, "ficavam excelentes resultados não só para os mineradores como, ainda, indiretamente, para o aparelho fiscal da Metrópole". Ainda de acordo com Cid, mesmo no final do século XIX, a Companhia Minas da Jacobina administrava, com bons lucros, a lavra e a exploração do ouro na Bahia.

Entre uma coisa e outra, tivemos a projeção e o apogeu da cidade do Rio das Contas, na Chapada Diamantina. Quando falamos de Chapada Diamantina, aliás, estamos nos referindo a duas zonas distintas, apesar de contíguas. De uma parte, fica a zona das lavras, da procura do ouro, do diamante e do carbonato. É a região de cidades como Rio das Contas, Macaúbas, Barra do Mendes, Morro do Chapéu, Mucugê, Andaraí, Lençóis. De outra parte, divisamos as áreas da agropecuária, encarregadas de abastecer, com as suas carnes e os seus vegetais, os polos mineradores. Não são zonas apenas economicamente diferentes — mas, também, culturalmente contrastáveis. Na zona das lavras, prolongamento da Serra da Mantiqueira, a Bahia viveu dois momentos de riqueza e esplendor. O primeiro, ainda no século XVIII, quando, em torno da futura cidade barroca do Rio das Contas, vila erguida bem à distância do mar, os brilhos do ouro seduziram milhares de pessoas. Caminho e acampamento de negros fugidos e de bandeirantes, Rio das Contas logo compôs o seu casario e uma estrada que a ligava a Livramento do Brumado. Belos prédios e um rico artesanato em prata nos ficaram como sobrevivências admiráveis daquele fausto colonial da assim chamada Chapada Velha. Segundo os historiadores, Pouso dos Crioulos foi o primeiro núcleo de povoamento colonizador extra-ameríndio da região. Pouso que teria sido fundado, no final do século XVII, por viajantes vindos de Goiás e de Minas Gerais. Pouco tempo depois, o bandeirante Raposo Tavares descobriu ouro naquelas serras e nos leitos de seus rios. Garimpeiros e mais garimpeiros se dirigiram, então, para lá. E ergueram Alto Sertão Baiano, em seguida rebatizado de Santo Antonio do Mato Grosso, primeiro lugar a produzir ouro em quantidade, nas terras do atual estado da Bahia. A tese da existência de metais preciosos, naquele espaço geográfico, era antiga. Já no século XVI, o senhor de engenho, escritor e bandeirante Gabriel Soares de Sousa, autor do *Tratado Descritivo do Brasil em 1587*, seguira para lá à procura dos tais minérios. Na centúria seguinte, as buscas prosseguiram. Estavam em campo, agora, bandeirantes paulistas, empenhados em capturar índios e esquadrinhar o chão. Em seu *Povoamento da Chapada Diamantina*, Josidelte Gomes informa que, entre 1675 e 1681, terras foram distribuídas entre o Paraguaçu e o Rio das Contas. Ao avançar do crepúsculo do século XVII, a colonização alcançara já a Serra do Sincorá. E assim, antes do nascer do sol no século XVIII, colonizadores circulavam com desenvoltura pela região – especialmente, na área da Chapada Velha.

É dessa movimentação que vai nascer o burgo barroco do Rio das Contas, núcleo urbano a brotar na ensimesmada Chapada Diamantina, que até então servia somente de campo para a pecuária extensiva, vivendo como que desligada do mundo litoral. Paulistas e mineiros não demoraram a chegar ao lugar. E à sua presença, ali, somou-se a criação de um forte aparato burocrático e fiscal. São notáveis, mesmo nos dias atuais, os nexos que unem esta zona cultural baiana a Minas Gerais. À cultura que encontramos em Grão-Mogol, no Serro, no Jequitinhonha. Negros e mulatos, que para lá foram levados como escravos, deixaram descendentes que, ainda hoje, vivem em comunidades relativamente apartadas de tudo, a exemplo de Barra e Bananal, que por sinal começaram a se converter, nestes primeiros anos do século XXI, em atrações turísticas. Foi o "ciclo do ouro" que promoveu o deslocamento desses escravos, abrindo caminho para a especificação de mais uma variante mesclada da cultura baiana. Para o já mencionado Aires de Casal, na mesma *Corografia*, Rio das Contas era "vila aprazível e medíocre". Mas, ainda nos primórdios do século XIX, os naturalistas alemães Spix e Martius (ver *Através da Bahia — Excertos da Obra Reise in Brasilien*) acentuaram o significado do metal precioso: "A vila do Rio das Contas deve ter 900 habitantes... Como o clima pouco favorece a agricultura, a exploração das minas de ouro e o comércio são os mais importantes ramos de indústrias dos habitantes, que pela educação e opulência se distinguem do resto da população do interior da Bahia". Some-se a Jacobina e Rio das Contas, muito provavelmente, algum ouro trazido, por vias legais ou ilegais, das distantes montanhas mineiras — e aí teremos o quadro completo da matéria-prima da ourivesaria-joalheria baiana nessa época.

Da mineração à fabricação. Mas aqui devemos começar dizendo que não pode ser considerada nada fácil a vida profissional dos ourives na Cidade da Bahia, entre os séculos XVIII e XIX. Diversos textos oficiais procuram enquadrá-los ríspida e rigidamente, a exemplo de um bando de 1735 e da Carta Régia de 1766. O objetivo principal das autoridades, inicialmente, é tentar promover a ordenação espacial dos ourives na cidade. Concentrá-los em segmentos específicos do espaço urbano. Enfim, providenciar o seu arruamento. Mas não se propunha ou se buscava isso por considerações de natureza urbanística, numa ação administrativa destinada a estabelecer um tipo qualquer de especialização de funções no espaço citadino. Não. O que a classe dirigente não admite é que os ourives se movam à deriva ou se espalhem à vontade, exercendo seu ofício segundo seu capricho, à revelia das autoridades e dos interesses do governo. Ou, por outra, busca-se fiscalizar as coisas com maior rigor, de modo a evitar que ourives fundissem clandestinamente o ouro extraviado das minas, "descaminhado do direito do fisco". Vejamos. A situação que se combate e se quer suprimir é a seguinte. Há um grande número de ourives de ouro e prata na velha Cidade da Bahia. E eles não só "moram dispersos por diversos sítios e ruas", como trabalham a modos variados, "uns em lojas públicas e outros em casas particulares ocultamente", onde podem reduzir o ouro a obras, "sem serem vistos, nem pressentidos". Este quadro facilita desordens e furtos. Favorece descaminhos e extravios do ouro. Propicia a fundição clandestina do ouro e da prata furtados que os escravos levam aos artífices. E tudo isso, aos olhos do poder, significa burla e, consequentemente, prejuízo. Daí a ordem do décimo Conde de Atouguia, Luiz Pedro Peregrino de Carvalho Menezes de Ataíde, para que "os ourives assim do ouro como da prata... que há nesta cidade e seus arrabaldes, se arruem e trabalhem em tendas públicas, desde as portas do Carmo até às de São Bento em rua direita, e em frontaria de uma e outra parte do Terreiro de Jesus, excetuando os oficiais dos ditos ofícios que moram na Praia, porque estes ficarão nela e lhes assinalo a rua Direita da Matriz da Conceição até à fonte dos Padres".

Como foi dito, o intuito geral não era organizar a malha urbana segundo um leque de funções. Tratava-se antes de padronizar o que era vário. De agrupar ourives e plantá-los em tendas públicas sob as vistas das autoridades. Com o claro propósito de vigiar, controlar, reprimir. Em suma, de policiar os passos dos ourives. E a perseguição de fato aconteceu, com a determinação da apreensão de ferramentas e da prisão de "muitos mulatos e inúmeros cativos, que indevidamente se ocupam nos referidos ofícios", como se lê num bando de 1752. Década e meia depois, tivemos a Carta Régia de 30 de julho de 1766, que determinava remeter à prisão e incorporar em regimentos militares "todos os oficiais e aprendizes do referido ofício de ourives de ouro e prata que fossem solteiros ou pardos forros" — e "que, depois de o haverem assim executado, fizessem fechar todas as lojas dos mestres dos referidos ofícios, demolindo-se todas as forjas deles, e sequestrando-se-lhes todos os instrumentos que costumam servir para as fundições ou para as obras de ouro e prata". No entanto, contra toda a maré persecutória, os ourives tocaram seus barcos, realizando seguidos trabalhos. Executando obras de beleza realmente rara, de castiçais a crucifixos, de relicários às nossas joias de crioula. E alguns de seus nomes chegaram até nós, como os de José Gonçalves de Freitas, João dos Santos Estrelado e Pedro Alexandrino Soares. Mas há um dado a ser destacado. Vimos a decisão de impedir a presença de "pardos forros" no *métier* de ourives. Mas o fato é que a ourivesaria-joalheria baiana, diante da escassez de mestres portugueses e luso-brasileiros, foi levada a empregar pretos e mulatos, escravos ou alforriados, no ofício — e nem mesmo temos como, em decorrência dessa

O CAMINHO DAS JOIAS 163

combinação, separar onde termina o trabalho da mão lusa e começa o trabalho da mão negra. Apenas sabemos que pretos e mestiços trabalhavam ocultos. Disfarçadamente. De modo que uma boa parte (não se sabe exatamente qual, em feitio e quantidade) da ourivesaria-joalheria baiana aconteceu subterraneamente, em condições de clandestinidade. A criação/ produção das joias de crioula, inclusive.

Na verdade, essa clandestinidade joalheira foi durante muito tempo uma característica não apenas baiana, mas de toda a ourivesaria colonial brasileira. No miniverbete da Enciclopédia Itaú Cultural, lê-se: "O crescimento da ourivesaria no Brasil é acompanhado por tentativas de controle dessa produção. As autoridades tomam diversas medidas fiscalizadoras, como o Alvará de 1621 que determina que nenhum mulato, negro ou índio, mesmo liberto, pode exercer o cargo de ourives. Um pouco mais tarde, a Carta Régia de 30 de Julho de 1766 – que vigora até o Alvará de 1815 – proíbe o exercício da ourivesaria, na tentativa de impedir, como indica a museóloga Mercedes Rosa, 'os abusos que os ourives praticavam, com prejuízo do Erário Real, mas também de tudo que dizia respeito à lesão do quinto do ouro'. As diversas regulamentações, entretanto, não impedem a realização clandestina do ofício, responsável pela maior parte das obras executadas. [...]. Para a aferição da qualidade das peças, o procedimento padrão é a marca (ou punção), que indica a quantidade de cobre empregada na execução do objeto. Atestada a qualidade, a peça recebe então marcas [...]. No Brasil, a primeira marca conhecida é uma de Salvador (a letra S), de cerca de 1693. Como boa parte da ourivesaria colonial brasileira está a cargo de negros e mulatos, que trabalham clandestinamente, muitas das peças nacionais não possuem identificação". Mas ouçamos a própria Mercedes Rosa, em "Ourivesaria Baiana Colonial: Os Ourives e suas Obras", falando da Carta Régia de julho de 1766:

"Por essa Carta, extinguiam-se os ofícios de prata e ouro por completo. Deixava de existir toda uma arte baseada na tradição portuguesa, com seus cânones clássicos, seus mestres radicados, seus hábitos e costumes, já mais que centenários, enfim, toda uma cultura, que se afirmava sólida e definida, era varrida sumariamente. A Carta era violentíssima. Suas ordens eram para que os mestres e aprendizes fossem incorporados aos exércitos das províncias e que todas as lojas fossem fechadas, as forjas demolidas, os instrumentos sequestrados e levados para a Casa da Moeda, e que os escravos fossem devolvidos aos seus senhores. E, para acabar de vez com a arte da ourivesaria, permitia que os mestres portugueses que o desejassem poderiam voltar para o Reino. Mas, se assim era a vontade Real, não acreditamos que tal tivesse sido obedecida de forma tão radical... [caso contrário] ninguém poderia sequer consertar qualquer peça, por menor que fosse, dar enfim assistência a patrimônios valiosos, bem como nenhum governante poderia deixar de atentar para o desemprego em tão grande escala. [...]. E a conclusão a que chegamos é que no Brasil nunca se produziu tão bem e admiravelmente [quanto no tempo de vigência da Carta, que se estendeu por 49 anos, quase meio século de proibição, até que um alvará de 1815 a derrogasse]. As encomendas das irmandades religiosas continuaram a ser feitas abertamente, os modelos do Reino a serem reproduzidos. Os senhores de então não deixaram de ser atendidos em seus pedidos, as oficinas continuaram a produzir e faziam tudo clandestinamente. Nesta época, a Bahia e o Rio de Janeiro produziram tanto que exportaram objetos de prata, baixelas principalmente, para Buenos Aires e Angola. Um dos melhores exemplos da ourivesaria baiana, neste período de proibição, é a grandiosa Custódia do Convento do Desterro, maravilhosa peça em ouro, cravejada de pedras preciosas. Esta talvez seja a mais impressionante peça de ourivesaria religiosa brasileira".

Mercedes acha, inclusive, que a tal da clandestinidade (mais de fachada que de qualquer outra coisa) favoreceu a criatividade dos ourives do Brasil, trazendo-os para o campo da recriação de aspectos da visualidade dos trópicos. E mesmo para a introdução, nas tradicionais baixelas de prata, de um objeto importante para a nossa mesa tropical, onde a mandioca era praticamente onipresente: a farinheira. Leia-se: "Os ourives, livres das leis, começaram a dar tratos à imaginação e novas formas surgiram, composições inéditas nasceram. [...] começaram a aparecer nos fins do XVIII, além dos elementos tradicionais, outros que surgiram timidamente e que podemos considerar nacionais, tais como os de nossa flora... os cajus, os abacaxis, etc. Da fauna, começaram a aparecer os tatus. Figuras de índio, com seus cocares e tangas... E dessas novidades nasceram novas exigências, novas utilidades tomaram vulto, atendendo à própria vida social de então: as farinheiras para completar as baixelas, os cocos para retirar água das talhas de barro... Mas deve-se dizer que, nestes dois elementos criados para atender a necessidades regionais, somente as formas são novas, pois suas decorações são baseadas nos elementos portugueses tradicionais. [...]. Outras particularidades da vida regional levaram nossos ourives à produção de objetos que ficaram conhecidos, em todo o país e no estrangeiro, como típicos: no sul a cuia de chimarrão com sua bombilha, os cabos de rebenques belissimamente trabalhados, apresentando, alguns, figuras de animais ou humanas no arremate, os arreios, as esporas, as caçambas para montaria em jacarandá e prata, ou toda em prata; as graciosas sandálias femininas de montaria com a face ricamente decorada; a bainha das facas e dos punhais. E de Minas Gerais, principalmente, as joias de coco e ouro e da Bahia as magníficas joias em ouro usadas pelas crioulas baianas nos séculos XVIII e XIX".

Mas vamos nos deter num ponto, para evitar equívocos intencionais ou programáticos que se propagam atualmente. Clandestinidade, no caso, ao contrário do que insistem os eternos e redundantes sectários do racialismo identitário neonegro, nem de longe significa "resistência". A Carta Régia de 1766 atingia indistintamente brancos, pretos e mulatos. Pretos e mulatos que, por sinal, eram empregados por brancos ou trabalhavam em parceria com estes. Ou seja: não devemos incluir a ourivesaria brasileira, inadvertidamente, no elenco de transgressões do sistema escravista. O que temos aqui é a clandestinidade conjunta de brancos e pretos, de senhores e escravos, de ricos e remediados. Coisa muito diferente, por exemplo, da prática do furto de diamante por escravos em lavras de Minas Gerais. Me explico. Podemos falar de pequenas transgressões do escravo que revelam sua recusa da situação servil em que se encontrava. Mesmo a mentira, induzindo o senhor ao erro, era expressão disso. Mas o rol é extenso: abortos voluntários impedindo o crescimento da escravaria, envenenamento de senhores (João Ubaldo recria o lance em *Viva o Povo Brasileiro*), suicídio (Fernando Ortíz, a propósito de Cuba: "A veces los negros suicidas se asfixiaban con la propria lengua, violentandoa hacia atrás de modo que obstruyera la respiración"), assassinato (não foram poucas as sinhás brancas enforcadas e asfixiadas por suas mucamas; Luiz Gama: se o escravo ferido ou ofendido mata seu senhor, pratica um ato de legítima defesa) etc., etc.

E o furto cabe aqui. Em *Roll, Jordan, Roll*, Eugene Genovese conta que George Washington declarou certa vez que, para cada duas garrafas de bom vinho branco que bebeu, escravos saborearam cinco. O furto foi uma prática escrava que prejudicou – e irritou – senhores. Fiz referência ao furto de diamantes. Era um gesto carregado de transcendência. Não significava apenas subtrair das burras do senhor o brilho da pedra rara. Escravo é, por definição, aquele que não possui vontade própria, totalmente sujeito à vontade do amo. Mas furtar é um movimento da vontade. "O primeiro ato humano do escravo é o crime", radicaliza Gorender. Todo diamante furtado era uma afirmação contrária ao princípio do escravismo. Passar a pedra adiante, por qualquer preço, completava o ato transgressor – e franqueava o caminho da alforria. Para este cativo, a liberdade era comprada pela soma de sucessivos lances de afirmação da liberdade. Cecília Meirelles fez sua reconstrução literária do assunto, concebendo um negro em "escandalosa viagem", que ninguém ousa parar. Um negro que traz em si, escondido talvez na carapinha escura, um certo diamante – "como a noite negra leva/ um luminoso planeta/ parado na sua treva". Na ourivesaria, o lance foi outro. Brancos e pretos driblavam o "quinto" (no máximo, estariam no raio de alcance da ideologia senhorial dos inconfidentes mineiros). Logo, se tivermos que tratar o assunto na pauta da atual militância racialista neonegra, vamos ter de elencar, no rol de "resistência e subversão", personalidades senhoriais. Pessoas brancas e ricas da Bahia. A exemplo do ourives Bento da Conceição, citado por Mercedes Rosa. E a própria ideia de clandestinidade pede para ser relativizada aqui. Tendo em vista a dimensão física das cidades brasileiras, entre a segunda metade do século XVIII e a primeira metade do XIX, as autoridades saberiam facilmente da existência e localização de oficinas ocultas de ourivesaria. Poderiam fechá-las a qualquer momento. Mas não fechavam. Preferiam (ou eram levadas a preferir) fazer vista grossa. Logo, a expressão mais adequada para o quadro é outra: semiclandestinidade. Foi assim que pôde ser feita não só a custódia do Desterro, como também, entre tantas outras peças, o sacrário da antiga Sé da Bahia, hoje em nosso Museu de Arte Sacra. Ou seja: apesar das proibições, os caras continuaram aceitando encomendas – da Igreja, de irmandades, de senhores – e continuaram fazendo o seu trabalho.

A propósito de razões para a perseguição dos praticantes da ourivesaria, especialmente no caso dos pretos, podemos levar em conta a tese defendida por Solange de Sampaio Godoy, em *Círculo das Contas – Joias de Crioulas Baianas*: "Durante o século XVIII, houve uma preocupação muito grande por parte da metrópole [portuguesa] em direcionar os negros para o trabalho na lavoura, proibindo-os de trabalhar como ourives ou artífices. Na verdade, o ofício de ourives era dos poucos desenvolvidos na colônia. A metrópole não permitia o desenvolvimento de manufaturas que ameaçassem os produtos portugueses ou ingleses. Restrições severas ocorreram no final do período colonial durante o reinado de D. Maria I". Tenho minhas dúvidas sobre se a primeira parte da argumentação se sustenta. Se houvesse a determinação de direcionar os pretos com exclusividade para os trabalhos na agricultura, outros ofícios teriam sido igualmente proibidos. Como os de pedreiro, alfaiate ou barbeiro, por exemplo. Não teríamos sequer pretos e pretas no ganho, desempenhando papéis no espaço urbano que nem de longe tinham qualquer coisa a ver com atividades agrícolas. Já a segunda parte da argumentação, me parece mais consistente. Porque existia de fato a disposição portuguesa para bloquear o menor indício de produção manufatureira no mundo colonial brasileiro. E a "viradeira" de D. Maria I proibiu a existência de fábricas ou manufaturas de tecidos entre nós. Ainda aqui, no entanto, seu reinado não durou tanto. E logo no início do século XIX a Corte lusitana se transferiu para terras brasileiras, vendo-se então obrigada a abrir todos os portos e mesas do cassino.

Ainda Solange Godoy, tentando ler/entender o tema, agora de outro ângulo: "O número de leis restritivas, limitadoras, controladoras do ofício de ourives na Bahia e no Brasil denuncia pelo menos dois fatos de grande relevância: 1. A quantidade de ouro e pedras preciosas gerou uma onda de imigração de artífices qualificados de Portugal, que vinham para a colônia atraídos pela matéria-prima e também pelo mercado comprador de joias e alfaias que estava em pleno desenvolvimento no século XVII; 2. Houve preocupação da coroa portuguesa em controlar as minas de ouro e diamantes para efeito de fisco e o interesse em não dispensar a mão de obra qualificada, mas escrava, que poderia, através do ofício de ourives, escapar da lavoura e da mineração e ganhar a liberdade". Laura Cunha, por sua vez, em *Joias de Crioula*, abre lucidamente o foco, retraçando a proibição a tempo anterior ao da formação da sociedade escravista colonial brasileira: "Em todo o reino português, a arte da ourivesaria estava, em tese, restrita apenas a homens livres, de origem europeia. O contato constante dos artesãos com materiais nobres, amplamente empregados na confecção de obras sacras, era o que justificava, já em Portugal, a proibição da manufatura a pessoas tidas como de sangue impuro – no caso português, especificamente judeus e mouros. Essa linha de pensamento chegou ao Brasil e aqui o ofício foi negado a negros e índios – proibição que, na realidade, nunca foi efetiva, já que a mão de obra escrava era a responsável por grande parte dos trabalhos manuais".

Escrevendo antes das autoras citadas, José Gisella Valladares apresenta uma leitura clara da questão: "No mundo de fausto e ostentação do Brasil setecentista surgiu a carta régia de 30 de julho de 1766, proibindo o exercício da ourivesaria entre nós. A carta era a conclusão de atos anteriores, visando impedir os abusos que os ourives praticavam, com prejuízo do erário real. Alguns historiadores nossos, como Accioli e Porto-Alegre, atribuíram à medida a intenção de atrasar a indústria no país, possivelmente para proteger ourives de Portugal, que se ressentiam da concorrência. Mas o destino da carta régia foi o mesmo das leis contra o luxo. De tal sorte contrariava os interesses econômicos que nunca chegou a ser cumprida em toda a sua extensão. [...]. Alegava a famosa carta que o contrabando de ouro das Minas Gerais para o Rio de Janeiro, Bahia e portos adjacentes, além de prejudicial ao real serviço, muito afligia os moradores das Minas Gerais, pois tinham de completar, nas Casas de Fundição, as cotas dos quintos estabelecidos e devidos à coroa. Ademais, a devassa especialmente feita havia provado que a maior causa para esse estado de coisas era a multiplicação dos ourives no Rio, Bahia, Olinda e outros lugares dessas capitanias. Recolhiam o ouro em folhetas e o transformavam tanto em barras falsas que não pagavam os quintos, como em 'obras de imagens torpes, e indecentes, de rosários e em outras obras do uso das gentes', artifícios que cobriam o roubo e sob cuja forma o metal passava ao reino".

Mas o que realmente importa é que a perseguição oficial não destruiu a ourivesaria de brancos, pretos e mulatos – tanto livres, quanto escravos e libertos... Muito pelo contrário e mais do que isso, até. Mercedes Rosa *again*: "Em decorrência do fausto de sua arte, das facilidades dos contatos com altas personalidades civis e religiosas, do valor intrínseco da matéria-prima que manuseavam, inclusive das moedas circulantes que lhes entregavam para aproveitamento, o ofício de ourives era o mais destacado dos ofícios mecânicos, a ponto de figurar na principal procissão da época, que era a de Corpus Christi, com seus juízes e bandeiras, conforme uso nos hábitos do Reino". E isso valia para o Brasil inteiro. Veja-se, a propósito, o que nos fala Manuel Antônio de Almeida, em *Memórias de um Sargento de Milícias*, aproximando, inclusive, como que para ilustrar o que estamos expondo neste ensaio, os ourives e as pretas e mulatas da Bahia. A citação é extensa, mas o texto é maravilhoso, num "romance de costumes" que, descendendo do *Lazarillo de Tormes*, trata do Rio de Janeiro dos tempos de João VI (itálicos meus):

"Nesse tempo as procissões eram multiplicadas, e cada qual buscava ser mais rica e ostentar maior luxo: as da quaresma eram de uma pompa extraordinária, especialmente quando El-Rei se dignava a acompanhá-las, obrigando toda a corte a fazer outro tanto: a que primava porém entre todas era a chamada procissão dos ourives. Ninguém ficava em casa no dia em que ela saía, ou na rua ou nas casas dos conhecidos e amigos que tinham a ventura de morar em lugar por onde ela passasse, achavam todos meio de vê-la. Alguns havia tão devotos que não se contentavam vendo-a uma só vez; andavam de casa desse para a casa daquele, dessa rua para aquela, até conseguir vê-la desfilar de princípio a fim duas, quatro e seis vezes, sem o que não se davam por satisfeitos. A causa principal de tudo isso era, supomos nós, além talvez de outras, o levar essa procissão uma coisa que não tinha nenhuma das outras: o leitor há de achá-la sem dúvida extravagante e ridícula; outro tanto nos acontece, mas temos a obrigação de referi-la. Queremos falar de um grande rancho chamado das Baianas, que caminhava adiante da procissão, atraindo mais ou tanto como os santos, os andores, os emblemas sagrados, os olhares dos devotos; era formado esse rancho por um grande número de negras vestidas à moda da província da Bahia, donde lhe vinha o nome, e que dançavam nos intervalos dos *deogratia* uma dança lá a seu capricho. Para falarmos a verdade, a coisa era curiosa: e se não a empregassem como primeira parte de uma procissão religiosa, certamente seria mais desculpável. Todos conhecem o modo por que se vestem as negras da Bahia; é um dos modos de trajar mais bonitos que temos visto, não aconselhamos porém que ninguém o adote; um país em que todas as mulheres usassem desse traje, especialmente se fosse desses abençoados em que elas são alvas e formosas, seria uma terra de perdição e de pecados. Procuremos descrevê-lo.

"As chamadas baianas não usavam de vestido; traziam somente umas poucas de saias presas à cintura, e que chegavam pouco abaixo do meio da perna, todas elas ornadas de magníficas rendas; da cintura para cima apenas traziam uma finíssima camisa, cuja gola e mangas eram também ornadas de renda; *ao pescoço punham um cordão de ouro ou um colar de corais*, os mais pobres eram de miçangas; ornavam a cabeça com uma espécie de turbante a que davam o nome de trunfas, formado por um grande lenço branco muito teso e engomado; calçavam umas chinelinhas de salto alto, e tão pequenas que apenas continham os dedos dos pés, ficando de fora todo o calcanhar; e além de tudo isso envolviam-se graciosamente em uma capa de pano preto, *deixando de fora os braços ornados de argolas de metal simulando pulseiras*".

Enfim, eram os ourives cariocas tendo, como "comissão de frente" do seu desfile, pretas ideal e maravilhosamente vestidas de cambraias, rendas e joias de crioula. E é daí que vêm as alas das baianas das atuais escolas de samba desse mesmo Rio de Janeiro. Um luxo só.

XV
FLOREIOS EM TORNO DAS JOIAS

Especialistas asseveram que, no século XVII, ourivesaria e joalheria brasileiras eram, na verdade, ainda lusitanas. E que o panorama não se alterou substancialmente na centúria seguinte. No espaço literário, ou no campo da produção textual criativa, as coisas não se passaram exatamente assim. O século XVII foi, entre nós, o século das joias verbais da poesia barroco-mestiça de Gregório de Mattos, única em sua época no mundo de língua portuguesa. E o século XVIII nos daria joias arquitetônicas esplendidamente originais, brotando da imaginação e das mãos do Aleijadinho, a exemplo da Igreja de São Francisco de Assis, em Ouro Preto. Tudo bem diferente do que aconteceu com a joalheria propriamente dita. "No século XVII, copiavam-se os estilos vindos da metrópole, repetiam-se as fórmulas estéticas e também os objetos, tanto religiosos como profanos", escreve, por exemplo, Mercedes Rosa. Para acrescentar: "No século XVIII, continua-se a linha portuguesa, tanto estética, quanto oficial. Vivencia-se o barroco, o apogeu da prata portuguesa e brasileira. Idênticas as folhas de acanto, volutas com o mesmo movimento, cartelas iguais, conchas semelhantes e, na prataria religiosa, querubins se reproduziam com as mesmas características étnicas de face e cabelo. Examinadas as peças comparativamente, é possível ver as mesmas técnicas de repuxado, o mesmo trabalho do cinzelado e gravado, a mesma forma da batida e também da fundição. Montadas de forma precisamente igual, confundem-se por vezes ainda as suas origens, quando marca identificadora não as distingue. Era uma só arte, feita em terras distantes".

Mas é claro que as coisas não permaneceriam assim. Logo, o Brasil começou a apresentar suas novidades. E aqui, sempre que alguém fala a respeito de "objetos típicos" da joalheria tropical brasileira, a referência mais imediata inclui, invariável e quase automaticamente, coisas como estribos, facas ou punhais e pencas de balangandãs. Essas pencas de balangandãs – pingentes em forma de figas, com chaves, cachos de uvas, presas encastoadas de animais, medalhas, peixes, etc. – surgem de fato, diante de nossos olhos, como uma criação autônoma, brasileira, sem se limitar a ser uma cópia estética de coisas da produção plástico-joalheira árabe ou europeia. São uma coisa inédita. Na verdade, seria mais fácil retraçá-las ao horizonte da joalheria árabe do que a qualquer outra coisa. Para falar em termos semiológicos, trata-se de um embaralhado de pequenas peças provenientes de paradigmas visuais diversos, atualizando-se num sintagma de composição estranha aos padrões europeus. Daí que a gente logo reconheça a sua originalidade. James Wetherell já as descrevia na primeira metade do século XIX: "Um grande molho de chaves pendurado numa correia de prata, na qual também são colocadas umas moedas de prata, um dente de porco ou de tubarão montado em prata e diversos outros amuletos são amarrados num dos lados do vestido". Existiram e existem pencas de balangandãs de prata compostas de 27 peças ou mais... Mercedes Rosa aponta para o caráter mágico ou pelo menos extranatural dessas pencas ou cachos de penduricalhos, atribuindo sua criação/produção a pretos islamizados. Eu não estabeleceria tão imediatamente assim esta relação. Mas vamos ouvir o que ela diz. A começar por essa conversa muçulmana: "Não poderemos deixar de fazer referência aos negros... na sua condição de escravos, especificamente citados no Bando de 1621. Era reconhecida a habilidade dos negros no trabalho dos metais, especialmente os de nação islamizada... No início do século XIX, Maria Graham já observava que 'os negros e mulatos são melhores artistas e artífices'. Martius, o cientista, disse: 'Entre os naturais, são os mulatos que manifestam maior capacidade para as artes mecânicas'. Os negros islamizados do Alto Sudão, que vieram para cá, já sabiam fundir metais. Eles trouxeram para o Brasil a sua arte e aqui, aproveitados nas oficinas dos ourives, deram a sua feição própria, não só quanto à ornamentação, como quanto ao objeto propriamente dito".

Não sei. Por alguns motivos. Se os mulatos eram os tais, como quer Von Martius, forçoso é reconhecer que não havia mulatos islamizados por aqui. Mais: nenhum negro islamizado (hauçá ou nagô) pisou os pés na Bahia ao longo do século XVII. E ainda: não só os mulatos não eram mestiços islamizados, como os negros malês, que tentaram implantar um Califado da Bahia na primeira metade do século XIX, pretendiam escravizar justamente os... mulatos. Afora isso, milhares e milhares de outros pretos nada islamizados, que começaram a chegar à Bahia desde o século XVI, conheciam a fundição de metais. Vimos, em tópico anterior, que os bantos dominavam perfeitamente a metalurgia. Os iorubás também a conheciam. De modo que o que houve de algum influxo muçulmano, coisa de negros islamizados, em nossa joalheria, foi uma convergência entre outras. Mercedes avança então para falar especificamente dos cachos de balangandãs (deixando em suspenso sua fixação nos negros islamizados, vale a pena ler): "... tudo leva a crer que os famosos 'balangandãs' foram pelos negros executados, na maioria das vezes, clandestinamente. As pencas de balangandãs eram de uso das pretas baianas. Estas feiticeiras joias da Bahia merecem um estudo à parte. É provável que a origem primitiva dos balangandãs seja realmente baiana. O que parece é que tinham sido fabricados a princípio pelos negros islamizados, que tinham muita leveza no trabalho do cinzel, e trabalhavam na Bahia em oficinas escondidas. Estudando uma penca de balangandãs, vemos que a origem dos objetos é quase toda ocultista e votiva, em que o elemento decorativo é de influência africana ou inspiração brasileira. O que se sabe é que estas peças, unidas por um simbolismo comum, nasceram da necessidade das pretas se protegerem com amuletos. Assim, por exemplo, a romã e a uva se associam à fecundidade, o caju à abundância; as figas, os signos de Salomão e os dentes dos animais aos 'bons fados', fechando-lhes o corpo. E assim elas preveniam o mau-olhado, as desventuras do azar, os males do amor".

Vou bater na mesma tecla, lembrando antes a etimologia da palavra *balangandã* (curioso que, popularmente, o sintagma "balangandãs" seja empregado como sinônimo de colhões, testículos; pode-se ouvir, no Recôncavo da Bahia, umas frases como: fulano acordou no meio da noite e foi ao banheiro, atravessando o quintal com os balangandãs de fora...). Segundo Yeda Pessoa de Castro, em *Falares Africanos na Bahia*, "balangandã" é palavra de origem banta, proveniente do kikongo ou do kimbundo: *mbalanganga*, com o sentido de penduricalho. Mas voltemos: acho que há um pouco uma inclinação a tentar ver as coisas como produtos não de negros "fetichistas", como diria Nina Rodrigues, mas de negros mais civilizados, mais cultos, letrados, polidos pelo Corão, etc. Por que esse recurso banal ao "tudo leva a crer"? Com base em que dados e elementos a museóloga Mercedes Rosa, que foi diretora do Museu Carlos Costa Pinto (onde está a grande coleção nacional de joias de crioula), insiste nisso? Para mim, a coisa cheira a idealização. À fantasia da busca de uma linhagem cultural mais refinada para os praticantes da ourivesaria entre nós. Isso é comum. Os próprios pretos chegam a fazer isso — ou chegavam, antes que o prestígio dos iorubanos decolasse no ambiente cultural brasileiro. Vejam o que Nina Rodrigues nos diz, em *Os Africanos no Brasil*, sobre os desfiles dos "clubes" afrocarnavalescos da Bahia: "Nuns, como a *Embaixada Africana*, a ideia dominante dos negros mais inteligentes ou melhor adaptados, é a celebração de uma sobrevivência, de uma tradição. Os personagens e o motivo são tomados aos povos cultos da África, egípcios, abissínios, etc. Nos outros, se, da parte dos dirigentes, há por vezes a intenção de reviver tradições, o seu sucesso popular está em constituírem eles verdadeiras festas populares africanas. O tema é a África inculta que veio escravizada para o Brasil". A propósito, o mesmo Nina observa: "o maometismo não fez prosélitos entre os negros criou-los e os mestiços".

No texto de Laura Cunha estampado no volume *Joias de Crioula* (com fotos de Thomas Milz), sublinha-se também a originalidade tropical das pencas de balangandãs, a partir de sincretismos vários (nada nasce do nada). Laura: "Dentre os artefatos de uso pessoal, as pencas de balangandãs ocupam posição destacada devido à sua singularidade. Apesar de suas semelhanças com o *châtelaine* francês e com molhos de objetos utilizados por mulheres nômades na África islamizada, a penca, como conhecemos, é uma peça exclusivamente brasileira. Foi amplamente utilizada na Bahia e também, em menor quantidade, no Rio de Janeiro". A própria Laura explica: "O *châtelaine* era o molho de chaves preso à cintura das donas de casas francesas, que se tornou habitual no Brasil até o início do século XX. Símbolo do poder doméstico, as chaves guardavam os tesouros da casa: joias, enxovais, a prataria, porcelanas e cristais eram mantidos trancados... Com o passar do tempo, agregaram-se outros objetos ao molho, como relógios, pequenas tesouras e toda a sorte de pequenos utensílios de uso cotidiano, além, é claro, de objetos devocionais como medalhas de santos". E sugere o sincretismo, a mesclagem: "Teria sido o deslumbramento causado pelo *châtelaine*, signo do poder da senhora branca, somado ao hábito africano de se amarrarem talismãs na cintura, a origem da penca de balangandãs? Bem se sabe que as chaves estão presentes entre os amuletos. Mas as escravas possuíam nas residências senhoriais apenas seus quartos e pouquíssimas peças de mobiliário e, assim, poucas chaves. Havia também o apreço pelos berloques e a referência a [penca de] ferramentas de Ogum, e esses fatores conjugados podem ter levado à penca de balangandãs, tão popular no século XIX". Bem. Nas pencas de balangandãs, reconheço uma originalidade brasileira, mas não, de imediato, uma implicação negroafricana. Em meio a tantas diminutas representações figurativas, em meio a tantos pequenos ícones, não poderíamos encontrar insígnias de orixás ou de voduns, encontrar Dã – a serpente sagrada do Daomé – ou, ainda, a grelha de Tempo? Pois é: não encontramos. Nem a figa, que pende da corrente, é coisa de pretos da África, mas de antigos romanos. No seu *Dicionário do Folclore Brasileiro*, Câmara Cascudo observa que a figa latina, em que o polegar está colocado entre o indicador e o médio, "é uma representação do ato sexual, em que o polegar é o órgão masculino e o indicador e o médio o triângulo feminino". Amuleto contra o mau-olhado e a esterilidade, "ligado ao culto obsceno. Figas e falos eram trazidos pendentes dos colares femininos e infantis em Roma". O influxo africano nas pencas, como os demais, seria assim formalmente genérico.

As joias de crioula, diversamente, não são tratadas como singularidade tropical brasílica, mas antes como rebentos do repertório formal da ourivesaria europeia – em sua dimensão barroca, especialmente –, apenas produzidas na sociedade escravista que vingou por aqui. Ou seja: ao contrário das pencas de balangandãs, as joias de crioula não teriam uma especificidade formal própria que fosse digna de nota. Mas penso que devemos ao menos relativizar esta visão, em termos semióticos e sociológicos. Não é por acaso que temos uma pulseira conhecida como *escrava* – pulseira forte, visível, ocupando ostensivamente o seu espaço no braço que a carrega. Mas vamos com mais vagar. Comecemos, no entanto, pelo barroco, definindo as coisas. Já escrevi diversas vezes sobre o assunto. Para lembrar uma distinção feita pelo escritor cubano Severo Sarduy, em seu livro *Escrito sobre um Corpo*, a arte "clássica" está para o sexo com finalidade reprodutora, assim como o barroco está para o jogo do prazer. Neste sentido, o barroco seria a arte erótica por excelência. "Jogo, perda, desperdício e prazer: isto é, erotismo enquanto atividade que é sempre lúdica, que não é mais que uma paródia da função de reprodução, uma transgressão do útil, do diálogo 'natural' dos corpos". No erotismo, como na arte barroca, a finalidade está em si mais do que na veiculação de uma mensagem – genética ou simbólica. O discurso barroco é o avesso mesmo do discurso objetivo. Ao contrário deste, se compraz na demasia. No excesso.

O barroco é a linguagem da abundância, do transbordamento, da prodigalidade. Daí a equação de Sarduy: barroco = jogo; arte clássica = trabalho. "A exclamação infalível que suscita toda capela de Churriguera ou do Aleijadinho, toda estrofe de Góngora ou de Lezama, todo ato barroco, quer pertença à pintura ou à confeitaria: 'quanto trabalho!', implica um mal dissimulado adjetivo: quanto trabalho perdido!, quanto jogo e desperdício, quanto esforço sem funcionalidade. É o superego do *homo faber*, o ser-para-o-trabalho o que aqui se anuncia impugnando o deleite, a voluptuosidade do ouro, o fausto, o desbordamento, o prazer", comenta Sarduy. É justamente a obsessão da forma, a desmesura, a vertigem provocada pelo excesso, a "mais-valia" simbólica, a multiplicidade de signos e leituras possíveis o que vamos encontrar em tantas igrejas barrocas das cidades da Bahia e de Minas Gerais, como na fachada escultural da Igreja da Ordem Terceira de São Francisco de Assis, em Salvador, assim como na poesia de Gregório de Mattos e na parenética de Antonio Vieira. Mas podemos ver isso em diversas escalas e direções. E reconhecer esta mesma poética da exuberância/abundância nas joias de crioula, tratando-as no campo do barroco ibérico. Não só em cada joia em particular, mas, ainda mais, no seu uso objetivo, em sua semiótica vestual reluzindo nos corpos e roupas das negras: anéis em todos os dedos, pulseiras se somando a pulseiras, colares de várias voltas. Tudo é excesso. Profusão. Proliferação.

Mas há mais, muito mais. O barroco sempre tratou de incorporar *o outro* – a diferença, a estranheza. De lidar artisticamente, nas Américas, com signos africanos, discursos mulatos e crioulos, línguas e figuras indígenas. E isto não por "nativismo" ou "nacionalismo", como nos ensina Octavio Paz em *Sor Juana Inés de la Cruz o Las Trampas de la Fe*, "e sim por fidelidade à estética do estranho, do singular e do exótico". Para Paz, aconteceu nas Américas uma *conjunção* entre sensibilidade mestiça e estilo barroco. Particularismos culturais africanos e crioulos puderam irromper, nesse horizonte, em consequência da própria universalidade da estética barroca. E aqui, desde o início, manifestações barrocas envolveram (e se viram afetadas e enriquecidas por) africanos e mulatos. Das procissões religiosas às obras de arte visual – alfaias e joias incluídas, claro. Mas isso foi facilitado, também, pelas próprias tradições estéticas negroafricanas. Podemos até fazer uma analogia com o que ocorreu no campo da linguagem. A interação entre línguas africanas e a língua portuguesa foi favorecida por semelhanças entre esses sistemas linguísticos. Yeda Pessoa de Castro destacou duas correspondências de modelo estrutural entre as línguas em tela. Em primeiro lugar, seus sistemas vocálicos são praticamente coincidentes. Em segundo, "com exceção da nasal silábica (N) para as línguas africanas, a vogal (V) é sempre centro de sílaba". Ressalte-se ainda a proximidade dos espectros fonéticos do português e do iorubá. Nesse caso, basta comparar a pronúncia dos nomes dos deuses iorubanos na Bahia e em Cuba, como fez Megenney em *A Bahian Heritage — An Ethnolinguistic Study of African Influences on Bahian Portuguese*. Os cubanos dizem *Yemayá* (com "y" na última sílaba) e *Ochún* (com o típico *ch*) porque não existem, no espanhol do Caribe, os fonemas /j/ e /sh/. Tenho para mim que, em campo estético, as coisas foram ainda mais fáceis. Pode-se dizer que, de um modo geral, a tradição visual negroafricana não se choca com a forma barroca. Pelo contrário, prima, também, pelo excesso. É uma festa de cores, movimentos, múltiplos e mínimos detalhes. Um mundo de cortejos e danças multicoloridas, de máscaras e brilhos e insígnias e artifícios, capazes de seduzir de chofre um temperamento barroco. Apesar da diferença cultural, uma personalidade barroca se sentiria integralmente à vontade diante da plástica em movimento dos egunguns, por exemplo. Assim, além da conjunção histórica, o profundo parentesco formal facilitaria em tudo a formação de uma cultura afrobarroca entre nós.

É justamente nessa contextura afrobarroca que devemos apreciar as joias de crioula. A singularidade dessas joias não estava só no fato de elas serem usadas exclusivamente por negras e mestiças de cor mais escura. Estava na encruzilhada entre o repertório formal do barroco, o repertório formal árabe e o repertório formal negroafricano. Como já vimos e repetimos, as joias de crioula foram produzidas inicialmente por ourives portugueses. Mas, desde o início, esses mestres lusos empregaram pretos e mulatos como ajudantes — e estes logo dominaram as minúcias do ofício. É a isto, na verdade, que devemos nos referir com uma expressão do tipo *apropriação cultural*, no seu sentido mais próprio e genuíno, longe anos-luz das estreitezas da atual moda universitária do identitarismo. Cultura afrobarroca, sensibilidade afrobarroca. É este o espaço em que nascem as nossas joias de crioula. Mas vamos ver isso um pouco mais de perto. Olhemos as joias em questão. De cara, constatamos que seus motivos decorativos em nenhum momento remetem à África Negra. São flores e frutos estilizados, a exemplo de uvas e romãs, e figuras humanas (tanto femininas quanto masculinas) de feitio europeu, sejam damas ou pajens palacianos (alguns veem perfis negros, eu não). Há também pulseiras de placas retangulares que trazem no centro figuras de Nossa Senhora, Pedro II criança e mesmo o escudo de armas do Império. Enfim, entre as joias de crioula podemos encontrar um crucifixo relicário ou um correntão de ouro com a pomba do Espírito Santo, mas não divisamos um abebé de Oxum, um ifá de Oxóssi, um oxê de Xangô, um paxorô de Oxalufã.

Verdade, no entanto, que a *Gestalt* remete, de um modo geral, ao padrão negroafricano da Costa do Ouro. E há elementos que, como me diz um amigo, não pertencem à joalheria lusitana, como os cilindros de coral interligando placas de ouro de pulseiras (cilindros ocos onde muitas vezes as pretas e mulatas enfiavam ervas de cheiro). As coisas se justapõem, se fundem, se somam. E Solange Godoy vê um parentesco formal das joias de crioula com as joias de ouro dos akãs e com ornamentos em prata dourada do Senegal: "A Costa do Ouro estabeleceu intercâmbio sólido e duradouro com Portugal. Por isso, os modelos das joias de ouro akã pertencentes às regalias reais têm bastante semelhança com modelos atuais das joias populares do noroeste de Portugal, assim como das da Bahia dos séculos XVIII e XIX". Ainda Solange: "Gradualmente, os negros vão assumindo profissões de artífices, exercendo, muitas vezes, com perícia a alfaiataria, a marcenaria, a carpintaria, a ourivesaria e a sapataria, entre outras. Segundo Koster [*Voyage dans la Partie Septentrionale du Brésil depuis 1809 jusqu'em 1815*], os negros crioulos eram, por volta de 1810, obreiros de todas as artes. Assim, as conhecidas joias de crioula da Bahia, famosas pela sua beleza e originalidade, poderiam ser obra dos ourives negros, que uniram sua técnica, seu conhecimento e modelos decorativos aos dos europeus, principalmente portugueses. [Mariano Carneiro da] Cunha ["Arte Afro-Brasileira", em *História Geral da Arte no Brasil*, organizada por Walter Zanini] afirma que, na grande maioria das joias de crioula, a matriz africana é facilmente identificada". Para reforçar sua argumentação acerca da matriz africana, Solange Godoy traz à luz o caso da Martinica. É de fato uma aproximação que fascina e esclarece. As joias martinicanas são mesmo bem semelhantes às joias baianas dos séculos XVIII e XIX, especialmente os colares de grão de ouro, modelo lá designado como *collier-choux*. E é tudo muito parecido com o que aconteceu entre nós. Ourives franceses transmitiram seus conhecimentos de ourivesaria a escravos. Alguns deles chegaram a se aperfeiçoar na

França e conseguiram ficar livres. Lá, como aqui, proibições não foram cumpridas. Ourives mulatos produziam correntes e colares consumidos por pretos, pretas e mulatas que descolavam uma boa grana — "a nova classe urbana emergente e enriquecida [que] procura se distanciar da escravidão do campo". Além disso, a prostituição (no linguajar local, a puta era chamada *matador*). Eram "lindas mulatas que viviam nas cidades" e ganhavam bem com a oferta de serviços sexuais. O bastante para se cobrirem de ouro.

Talvez possamos então dizer: matriz africana, sim — motivos negros, não. E aqui podemos voltar ao islamismo. Aos negros islamizados (hauçás e nagôs) que viviam na Bahia por essa época, promovendo uma série de levantes nas primeiras décadas do século XIX. O pouco que conheço de arquitetura, arte e joalheria muçulmanas me autoriza a pensar que, ao lado da matriz negroafricana, podemos pensar, sim, em algum influxo convergente da matriz islâmica. Contemplando, estética e antropologicamente, uma peça como, entre outras, um colar de ouro filigranado (com belo *design* floral) do período Mamluk, não vejo como não reconhecer, sem maior esforço, que as joias de crioula podem vir também daí. Isto é: descendem estruturalmente e em linha direta do barroco ibérico, da ourivesaria-joalheria muçulmana e da visualidade akã — ou negroafricana, de um modo geral. E, para encerrar este tópico, mais uma observação de Solange Godoy: "Hoje, elas [as joias de crioula] estão no imaginário popular, presentes em ocasiões festivas, como na Lavagem do Bonfim, nos largos, com a venda das cocadas e dos acarajés, e nas festas tradicionais de agosto da Irmandade da Boa Morte. O ouro foi substituído por materiais baratos e bastante perecíveis, mas ficou a estética da abundância do adorno, das muitas voltas do colar de bolas, das variadas pulseiras e anéis. [...]. A profusão das joias das baianas inspirou o guarda-roupa de Carmem Miranda desde o início de sua carreira no Brasil, nos anos trinta, e nos numerosos filmes que protagonizou em Hollywood na década de quarenta, que a tornaram mundialmente conhecida e permanentemente lembrada. É uma estética de opulência, de abuso no uso de enfeites, de exagero de adornos, de extravagância".

XVI
JOIAS DE IALORIXÁS,
JOIAS DE FLORINDA

É bom não perder de vista o fato elementar de que a joalheria colonial se destinava a ornamentar figuras femininas das famílias da classe dominante e/ou dirigente. Esposas, filhas e parentas de abastados senhores de engenho, de comerciantes ricos e de burocratas do alto escalão colonial. Nenhum português imaginaria que um dia escravas negras viessem a se tornar consumidoras de joias. No entanto, vejam o inesperado, a ironia da história. Uma bela parte de nossa produção joalheira, acontecendo em pequenas oficinas clandestinas, vai conhecer um destino que ninguém se arriscaria a prever: abrilhantar corpos escuros de escravas, ex-escravas e pretas e mulatas livres. São as joias de crioula usadas exclusivamente por elas, que entram em cena, irradiantes, apropriando-se de tudo que reluz – e é ouro.

Nos séculos XVIII e XIX, como disse, as joias de crioula eram usadas exclusivamente por pretas e mulatas – escravas, libertas ou livres – da Cidade da Bahia e do Recôncavo Baiano. Usadas com absoluta elegância por nossas sinhás pretas, sinhás mulatas, sinhás mestiças. Uma joalheria imprevista, cujo resultado é sempre excelente – às vezes, simplesmente atingindo a condição de *meraviglia*, seja em correntões de ouro alternando alianças filigranadas e lisas, seja em relicários, brincos cinzelados, colares com a pomba do Espírito Santo, braceletes de copo ou pulseiras de placas de ouro, com cilindros em coral. E as negras e mulatas que as usavam esbanjavam garbo e altivez, algumas até recebendo o tratamento respeitoso de *dona*, signo de consideração social. Às vezes, me pergunto: por que sinhás e sinhazinhas brancas não usavam joias de crioula? Será que achavam que era excessivo o espalhafato reluzente? Será que seu parentesco visível com joias africanas de ouro não deixava mulheres europeias à vontade para cobrir o antebraço com aquelas pulseiras luminosas? Eram "chamativas" demais? Não sei. Se foi este o caso, estamos diante de um exemplo de preconceito estético. Mas é muito mais provável que o preconceito fosse de natureza social. Senhoras brancas não aceitariam usar joias típicas da negrada e da mulataria. Nesse ponto, uma branca usar joias de crioula representaria uma espécie de rebaixamento não só estético, mas simbólico: ela se igualaria às suas escravas ou ex-escravas. A semiótica vestual negromestiça seria recusada, portanto, em nome da visualidade característica da indumentária e dos adornos do estamento senhorial.

Enquanto isso, as mais destacadas personalidades femininas da vida negromestiça no trópico baiano exibiam à vontade joias e mais joias. Curtiam mesmo era aquela profusão barroca de joias. Como a célebre Tia Ciata, nascida em Santo Amaro da Purificação, a mais famosa das "tias baianas" que migraram para o Rio de Janeiro em finais do século XIX. Ou como Maria Júlia da Conceição Nazareth, a bonita preta filha do orixá Báayàni, que, com a ajuda do marido Francisco Nazareth, criou, no meado do século XIX, o Ilê Axé Iyá Omi Iyamassê, mais conhecido como Terreiro do Gantois, situado em terreno de desenho topográfico muito próprio: a "roça" (palavra com que pretos e mulatos da Bahia também denominam os terreiros) subia da planura do vale para o alto do atual morro do bairro da Federação, por onde então passava a Estrada do Rio Vermelho. E todos a ele se referiam, ali pelas décadas de 1850-1860, como "o terreiro de Tia Júlia", a bela ialorixá que se enfeitava com joias de crioula. A propósito, existem desenhos realistas muito claros e precisos, feitos a bico de pena, da mencionada Estrada do Rio Vermelho — e, inclusive, de uma casa de negros ex-escravos, construída (ou tecida) com sapé e palha, na beira do caminho. São desenhos anônimos da década de 1830, reproduzidos por Fernanda Terra em *Salvador: Uma Iconografia Através dos Séculos*. E o que vemos ali é uma estrada larga e bonita, boa e gostosa de andar. As pessoas do terreiro de Maria Júlia se serviam para diversos fins dessa via que levava ao Rio Vermelho. Inclusive para promover eventos lúdicos em sua extensão. Um desses eventos, por sinal, foi noticiado pelo jornal *O Alabama*, que, definindo-se como crítico-chistoso, desancava deus-e-o-mundo na Bahia oitocentista. O jornal fala de um cortejo festivo na Estrada do Rio Vermelho, promovido por "gente do terreiro de Tia Júlia". E quem se destaca na folia é uma filha da ialorixá, a jovem Pulchéria Maria da Conceição, que se tornaria a segunda mãe de santo do Gantois, sempre ostentando suas mais que vistosas joias de crioula, seus anéis e braceletes de ouro.

E a coisa vem andando no tempo. Veja-se Aninha, a ialorixá Obá Biyi, "figura modelar do candomblé baiano" (no dizer de Vivaldo da Costa Lima), criadora do Centro Cruz Santa do Axé do Opô Afonjá. Aninha, aliás, nem era nagô, mas filha de africanos grunces, povo que ainda hoje habita as savanas entre Gana e o Alto Volta. Morava no que atualmente é o centro histórico de Salvador, perto da Igreja de Nossa Senhora do Rosário dos Pretos. Foi iniciada como filha de Xangô. Donald Peirson a retratou como "uma preta alta e majestosa, cujo menor gesto é imediatamente obedecido pelos membros de sua seita [...]. Inteligente, viva de espírito, ágil no debate, ela é um dos mais grandemente respeitados e obedecidos líderes do mundo afro-brasileiro". E Aninha era outra que nunca, jamais dispensou os brilhos de suas joias de crioula. Adiante, vamos encontrar essas joias de crioula ornamentando pescoços e braços de Tia Massí (Maximiana Maria da Conceição − nome iniciático: Iwin Funké), ialorixá da Casa Branca, contemporânea e grande amiga de Senhora (Oxum Miuá), mãe de santo que era a própria encarnação da imponência e que recebeu o casal Sartre e Simone de Beauvoir no seu terreiro. Senhora também não abria mão de suas joias. Mas, mesmo mais recentemente, Menininha do Gantois (batizada como Escolástica Maria da Conceição Nazaré − provavelmente, em homenagem a uma Escolástica Maria da Conceição, que era vinculada à Casa Branca, onde chegou a ser presa no início de maio de 1855) usava as suas em ocasiões especiais, como na festa do terreiro para seu orixá Oxum, deusa do doce desejo, deusa da beleza e da riqueza, mãe dos pássaros, senhora da brisa e da água fresca − e mais: *louca por joias*. Ouçamos, a propósito, um de seus orikis:

Oxum, mãe da clareza
Graça clara
Mãe da clareza.

Enfeita filho com bronze
Fabrica fortuna na água
Cria crianças no rio

Brinca com seus braceletes
Colhe e acolhe segredos
Cava e encova cobres na areia

Fêmea força que não se afronta
Fêmea de quem macho foge
Na água funda se assenta profunda
Na fundura da água que corre

Oxum do seio cheio
Ora Ieiê, me proteja
És o que tenho —
Me receba.

A referência ao cobre merece uma explicação. Inexistiam jazidas auríferas na Iorubalândia. O ouro era um ilustre desconhecido. O metal mais precioso que se encontrava por ali era o cobre. Em *Orixás – Deuses Iorubás na África e no Novo Mundo*, o antropólogo-babalaô Pierre Fatumbi Verger, o Oju Obá do terreiro de Senhora, anota: "Oxum é chamada *Ìyálóòde* (Ialodê), título conferido à pessoa que ocupa o lugar mais importante entre todas as mulheres da cidade. Além disso, ela é a rainha de todos os rios e exerce seu poder sobre a água doce, sem a qual a vida na terra seria impossível. Os seus axés são constituídos por pedras do fundo do rio Oxum, de joias de cobre e de um pente de tartaruga. O amor de Oxum pelo cobre, o metal mais precioso do país iorubá nos tempos antigos, é mencionado nas saudações que lhe são dirigidas". Por exemplo: "Mulher elegante que tem joias de cobre maciço". E também: "Oxum limpa suas joias antes de limpar seus filhos". Inexiste, no panteão católico, qualquer entidade que possua (e, muito menos, ame) joias. Menos, ainda, que façam seus filhos esperar, enquanto as limpa. Os ouros que cobrem altares e aureolam santos são criações tardias. Nesse sentido, como reflexo ou refração de um universo extranatural africano, é que chega a ser possível reconhecer outra (e essencial) dimensão de "negritude" nas joias de crioula. É assim que Mercedes Rosa se aproxima do tema, no texto de apresentação que escreveu para o livro de Solange Godoy: "Confeccionadas em ouro, nos séculos XVIII e XIX, elas [as joias de crioula] representam um outro estágio artesanal da nossa ourivesaria, com suas características quase étnicas. Fortes, exuberantes, têm uma força mágica tirada do poder e da grandeza dos deuses que suas donas veneram". Falaremos disso adiante.

Antes que alguém seja induzido a equívoco, nesse ínterim, aviso que as joias de crioula não eram joias de mãe de santo. Não. Eram para todas as pretas e mulatas que as ganhassem de presente ou que se encontrassem em condições materiais que lhes permitissem comprá-las. Vale dizer: o mesmo dinheiro que fazia, de uma escrava, uma preta escravista, fazia também com que a preta escravista se tornasse proprietária de casas e joias. Era tudo uma questão financeira. Monetária. No outro extremo, temos evidentemente os casos das escravas que eram cobertas de sedas e joias por seus senhores e senhoras, que assim exibiam nas ruas sua própria riqueza. Ou por amantes seduzidos e/ou dominadores. Entre um ponto e outro, é possível também apontar exemplos mais incertos ou ambíguos. Como talvez seja, por exemplo, o caso de Florinda Anna do Nascimento, com suas belas roupas e joias. Infelizmente, o que sabemos de Florinda é pouco, muito pouco, quase nada. A partir desse quase nada, é possível dizer o seguinte. Florinda não foi capturada em terras africanas e forçada à travessia atlântica. Não: era uma preta crioula, brasileira, nascida muito provavelmente em 1827 e criada como escrava no Recôncavo Baiano. Na sua juventude, viveu num engenho batizado como Fazenda Bom Sucesso, na região de Cruz das Almas, não muito longe de onde nasceu o poeta Castro Alves, numa fazenda em Cabaceiras do Paraguaçu, terras da então freguesia de Muritiba, comarca de Cachoeira. Ficaram registros seus no antigo Instituto Feminino da Bahia, criado por Henriqueta Martins Catharino. Foi lá no Instituto e no Arquivo Público da Bahia que pesquisadores andaram colhendo algumas informações sobre esta bela preta baiana, de porte algo imponente e convivialmente sedutor.

Na juventude, nessa Fazenda Bom Sucesso, Florinda era propriedade de um casal de ilustres desconhecidos (para mim, ao menos): o coronel Joaquim Ignácio Ribeiro dos Santos e Anna Maria do Nascimento. Este Joaquim Ignácio, em inventário e testamento, deixou "à crioula Florinda Anna do Nascimento a quantia de 500 mil-réis, em retribuição dos muitos serviços que ela tem prestado". Esta fórmula — "pelos bons serviços prestados" — era recorrente em cartas de alforria. Mas não há notícia de que Florinha tenha recebido nenhuma carta de liberdade. Como escrava doméstica, ela pode ter estabelecido uma relação de relativa intimidade e afetividade com seus senhores. E isso deve explicar os 500 mil-réis doados pelo coronel Joaquim. Seja como tenha sido, nossa personagem continuou plantada em propriedade dessa família Ribeiro Santos. Passada a juventude, Florinda tomou o rumo de Salvador. Foi morar na casa de um filho do casal supracitado: José Joaquim Ribeiro dos Santos. A casa ficava na Rua do Passo, número 50. Como a esposa deste José Joaquim morreu cedo, Florinda assumiu o encargo da criação dos filhos do viúvo. Não sei se chegou a ser ama de leite, mas com certeza foi "mãe preta", tipo de escrava à qual se conferia lugar de relevo na família senhorial. "Quanto às mães pretas, referem as tradições o lugar verdadeiramente de honra que ficavam ocupando no seio das famílias patriarcais. Alforriadas, arredondavam-se quase sempre em pretalhonas enormes. Negras a quem se faziam todas as vontades: os meninos tomavam-lhes a bênção; os escravos tratavam-nas de senhoras; os boleeiros andavam com elas de carro. E dia de festa, quem as visse anchas e enganjentas entre os brancos de casa, havia de supô-las senhoras bem nascidas; nunca ex-escravas vindas da senzala", escreve ao seu modo o Gilberto Freyre de *Casa-Grande & Senzala*.

Mas tudo indica, ao contrário, que Florinda jamais foi alforriada. Não ganhou nem conquistou sua carta de liberdade. Em 1911, passou a morar na casa de uma das moças que criou, chamada Anna Adelaide, neta do coronel Joaquim Ignácio. Então, da casa de Anna Adelaide é que Florinda teria sido transferida de função (não sei se de moradia), passando a "preta cozinheira" (como está escrito à mão no verso de sua foto guardada no Instituto Feminino) da família Sá, na residência dos pais de Leocádia de Sá Martins Catharino, casada com Alberto Martins Catharino, figuras ilustres da "sociedade" baiana. Por fim, há notícia de que Florinda está sepultada no Cemitério do Campo Santo, mausoléu 124 – ala 2, da família Ribeiro Santos. (Seria preciso entender isso melhor: ela trabalhava para uma família e foi enterrada no mausoléu de outra? É muito lacunar tudo o que se sabe sobre essa escrava.) De certo, morreu no dia 12 de maio de 1931, aos 103 anos de idade. Mas, acima de tudo, conhecemos uma foto sua. Está no Instituto Feminino – Museu do Traje e do Têxtil. E é uma beleza. Reverencial. E é onde também podemos apreciar roupas que lhe pertenceram. Aliás, fotos dela e dessas roupas aparecem no livro de Laura Cunha e Thomas Milz. Lá estão as saias (preta ou de cor mais "berrante"), as camisas brancas, os panos da Costa. Contemplando essas coisas, fui remetido de volta ao estudo hoje clássico da antropóloga Heloïsa Alberto Torres, *Alguns Aspectos da Indumentária da Crioula Baiana*. Heloïsa, aliás, examinou bem essas coisas de Florinda no Instituto Feminino. Sobre as joias, por sinal, vale uma observação. Não se sabe se as joias que enfeitam Florinda foram compradas por ela (afinal, ela sempre foi escrava doméstica; não há notícia de que tenha trabalhado no ganho), se dadas de presente por seus senhores ou se eram deles, que apenas a adornavam em ocasiões especiais. Mas já falamos muito das joias neste ensaio. Com Heloïsa, vejamos algo do pano da Costa.

Heloïsa considera que, em meio às peças que compõem o traje de nossas negras africanas e crioulas, o pano da Costa é o que há de realmente mais interessante — "reúne à significação etnográfica o aspecto estético, mercê do que encerra em si mesmo de beleza e das variações que a diversidade do seu uso imprime à figura da mulher". Originalmente, a expressão pela qual esse tipo de xale retangular e colorido é chamado, remete a outras. Como sabão da Costa ou búzio da Costa, também pano da Costa designa produtos importados da África (da costa ocidental africana) que circulavam entre as camadas populares da Bahia. Produto primário da tecelagem africana, onde aparecia apenas nas cores branca e azul, foi devidamente reinventado no Brasil, em panos vivamente coloridos, criação de nossos negromestiços sob influxo do candomblé e do carnaval. E é todo esse contexto que lhe dá o mais alto significado. Heloïsa: "O pano da Costa é mais do que um elemento decorativo no traje da baiana: é um símbolo. Varia na sua padronagem, conforma-se a certos preceitos convencionais de disposição, nos atos do culto, indica pelo colorido o santo a que é consagrada cada crioula. Além disso, ele traduz um sentimento de fidelidade para com o passado; prende as suas portadoras à terra de origem. Elo que a capacidade artística da crioula modificou a ponto de torná-lo irreconhecível pelas suas irmãs da Costa, constitui entretanto, no campo afetivo da crioula, uma amarra emocional com a pátria distante. A crioula guarda o sentimento profundo de que o pano *é da Costa* e representa a herança transmitida através de gerações. Este sentimento fortalece sua significação e faz do pano da Costa um símbolo de classe".

Voltemos, no entanto, às joias, depois dessa rápida escapada provocada por Florinda (não sei que magia a habita ou dela emana), sob o olhar perscrutador/orientador de Heloïsa. Persistiu a sua importância, sim. Digo, a importância das joias. Brilhos e rebrilhos e sentidos dos colares, das pulseiras, dos anéis, dos braceletes — todos igualmente faiscantes e nascidos para este fascínio que se perpetua. Em princípio, o gosto de Oxum por joias é eterno. Idés, ibôs. No caso do nosso candomblé, já vimos que isso veio, por exemplo, de Marcelina Obatossí à sua bisneta Senhora, Oxum Miuá. Vejam este nome, dado a uma descendente de escravos: Senhora. E vou fechar este tópico com uma história que diz respeito a ela e à sua verdadeira senhora, à ialorixá do Axé do Opô Afonjá e à sua dona plenipotenciária, Oxum, história que me foi contada por Ebômi Cici, a candomblezeira sábia e maravilhosa que fez algumas viagens à África e trabalhou anos e anos com Pierre Fatumbi Verger, Oju Obá ("os olhos de Xangô"). Foi numa longa conversa matinal na ladeira da Vila América, sentido do Alto do Corrupio, que Ebômi Cici (ou Sissi), falando de Oxum Miuá, me perguntou, sorrindo e me olhando daquela sua forma, digamos, tranquila e estudadamente distraída: "Você conhece a história de Senhora e da pulseira, não é"? Respondi que não, não conhecia. "Sabe aquela foto que meu pai Fatumbi fez, com Senhora sentada numa cadeira? Olhe o braço dela. Tem uma pulseira 'escrava' enorme. Olhe, que é para você entender o que vou dizer".

A história é a seguinte. Oju Obá (Pierre Fatumbi Verger) estava de viagem marcada para a África. Senhora então pediu que ele trouxesse para ela uma joia de crioula, uma pulseira tipo escrava. Verger viajou. Na África, encontrou um ourives que fazia lindas pulseiras assim: de ouro, altas, largas. Foi comprar. Mas, quando soube o preço, viu que era muito caro para ele. Mas seria muito ruim voltar para o Brasil sem a pulseira. O joalheiro, vendo-o aflito, disse que dava um jeito. Fez outra pulseira, cópia fiel daquela, mas não de ouro maciço — e sim metade ouro, metade prata. Mesmo assim, não ficou barato para ele. Mas, como tinha prometido a Senhora, Verger pagou pela pulseira. De volta ao Brasil, botou a pulseira numa caixinha e foi ao Opô Afonjá. Deu a pulseira a Senhora. Ela se mostrou feliz da vida. Mas, mirando e remirando a pulseira em suas mãos, ficou desconfiada. Perguntou: "Oju Obá, isso é ouro maciço?" E ele: "Não, minha mãe. É metade ouro, metade prata. Seu filho não estava em condições de comprar uma de ouro puro". Ela disse: "Tá bom, tá bom". E botou a pulseira no braço. Ficou ali, linda, rebrilhando. E todo mundo admirava.

Passou o tempo. Um dia, ia sair do Axé do Opô Afonjá o presente de Iemanjá. Senhora ficou pensando e falou: "É... essa pulseira não é ouro verdadeiro, é ouro e prata, eu vou dar para Iemanjá". Daí, ela tentou tirar a pulseira do braço e a pulseira não saiu. Então, ela olhou para a pulseira e disse: "Você não nasceu aí, você vai sair". Mas, ao fazer força para tirar a pulseira do braço, se feriu com a própria unha. E, quando viu o braço ferido, o sangue, entrou em transe. Oxum pegou ela na hora. "E sabe o que Oxum disse?" — me perguntou Ebômi Cici. "Oxum disse que, quando ela quisesse dar alguma coisa de presente, que comprasse com seu próprio dinheiro. Que aquela pulseira não era dela. Oxum estava dando o direito dela usar, mas era a dona da joia. Porque Fatumbi Oju Obá não tinha dado a joia a Senhora, mas a ela – Oxum". E o fato é que, quando Senhora Oxum Miuá se foi em direção ao orum, ninguém nunca mais viu nem ouviu falar dessa pulseira.

XVII
IRMANDADE DA BOA MORTE

No texto "Boa Morte, Uma Irmandade de Exaltação à Vida – Aiyê-Orum", o sociólogo Gustavo Falcón panoramiza didaticamente: "A história da confraria religiosa da Boa Morte se confunde com a maciça importação de negros da costa da África para o Recôncavo canavieiro da Bahia, onde o gênio aventureiro ibérico edificou belas cidades como a de Cachoeira, segunda em importância econômica na Bahia durante três séculos. O fato de ser constituída apenas por mulheres negras, numa sociedade patriarcal e marcada por forte contraste racial e étnico, emprestou a esta manifestação afrocatólica, como querem alguns, notável fama, seja pelo que expressa do catolicismo barroco brasileiro, de indeclinável presença processional na rua, seja por certa tendência para a incorporação aos festejos propriamente religiosos de rituais profanos pontuados de muito samba e rega-bofe. Há que acrescentar ao gênero e raça dos seus membros a condição de ex-escravos ou descendentes deles, importante característica social sem a qual seria difícil entender tanto aspectos ligados aos compromissos religiosos da confraria, onde ressalta a enorme habilidade dos

202   ANTONIO RISÉRIO

antigos escravos para cultuar a religião dos dominantes sem abrir mão de suas crenças ancestrais, como também aqueles aspectos ligados à defesa, representação social e (por que não?) política dos interesses dos adeptos".

Ainda hoje, ninguém sabe dizer com precisão a data da origem da Irmandade. Fala-se que a devoção, criada para cultuar a Virgem Maria e celebrar/comemorar sua morte e assunção em corpo e alma aos céus, teria começado por volta de 1820, na Igreja da Barroquinha — local de nascimento do terreiro de Iyá Nassô e bairro habitado predominantemente por pretos, na Salvador de então. Alguns ressaltam a presença jeje, outros a presença nagô, no comando da organização da entidade. O que não se põe em dúvida é que se tratava de uma devoção popular tanto na Bahia colonial quanto na imperial — e que foi na mencionada igreja que ela ganhou "expressão e consistência". E logo ela foi trazida para o Recôncavo continental, assentando-se em Cachoeira (é lindo o antigo nome do lugar: Vila de Nossa Senhora do Rosário do Porto da Cachoeira do Paraguaçu), à margem das águas densas e misteriosas do Rio Paraguaçu. Aqui, por sinal, há um dado interessante, do ponto de vista candomblezeiro. No candomblé, costuma-se fazer a demarcação aquática: água salgada é de Iemanjá, água doce é de Oxum. No entanto, o Paraguaçu aparece como uma exceção — rio de água doce, sim, mas pertencente à dona do mar, à filha de Olokum e deusa dos egbás.

1820. Falcón considera que, historicamente, a data parece fazer sentido. "Desde o início do século XIX, o Recôncavo vive uma atmosfera de progresso e novas técnicas agrícolas e industriais ali são introduzidas. Em que pesem as dificuldades momentâneas da economia açucareira, o fumo ganha novo alento quando começa a interessar, após a independência política do país, ao capital alemão. A inauguração do serviço de navegação a motor favorece esses bafejos de renovação econômica, estimulando a integração do Recôncavo com a capital da província e o aumento dos seus negócios, o que propicia a construção de sólidos laços entre os negros escravos de muitas cidades, sobretudo de Salvador e Cachoeira". Falcón observa também que o antropólogo Jeferson Bacelar "chama a atenção para o fato de que a década de 20 do século XIX, sobretudo os seus três primeiros anos, é marcada por acentuado processo de agitação e acirramento dos ânimos da população baiana, boa parte da qual, sem distinção social, encontra-se envolvida na luta pela Independência, aqui caracterizada por forte espírito antilusitano e refregas armadas. O clima de distensão entre senhores e escravos, suscitado por essa 'unidade' momentânea, contribuiu para permanentes deslocamentos dos negros pelas cidades do Recôncavo, onde os senhores manifestaram incomum atenção na resolução do conflito e, para defenderem seus interesses, armaram os escravos e os utilizaram contra os portugueses. Dessa excepcional conjuntura resultaram inúmeras iniciativas religiosas e civis dos escravos, entre as quais, quem sabe, a própria Irmandade da Boa Morte".

Com o virar do século e investimentos governamentais no campo do turismo (hoje, mais precisamente, no setor do chamado "turismo étnico"), a festa da Irmandade da Boa Morte chegou a se converter numa manifestação baiana de destaque, atraindo gente de fora (de outras regiões baianas, outras zonas do país e de outros países, especialmente de pretos dos Estados

Unidos em busca ideológico-existencial, digamos, de alguma *reenraização*) para Cachoeira. É um evento francamente sincrético. Seu calendário inclui a confissão das irmãs na Igreja Matriz da cidade, um cortejo representando o falecimento de Nossa Senhora, uma "sentinela" — "seguida de ceia branca, composta de pão, vinhos e frutos do mar, obedecendo ao costume religioso que interdita o acesso a dendê e carne no dia dedicado a Oxalá, criador do Universo" — e procissão do enterro de Nossa Senhora da Boa Morte, onde as irmãs usam trajes de gala (ou "trajes de beca", com suas joias, seus panos da Costa, suas saias negras plissadas). Ainda Gustavo Falcón: "A celebração da assunção de Nossa Senhora da Glória, seguida de procissão, em missa realizada na Matriz dá curso à contagiante alegria dos cachoeiranos que irrompe em plenitude, nas cores, comida e bastante música e dança que se prolongam por diversos dias, a depender dos donativos arrecadados e das condições de pecúlio do ano".

Quanto ao plano religioso interno da Irmandade, dois aspectos, pelo menos, pedem para ser ressaltados, como bem viu Gustavo Falcón. Um deles: "Para serem aceitas as noviças, além de estarem vinculadas a alguma casa de candomblé — geralmente jeje, ketu ou nagô-batá, na região — e professarem o sincretismo religioso, deverão se submeter a uma iniciação que impõe um estágio preparatório de três anos, conhecido pelo nome de 'irmã da bolsa', quando é testada a sua vocação. Uma vez aceita, poderá compor algum cargo de diretoria e a cada três anos ascender na hierarquia da Irmandade". E o outro: "O mais incrível é que o sistema de crenças tenha absorvido com tamanha funcionalidade e criatividade os valores da cultura dominante, realizando, em nome da vida, complexos processos de apropriação como o evidenciado na descida da própria Nossa Senhora à Irmandade, a cada ciclo de sete anos, para dirigir em pessoa os festejos, investida da figura de Procuradora-Geral, celebrando entre os vivos a relatividade da morte. Tais elementos podem ser constatados tanto na simbologia do vestuário, quanto nas comidas de preceito que evidenciam recorrentes ligações entre este (Aiyê) e o outro mundo (Orum), para utilizar aqui duas expressões já incorporadas à linguagem popular da Bahia".

Mas vamos voltar ao início das coisas. Lá atrás, impressionavam a majestade de porte e postura, o característico das roupas, a profusão de joias das integrantes da Irmandade. Algumas das irmãs eram mulheres de recursos, "pretas do partido alto" (de onde pode ter partido a expressão "partido alto" para designar a música de pretos social e/ou economicamente privilegiados da sociedade carioca), como então se dizia – afinal, Tia Ciata, membra da Irmandade, era uma preta de partido alto. Pretas que eram comerciantes, mães de santo, charuteiras, oleiras, trabalhadoras na agricultura do fumo, empenhadas no ganho. Pretas ricas, em suma. E há um aspecto de relevo. A Irmandade começou a funcionar em Cachoeira na Casa Estrela, que era uma espécie de anexo da Padaria Estrela, estabelecimento comercial aberto no século XIX. Reza a história oral da Irmandade que as mulheres dessa Casa Estrela eram, na sua maioria, ganhadeiras. Vendiam suas mercadorias (de doces e bolachas de goma a feijoada e maniçoba, na boa tradição do comércio de comida de rua) tanto na Casa quanto em tabuleiros e numa quitan-

206 ANTONIO RISÉRIO

da instalada no Mercado Municipal. Além disso – e este é um aspecto nada insignificante –, a Casa Estrela mantinha relações estreitas com a África Negra, ainda em função do pequeno comércio, com a venda no Recôncavo Baiano de produtos que o africano Hipólito trazia do lado de lá do Atlântico Sul: obi, sabão e pimenta da Costa, orobô e outras coisas usadas em ritos, nas oferendas ou no dia a dia da vida candomblezeira. Vale para essas pretas de Cachoeira do Paraguaçu, portanto, muito do que dissemos aqui com relação a negras da Cidade da Bahia, do Rio de Janeiro, dos núcleos urbanos igualmente barrocos das Minas Gerais. E é claro que valem aqui, também, observações sobre a realização de alguma ascensão social através de relações amorosas e/ou sexuais. Do amor à prostituição.

Com o tempo, todavia, as belas joias de crioula da Irmandade da Boa Morte escoaram pelo ralo. A propósito, às vezes me lembro de uma máxima latina, acho que de Publílio Siro, que diz: *heredis fletus sub persona risus est* – "sob a máscara, o choro do herdeiro é riso". Um herdeiro que procura chorar um pouco para esconder sua grande alegria interior aparece também nas *Sátiras* de Horácio, dizem os eruditos. Mas, deixando de lado máscara e sorriso flagrados pela sabedoria de tipo poético-proverbial, não estaremos errados em identificar dois tipos extremos de conduta entre herdeiros. De uma parte, vemos o herdeiro que empenha suas energias e amplia o patrimônio que recebeu. De outra, o herdeiro que se entrega à indolência, ao hedonismo e à dissipação. Sinto-me inclinado a acreditar que foi por esse segundo caminho que o acervo de joias de crioula da Irmandade da Boa Morte se foi desfazendo aos poucos até desaparecer. Vejam o que diz a irmã Estelita Santana, então com 105 anos, num relato retrospectivo: "No tempo em que eu entrei, as negas se botavam todas de joias de ouro, mas ouro mesmo, como no tempo da escravidão das negas de lá da Barroquinha". E um depoimento relativamente recente da irmã Narcisa Cândida da Conceição (1904-2014), Mãe Filhinha, que dedicou 70 dos seus 110 anos de vida à Irmandade, onde ouvimos o seguinte comentário: "Cada qual que tinha a sua joia era dona de si própria. Eram correntões. Aquelas mulheres antigas tinham ouro. Mas a família foi destruindo. Cada uma que foi desaparecendo, a família foi destruindo e também foi vendendo. Não ficou pra ninguém. É uma ou outra que tem uma peça do seu passado, de sua avó, assim, é uma ou outra que tem". Hoje, acho que nem isso. O sumiço se consumou. Total. Em todo caso, a Irmandade ganhou uma sede, um casarão antigo recuperado para ela graças à ação decisiva do escritor Jorge Amado e do então senador Antonio Carlos Magalhães.

Mas não gostaria de terminar este tópico sem sublinhar a relação da Irmandade com a Igreja Católica. Antes de qualquer coisa, a organização exige a adesão de suas integrantes ao sincretismo. Não há irmã que não tenha seus santos católicos e seus santos candomblezeiros. Como a já mencionada Tia Ciata, que era, ao mesmo tempo, iniciada no candomblé (filha de Oxum) e integrante da Irmandade. A reverenciada ialorixá Filhinha, que conheci em Cachoeira cantando sambas de roda eróticos com seus netos, era sincrética da cabeça aos pés. Recusando-se a aceitar a moda antissincretista do racialismo neonegro, dizia: "guardo todos os meus santos no coração".

Somam-se ou se fundem variavelmente, aqui, tradições católicas e africanas. Acredita-se, aliás, que, de sete em sete anos (o tempo do decá do candomblé), como foi dito, a própria Nossa Senhora ocupa o cargo de provedora, isto é, de dirigente máxima, assumindo o comando da Irmandade.

XVIII
TABULEIROS
ATRAVESSAM SÉCULOS

Não é para surpreender que mulheres negras, mulatas, cafuzas – mestiças, de um modo geral –, tenham feito seu pé-de-meia a partir do seu desempenho no mercado. Mais precisamente, no pequeno comércio das vendas, quitandas, tabuleiros. E digo que não é para surpreender porque isto não só é fato histórico bem documentado, como ainda presenciamos o fenômeno em nossos dias, já entrados no século XXI.

Vimos no início deste escrito que, já em Portugal, mulheres pobres – brancas, pretas, mestiças – juntavam bons trocados (muito bons, até) vendendo suas mercadorias (guloseimas, inclusive) em recantos e ruas da velha Lisboa. Este comércio de rua, comércio culinário, era digno de nota, também, nos espaços públicos de cidades e vilas africanas. Focalizando particularmente o mundo nagô-iorubá, o missionário T. J. Bowen registrou essa prática: "Nenhum povo é tão habituado a comer nas ruas, onde as mulheres estão sempre engajadas na preparação de tudo quanto é tipo de prato, a fim de vendê-los a quem passa". E este ramo gastronômico do comércio de rua vicejou vistosamente também em terras brasileiras. No já citado *Mulheres e Costumes do Brasil*, um escritor francês dotado de evidente sarcasmo e algum erotismo, Charles Expilly, descreveu/retratou Manuela, bonita e sedutora escrava do ganho, esplêndida vendedora de rua, a quem é apresentado por um amigo também francês, chamado Fruchot. A citação é longa, mas nos traz todo um sabor de época, além da sempre recorrente menção a joias, que é a nossa preocupação principal neste ensaio:

"Manuela estava em todo o esplendor da sua mocidade. Eu lhe dava vinte e cinco anos. Era uma criatura alta, majestosa, cujas formas esplêndidas e corretas pareciam terem sido modeladas em bronze. Poderia ter feito um *pendant* harmonioso com o magnífico negro que Girodet colocou no seu quadro a *Revolta do Cairo*. O seu rosto era sulcado por traços perpendiculares, como todos os de sua nação, que era a mina. Seus olhos claros e profundos refletiam ao mesmo tempo inteligência e energia. Seu colo, seus pulsos, ornados de colares e pulseiras em ouro e coral, sua camisa bordada, seu vestido de xadrez, cheio de babados, seus cabelos vaidosamente enrolados no alto da cabeça e formando ondas nas fontes, um chale de cor espantada, jogado descuidosamente sobre os ombros, e cujas extremidades esvoaçavam atiradas para trás das espáduas, compunham, num conjunto pitoresco, uma fisionomia cheia de piedade e ao mesmo tempo grave e sedutora.

"Achei-a bela, de uma beleza despretensiosa, mas real. Meus cumprimentos a fizeram sorrir.

"— Eu sabia bem que Manuela te agradaria, disse Fruchot. A beleza não é motivo de convenção. Ela está onde existe, a despeito da cor. Os portugueses são bastante estúpidos para não serem sensíveis a esta verdade eterna. Tanto pior para eles. Quanto a mim, declaro não ter visto no Rio de Janeiro mulher nenhuma digna de ser comparada a Manuela. Ela é tão boa e dedicada quanto bela, e eu a amo com todas as minhas forças.

" – O senhor é muito justo, observou a negra com uma entonação cheia de franqueza e dignidade, que me levaram a fazer dela o melhor conceito.

"A datar desse dia, fui tratado por Fruchot e por Manuela como teria sido por um irmão e uma irmã dedicados.

"Eis de um só lance a história da negra e do meu antigo camarada de Charlemagne. Chegada aos catorze anos, no Império, Manuela foi vendida a um rico proprietário de Mata-Porcos, que a entregou à sua esposa. Esta fez dela a sua mucama.

"Em outro ponto, observei o espírito rebelde e o caráter independente dos pretos minas. Afirmei que a sua natureza não se amoldaria bastante às exigências do serviço doméstico. Foi preciso, então, renunciar a empregar a jovem escrava dentro de casa.

"A quinta do sr. Madrinhão [o proprietário de Manuela] possuía um pomar, onde bananas, laranjas, cajás, pitangas, abacaxis, figos, etc., cresciam em abundância. Confiaram um tabuleiro a Manuela, e todas as manhãs ela ia à cidade carregada das frutas da quinta.

"O feitor fixava um preço para a perfumada mercadoria. Desde que a soma estipulada fosse regularmente entregue todas as noites, Manuela ficava livre todo o tempo restante, e ainda poderia guardar para si o excedente da receita.

"Em pouco, a boa aparência e a gentileza da nova quitandeira foram notadas pelos frequentadores da Rua Direita. O conteúdo do tabuleiro desaparecia, como por encanto, e numerosos fregueses murmuravam palavras doces ao ouvido da preta.

"Foi a partir dessa época que o seu pescoço, as suas orelhas, os seus dedos se cobriram de colares, brincos e anéis. Seria para quem mais se esforçasse de a agradar, a bela escrava".

A cena é carioca, mas não foi muito diverso o que se viu na Bahia e em outros pontos do país. Em nosso caso, com a especificidade das mesclas ou das criações e recriações baianas, obviamente. E aqui vamos a mais um documento de época. Na série de missivas que compõem os volumes de *A Bahia no Século XVIII*, Luiz dos Santos Vilhena, professor de grego nos trópicos, faz o registro, elencando um conjunto de iguarias que ainda hoje define o que nos acostumamos a tratar como a "comida de azeite" da gente local, ao tempo em que protesta pelo fato de que ricos, através de sua escravaria, mercanciem nas ruas, coisa que, como em Portugal, deveria ficar circunscrita aos mais pobres: "Não deixa de ser digno de reparo o ver que das casas mais opulentas desta cidade, onde andam os contratos e negociações de maior porte, saem oito, dez e mais negros a vender pelas ruas a pregão as cousas mais insignificantes e vis; como sejam iguarias de diversas qualidades v.g. mocotós, isto é, mãos de vaca, carurus, vatapás, mingau, pamonha, canjica, isto é, papas de milho, acaçá, acarajé, ubobó, arroz de coco, feijão de coco, angu, pão de ló de arroz, o mesmo de milho, roletes de cana, queimados, isto é, rebuçados a 8 por um vintém, e doces de infinitas qualidades, ótimos muitos deles, pelo seu asseio, para tomar por vomitórios; e o que mais escandaliza é uma água suja feita com mel e certas misturas a que chamam o *aluá*, que faz vezes de limonada para os negros. Não quero meu amigo mortificar-te com um maior catálogo de viandas tediosas. Bem se vê, que uma semelhante negociação, além de ludibriosa para quem não tem a alma possuída do espírito da torpe ambição, devera ser privativa da repartição dos pobres, que nada têm, de que possam haver o necessário para a sua subsistência".

E o fato é que tais operações quitandeiras ou de tabuleiro prosseguiram, atravessando os séculos. Cronistas e pesquisadores que, como Manuel Querino, estudaram a Bahia de outrora, fazem referência a isso. Chegam a falar do cheiro de dendê tomando conta das ruas da cidade (Vivaldo da Costa Lima, numa conversa comigo perto da Rua do Curriachito, foi mais realista: "Salvador cheira a dendê e mijo"). E assim chegaremos ao século XX, onde podemos apreciar a venda a pregão numa composição de Dorival Caymmi, "A Preta do Acarajé". Mais: entre o final do século XX e começos do XXI, o número de tabuleiros cresceu na capital baiana, assim como no Recôncavo ilhéu e no Recôncavo continental, vale dizer, da Ilha de Maré a Santo Amaro da Purificação, passando por Itaparica e Cachoeira do Paraguaçu. E o jogo mercadológico continua firme. Tabuleiros de acarajé sustentam famílias e mais famílias. E algumas baianas de acarajé, ainda em nossos dias, enriquecem fritando bolinhos, no exercício de uma profissão hoje reconhecida pelo Ministério do Trabalho. Dois bons exemplos disso são os tabuleiros das baianas Dinha (já falecida) e Cira (que faleceu em dezembro de 2020). Cira é um exemplo de tabuleiro convertido em rede de razoável dimensão empresarial. Tem seus imóveis e acredito que suas joias (dinheiro não lhe falta para isso). Dizem que é dona de uma casa de eventos na área da Lagoa do Abaité e, segundo informe de Getúlio Santana, de uma bela fazenda entre a BR-101 e a BR-324, em região próxima a Feira de Santana. Não chega a ter escravos, mas quase. As pretas e mulatas, que trabalhavam em seus pontos de venda em Itapoã e no Rio Vermelho, às vezes se queixavam, como se estivessem comendo o acarajé que o diabo amassou. Enfim, há baiana de tabuleiro com carro de luxo e filhos na universidade e no exterior.

Um outro aspecto de relevo, mas que parece pouco estudado, é o lugar do tabuleiro e da baiana do acarajé no contexto geral da economia baiana. Contamos com excelentes abordagens antropológicas sobre o tema, como se pode ver num livro do já citado Vivaldo da Costa Lima, *A Anatomia do Acarajé e Outros Escritos*. Mas desconheço estudos mais detidos sobre o assunto, em áreas como sociologia ou economia. Por incrível que pareça, nem a administração pública estadual nem o sistema universitário, na Bahia, possuem dados precisos sobre o assunto. Mas, se o estado da Bahia contar com dois ou três mil tabuleiros de acarajé, como alguns pesquisadores estimam, podemos fazer a conta na ponta do lápis — e deixá-la aqui como uma provocação a futuras pesquisas. É o seguinte. Se temos dois mil tabuleiros, devemos nos lembrar de que pelo menos duas ou três pessoas trabalham em cada um deles — embora alguns tabuleiros tenham assumido razoável dimensão empresarial, como os de Dinha e Cira. Ora, isto significa que é provável que entre cinco e sete mil pessoas trabalhem nos tabuleiros de acarajé. E, se isto for verdade, não deveremos fugir à conclusão: o acarajé, na Bahia, emprega mais do que a fábrica da Ford.

Pós-escrito. Na mesma semana em que finalizei este trecho do livro, a fábrica Ford encerrou suas atividades no país, deixando cinco mil trabalhadores baianos a ver navios. Diante desse número que foi divulgado (cinco mil), de qualquer modo, confirma-se a minha observação, só que, agora, no tempo pretérito: o tabuleiro de acarajé, na Bahia, empregava mais do que a Ford.

XIX
UM POUCO
DE SOCIOLOGIA

Pretas forras e mulatas livres ou alforriadas chegaram a ganhar um bom dinheiro na velha Cidade da Bahia. Mas não conhecemos todos os meandros disso. Na minha infância, conheci famílias negras socialmente "bem colocadas", como se costumava dizer. Mas, de qualquer sorte, fica sempre no ar uma sensação de que esse forte processo ascensional foi, por isso ou por aquilo, interrompido. Lisa Earl Castillo e Luís Nicolau Parés levantam a hipótese de que a abolição do regime escravista implicou uma modernização das relações socioeconômicas no Brasil que deixou os negros para trás. Eles não teriam se adaptado aos meios e modos de produção e de geração de renda na nova ordem social. Mas a dupla não desenvolve a hipótese. Nem sei se isto está certo. Nina Rodrigues, que assistiu aos fatos, não assinala nenhum empobrecimento inusitado no pós-abolição, indicando antes que os que se viram livres, então do cativeiro, aderiram a meios tradicionais de ganho entre os pretos. Escreve ele: "Depois da abolição de 1888, os africanos [da Bahia] afluíram todos para esta cidade [Salvador] e nela se concentraram. Apenas um número muito limitado ainda vive nas cidades do centro, em Cachoeira, Santo Amaro, Feira de Santana, em um ou outro engenho da zona açucareira do Estado. [...]. Passou para eles o período de grandes atividades. Limitam-se hoje ao pequeno comércio e a fretes. As mulheres, em vendas ou quitandas, nas portas das casas, ou ambulantes em tabuleiros, praticam o comércio urbano de comidas feitas, especialmente dos preparados culinários africanos, muito do sabor da população, de condimentos, frutos, legumes, produtos da Costa (xoxó, abuxó, azeite de dendê, banha, obi, pequenos objetos de serventia doméstica, contas usadas na África e utilizadas nas práticas do culto nagô-jeje). Dos homens, os mais válidos são ganhadores ou mariolas; poucos conduzem ou carregam as últimas cadeirinhas ou palanquins, outros são aguadeiros; alguns, pequenos lavradores ou criadores nos arrabaldes ou roças da vizinhança da cidade. Outros são ainda criados ou encarregados de zelar pelo asseio dos grandes prédios da cidade baixa ou comercial. A este encargo fazem jus pela reputação de probidade de que gozam".

Em *Conversa de Branco: Questões e Não-Questões sobre Relações Raciais*, Maria de Azevedo Brandão sublinhou que "do segundo quartel do século XIX ao momento que compreende *grosso modo* as primeiras décadas deste século [XX] [...] indivíduos e famílias de cor parecem ter-se firmado na estrutura econômico-social das velhas capitais do Nordeste e no Rio de Janeiro como detentoras de propriedades imobiliárias e bens de produção ou titulares de 'ofícios', a salvo da competição do imigrante e dentro de uma economia ainda em grande parte fundada num processo de acumulação em bases regionais". Em outras palavras, jejes, nagôs e seus descendentes não só detiveram postos importantes em seus lugares de origem, em âmbito aristocrático, como participaram fortemente da formação da classe média negromestiça que principiava a se configurar na Cidade da Bahia e seu Recôncavo. Escreve Muniz Sodré, em *O Terreiro e a Cidade*: "Dentro dessa perspectiva, foi benéfica para alguns negros a decadência dos senhores de engenho [...]. Engenhos endividados, safras empenhadas, economia açucareira estagnada, nada disso prejudicou, muito pelo contrário, a expansão da estrutura de serviços urbanos e pequenas manufaturas, de que se beneficiariam setores mais bem colocados da população negra... O terreiro jeje-nagô constitui-se de elementos que participam ativamente desse processo ascensional". A configuração e a afirmação do candomblé jeje-nagô são indissociáveis, portanto, desse processo de classemedianização negromestiça que vem do tempo do escravismo. Indissociáveis da existência de gente com a grana necessária para a aquisição de terrenos onde implantar terreiros, para o cumprimento das obrigações rituais, para o oferecimento dos ebós.

Exemplo de ascensão social nesse período foi Manuel Querino (1851-1923), filho de Santo Amaro da Purificação, autor de diversos livros e artigos sobre as realidades baianas, como, entre outros, *A Raça Africana e seus Costumes na Bahia* e *A Bahia de Outrora*. Querino, mescla de malandro e pesquisador, fez de quase tudo na vida e se projetou como intelectual, membro do Instituto Geográfico e Histórico da Bahia. Em *Manuel Querino – Criador da Culinária Popular Baiana*, Carlos Alberto Dória e Jeferson Bacelar resumem: "[Querino] Nasceu já com o fim do tráfico de escravos, viu a decadência da aristocracia açucarina, participou da Guerra do Paraguai e do movimento abolicionista, acompanhou a Guerra de Canudos, as secas, as epidemias, o desabastecimento e a carestia soteropolitanas, os motins e greves pela sobrevivência dos trabalhadores. [...] participou da organização dos trabalhadores, foi artista, funcionário público, político, membro do candomblé [ogã do Gantois, no reinado de Pulquéria] e do carnaval africano [chegou a ser presidente do afoxé Pândegos da África], viveu entre negros e brancos, pobres e ricos". Importante, para o nosso propósito aqui, o seguinte registro que os autores fazem: "os ex-escravizados e os livres, em sua maioria pretos e mestiços, se mantiveram nas ocupações exercidas antes da Abolição". Em todo caso, a população de Salvador, ao longo do século XIX, foi, em sua grande maioria, pobre – muito pobre. Mas Querino, filho de negros livres, discípulo do artista plástico espanhol Miguel Navarro y Cañizares, protegido do célebre conselheiro Dantas ("proeminente figura da alta classe política baiana"), foi uma exceção. "Manuel Querino viveu em vários campos: o profissional, como pintor decorador, professor e servidor público; o político, como ativista e vereador; o religioso, por sua vinculação ao candomblé do Gantois e à Igreja do Rosário dos Pretos; o de carnavalesco, como diretor do afoxé Pândegos da África; o de membro da Irmandade Protetora dos Desvalidos; o de membro da 'cidade das letras', na sua condição de intelectual". Em suma, "da perspectiva interindividual, não há como negar a sua ascensão social". Muito embora, como se sabe, ele jamais tenha chegado a ser rico. Permaneceu sempre no estrato intermediário da população soteropolitana.

Mas vamos em frente. Vivaldo da Costa Lima, também na direção contrária à sugestão de Lisa e Parés, aponta mesmo para a existência de uma classe média negromestiça bem posterior à abolição do sistema escravista. No ensaio "O Candomblé da Bahia na Década de Trinta", incluído no livro *Lessé Orixá = Nos Pés do Santo*, Vivaldo, ao contribuir para a futura composição de "um amplo painel da história social da Bahia nos anos trintas, notadamente no campo do crescente empenho do negro em sua luta pela identidade cultural e participação política", escreve: "Os candomblés cresciam em número e afirmavam-se com a apropriação de valores da sociedade inclusiva. Capitalizavam-se. Compravam terrenos nos limites do centro urbano. Construíam terreiros que se tornariam centros comunitários, com organização hierárquica bem definida e rigorosa, em que a autoridade do líder e a solidariedade intergrupal eram a norma dominante e indiscutível. Criavam-se sociedades dentro dos terreiros, com diretorias executivas que se encarregavam das relações efetivas de cada grupo com o sistema de poder do Estado e, sobretudo, estendiam a rede do parentesco ritual para além das fronteiras étnicas e de classe. E as 'religiões africanas' do tempo de Nina [Rodrigues] já eram, para [Arthur] Ramos e [Édison] Carneiro, 'religiões negras'. Religiões do povo negro da Bahia".

Nessa mesma época de Aninha e Martiniano, bem como alguns anos depois disso, alguns pretos ricos se distinguiam na paisagem social da capital baiana. Miguel Sant'Anna, por exemplo, hoje nome de um pequeno teatro em Salvador, foi negro altiva e vistosamente rico. Era Obá de Xangô no Axé do Opô Afonjá e dono de um belo casarão no bairro do Rio Vermelho, onde se celebra anualmente a Festa de Iemanjá, no dia 2 de fevereiro. No artigo "Assim Eu Vi o Rio Vermelho", estampado na imprensa baiana, o historiador Cid Seixas, repassando suas memórias de morador do bairro entre as décadas de 1930 e 1940, avisa que vai subir a ladeira de São Gonçalo e, então, escreve, assinalando: "Logo estava o Sobrado-de-Miguel-Santana. Assim mesmo. Por extenso. Toponímico. Era a casa de um rico homem da estiva, personagem de alto relevo nos candomblés da Bahia. Obá Aré na roça de Aninha. Promovia festas rituais prolongadas em bródios profanos que marcaram época. [...]. Era homem de imenso saber da cultura popular da Bahia".

Veja-se o nome completo de Obá Aré: Miguel Arcanjo Barradas de Sant'Anna. É interessante reter o "Miguel Arcanjo". Foi ele quem inspirou – forneceu o modelo – para o Pedro Arcanjo do romance de Jorge Amado, segundo o próprio autor de *Tenda dos Milagres* – ele, também, Obá de Xangô. Falando do mesmo sobrado de Miguel Sant'Anna, o cronista Ubaldo Marques observa: "Foi um dos maiores festeiros que o bairro teve nas décadas de 1940 e 1950. Em sua residência promoveu inúmeras e grandes festas, com a presença de conjuntos musicais. Inclusive, por ocasião dos Festejos do Rio Vermelho, realizados no verão, era costume dos ternos e ranchos, logo após as apresentações públicas no Largo de Santana, irem para a casa de Miguel Santana, para novas exibições". Num depoimento à arquiteta-cineasta Silvana Olivieri, o conhecido personagem local Manuel Cego da Bahia chegou a afirmar que Obá Aré tinha um bode que sabia dançar... Já em *Bahia de Todos os Santos: Guia de Ruas e Mistérios*, bem à sua maneira, Jorge Amado escreve: "Encontro no peji de Xangô o velho Miguel Santana, o mais velho, o mais antigo dos obás da Bahia, o derradeiro dos obás consagrados por mãe Aninha, vestido no maior apuro como se fosse para uma festa de casamento. Assim se veste sempre, mantendo aos oitenta e cinco anos contagiosa alegria de jovem. Quem não o viu dançar e cantar numa festa de candomblé não sabe o que perdeu. [...]. Descemos juntos a Ladeira do Cabula, a voz de Miguel Santana Obá Aré recorda distantes acontecimentos. Sabe mais sobre a Bahia do que os doutores, os eruditos do Instituto, os historiadores e os membros da Academia. Sabe por ter vivido. Foi rico e pobre, teve mando de barcos, hoje possui apenas o respeito do povo – a bênção, Obá Aré!".

Seja como tenha sido, aconteceu alguma coisa. Será preciso examinar isso com mais vagar. Temos hoje uma vasta classe média negromestiça no país. Diversas empresas, inclusive, produzem especificamente para este nicho de mercado, atuando no mundo da moda e da produção vestual, por exemplo, assim como no campo dos cosméticos. Existia até uma revista (não sei se ainda existe) dirigida a esse segmento economicamente privilegiado de pretos e mulatos: *Raça*. Nos primeiros anos deste século XXI, a Associação Nacional de Empresários Afro-Brasileiros estimava que a classe média negra, no Brasil, contava com mais de dez milhões de pessoas. E esse número aumentou significativamente durante o período em que foi anunciada a formação de uma "nova classe média" no país, ali entre o final do governo de Lula da Silva e o início do governo de Dilma Rousseff. Mas ficamos com a sensação (impressionista, sim, já que não dispomos de dados) de que o processo ascensional arrefeceu um pouco na Baía de Todos os Santos e seu Recôncavo. Para ficar no campo em que estamos nos movendo, basta constatar que as joias de ouro das negras e mulatas do século XIX cederam espaço às bijuterias da segunda metade do século XX e destes inícios do XXI. Os adornos de Filhinha, mãe de santo em Cachoeira do Paraguaçu e integrante da Irmandade da Boa Morte, já mesclavam joias de ouro e bijuterias baratas, caracterizando a transição. E o que vemos hoje são pulseiras de latão e colares coloridos feitos de contas de plástico. Miçangas. Assim como a seda também sumiu. Verdade que, quando havia festa de santo no Axé do Opô Afonjá, pelo menos desde a década de 1980, era impossível encontrar vaga para estacionar carro, se o sujeito não chegasse cedo ao terreiro. Mas a sensação de que não há tantos pretos ricos, atualmente, é o que predomina em minha percepção da realidade envolvente.

Vamos tentar apanhar a garça no meio do voo. Em *As Elites de Cor numa Cidade Brasileira — Um Estudo de Ascensão Social*, o antropólogo Thales de Azevedo ainda sinaliza esse processo ascensional, apesar de todas as discriminações e de todos os preconceitos que atravancavam os caminhos de pretos e mulatos — de pretos, principalmente. Thales examina os anos iniciais da década de 1950. Mantém neste livro, por sinal, a categoria "branco baiano", aparecida em *Brancos e Pretos na Bahia*, do sociólogo norte-americano Donald Pierson, da Universidade de Chicago. São pessoas *socialmente brancas*, independentemente da eventual predominância de traços europoides em sua composição fenotípica. Jorge Amado, Fernando Sant'Anna, Vivaldo da Costa Lima e João Ubaldo Ribeiro, por exemplo. Thales: "Os mestiços de cor clara, branqueados ou 'brancos na cor', são chamados de brancos da terra ou brancos da Bahia, quando ocupam uma posição social importante e não se quer chamá-los mulatos, o que, em muitos casos, se evita por delicadeza. Na caracterização desses 'brancos presumidos', é sempre muito relevante a fortuna ou o papel social. Falando de um mestiço claro de traços levemente negroides, alguém disse, com certo ar de ironia, que 'aquele é branco, socialmente falando, porque já ocupou um dos mais altos cargos políticos do Estado'. Por essas razões é que um médico baiano, dedicado aos estudos de antropologia [J. B. Sá Oliveira, *Evolução Psíquica dos Baianos*], escrevia em 1898 que 'anatomicamente, os brancos da Bahia estão entre os pardos e os descendentes diretos dos portugueses não mestiçados'". Registre-se que, nessa época, a expressão "negro" era considerada pejorativa. E, entre os pretos e mulatos entrevistados no inquérito sociológico de Thales, duas coisas me chamaram logo a atenção. A primeira foi ver que muitos pretos consideravam os mulatos mais racistas do que os brancos. A segunda é que pretos e mulatos concordavam em que, na Bahia, as mulheres brancas eram mais preconceituosas racialmente do que os homens brancos. Mas vamos ao que, de momento, interessa.

Thales de Azevedo nos mostra que, apesar dos obstáculos e das resistências, a ascensão social de pretos e mulatos, ainda na década de 1950, é um processo facilmente verificável. A ascensão social e a aproximação humana e cultural andavam juntas, coisa que já não mais vemos hoje. Thales: "A ascensão social processa-se por livre competição de tal maneira que pretos e mestiços, como indivíduos [é bom frisar sempre este aspecto: *como indivíduos*, não como grupo, classe ou etnia; a ascensão é obviamente individual, não coletiva], podem, em vista de seu mérito individual ou de circunstâncias favoráveis, melhorar sua condição social e mesmo conseguir uma posição nas camadas 'superiores' da sociedade, e esta posição será relativa não somente ao seu grupo de cor, mas à comunidade total. [...]. A maioria das pessoas de cor vive, como toda a classe baixa, em bairros pobres nos contornos da cidade ou em pequenos aglomerados de casas modestas intercaladas nas áreas residenciais das classes mais altas; porém nestas vivem, ao lado dos brancos, muitas famílias de cor de *status* intermédio ou superior. As pessoas de cor são aceitas, segundo os seus recursos econômicos e a sua educação, nos hotéis e mais facilmente nas pensões das diversas categorias, e podem frequentar livremente os restaurantes e cafés, as casas de chá, os *cabarets*, participando, não raro, de mesas onde encontram amigos brancos". Não vou reproduzir aqui, obviamente, o mapeamento feito por Thales. Mas registro algumas de suas informações. Entre os canais de acesso de pretos e mulatos, às classes economicamente privilegiadas, Thales destaca o casamento ("é muito elevado na Bahia o número de casamentos entre pessoas que diferem quanto à intensidade de sua pigmentação"); o comércio (um depoimento ótimo, aliás: "Os negociantes alemães também se mostravam muito bons para seus auxiliares de cor; eram, porém, muito ciosos do seu idioma, demonstrando não gostar quando um preto falava o alemão"); a política ("entre os 103 atuais representantes do povo baiano nas assembleias legislativas federal, municipal e estadual, existem cerca de 30% de morenos e pardos, alguns bastante escuros"); a burocracia, as corporações militares, a religião católica (estranhamente, nesse capítulo, o candomblé inexiste para Thales); os esportes.

ANTONIO RISÉRIO

Mas há um campo especial: o da educação e das chamadas "profissões liberais" (que não se liberaram jamais, segundo o poeta João Cabral, em *Morte e Vida Severina*)... "Muito conscientes de que a instrução lhes serve muito mais para encurtar a distância social para com a classe dirigente do que para um domínio mais perfeito da natureza, as pessoas de cor, mesmo as mais humildes e escuras, fazem os maiores esforços para mandar os seus filhos à escola elementar, indo aos maiores sacrifícios para mantê-los nos cursos secundários quando já estariam em idade de ajudá-las no trabalho. Um mulato que tem vivido no norte do país afirma que nisso os pretos da Bahia fazem uma grande diferença dos demais: 'aqui as mulheres mais humildes — lavadeiras, cozinheiras, domésticas — mandam seus filhos para a escola e fazem questão de que eles se instruam'". Mas há que ouvir a ressalva: "Um grande médico mulato, que fez uma carreira excepcional, tornando-se um dos maiores nomes da ciência brasileira (Juliano Moreira), disse a um informante [de Thales] que um homem de cor, para ser bem-sucedido, deve ter o duplo valor de seu competidor branco". De qualquer sorte, no professorado elementar e secundário havia "pretos e mestiços muito negroides". Mais: "As profissões liberais são, indubitavelmente, a via de ascensão social mais franca para as pessoas humildes e de cor. Mesmo nas mais prestigiosas dessas profissões, pessoas de todos os tipos podem fazer carreira e conseguir clientela, particularmente os médicos e advogados, entre os brancos de classe alta". E ainda: "Alguns dos melhores médicos de família têm sido, na Bahia, homens de cor cujos nomes muitas pessoas pronunciam com respeito e gratidão".

Também no mundo das artes e da vida intelectual, de acordo com Thales de Azevedo, a presença negra e mulata é um fato. "O povo tem na Bahia a sua arte própria e os artistas que a interpretam de acordo com os seus padrões. Nesse sentido existe uma arte por assim dizer particular da gente pobre e de cor, especialmente no domínio da música e da dança. Mas nas atividades artísticas da camada 'superior' da população, a não ser na música, não é saliente a participação dos escuros. Talvez por influência da crença de que os mulatos têm uma inclinação natural para a música, os musicistas de cor são relativamente abundantes e alguns adquirem prestígio e reconhecimento social", observa o antropólogo. Já no teatro e nas artes plásticas, as coisas não corriam bem assim. Mas na "vida intelectual", a maré nada tinha de desfavorável, até muito pelo contrário — "entre os intelectuais de que toda a gente se orgulha e que são mencionados como grandes nomes baianos, estão muitos escuros". E adiante: "Os intelectuais de cor, além de não constituírem um grupo à parte, são julgados e classificados unicamente pelo seu talento e por suas realizações". Caso paradigmático aqui foi o de Theodoro Sampaio — que, por sinal, virou nome de rua em São Paulo, assim como o mulato escuro Antônio (irmão do abolicionista André Rebouças, nascidos todos no Recôncavo Baiano: Theodoro em Santo Amaro, Antônio e André em Cachoeira), que deu nome, na capital paulista, à Avenida Rebouças.

Theodoro nasceu no Engenho Canabrava, no município de Santo Amaro da Purificação, em janeiro de 1855, filho de uma escrava chamada Domingas, cujos pais eram africanos, jejes. Graças ao auxílio e proteção que recebeu — mas, sobretudo, graças ao seu próprio esforço e talento —, Theodoro teve sucesso profissional e reconhecimento público como engenheiro e intelectual, "um caso exemplar de superação e ascensão social", no dizer de Ademir Pereira dos Santos, em *Theodoro Sampaio: Nos Sertões e nas Cidades*. Monarquista, autor de livros como *O Tupi na Geografia Nacional* e *História da Fundação da Cidade do Salvador*, passou grande parte de sua vida em São Paulo (ocupando cargos governamentais e integrando o grupo de intelectuais que fundou o Instituto Histórico e Geográfico de São Paulo), só retornando em 1905 a Salvador, onde comandou inúmeras obras públicas, manteve relacionamento intenso com a intelectualidade local, concebeu e implantou o novo sistema de abastecimento de água da cidade, publicou livros como o *Atlas dos Estados Unidos do Brasil* e *O Estado da Bahia — Agricultura, Criação de Gado, Indústria e Comércio*, projetou um núcleo urbano contíguo à capital, a "cidade luz" (hoje, o bairro da Pituba), administrou a Santa Casa de Misericórdia, elegeu-se deputado federal e foi presidente do Instituto Geográfico e Histórico da Bahia.

Prossigamos. Há quem diga que, depois do "milagre brasileiro" (cujo processo de expansão educacional é uma das bases sociológicas do florescimento dos movimentos negros na década de 1970), sob a ditadura do general Garrastazu Médici e a regência econômica de Delfim Netto, aconteceu um processo generalizado de empobrecimento na Bahia. Alguns fatores mais visíveis contribuíram para isso. Pedro Novis chamou a minha atenção para alguns pontos. De saída, para a impressionante expansão populacional de Salvador. Migrações. E aqui devemos contar levas e levas de pretos e mulatos que, com o declínio final das economias açucareira e fumageira, deixaram suas cidades no Recôncavo e tomaram o rumo da capital baiana. A implantação do Polo Petroquímico em Camaçari também explica alguma coisa. Mais migração. Muitos pretos e mulatos foram atraídos para Salvador durante as obras iniciais daquele complexo petroquímico. Mão de obra para a construção civil. Mas, depois que o polo foi implantado e as fábricas começaram a funcionar, os milhares de empregados na construção civil giraram a vácuo. Ficaram sem ter o que fazer. Mas, em vez de voltar para os seus lugares de origem, se transformaram na grande população favelada de Salvador, hoje só comparável à do Rio de Janeiro.

Aqui, uma distinção se impõe. Quando a Petrobras se implantou no Recôncavo Baiano, recrutou quem encontrava pela frente – e pagando salários até então inéditos no contexto da economia regional. O polo petroquímico, não. Não foi "democrático" como a Petrobras, mas rigorosamente seletivo. De uma parte, porque necessitava de mão de obra mais qualificada. De outra, porque a indústria petroquímica, exibindo alto grau de automação, se deixava caracterizar como um empreendimento que não requeria emprego intensivo de mão de obra. Assim, boa parte dos engenheiros do polo veio do Rio de Janeiro. Da Bahia, o empreendimento contratou gente da baixa classe média formada pela Escola Técnica Federal. Esta foi, inclusive, a trajetória do atual governador da Bahia: de aluno da Escola Técnica a técnico de laboratório da Copene. Para dizer em poucas palavras, a modernização industrial parece ter implicado um empobrecimento generalizado das massas, que, no caso baiano, eram predominantemente pretas e mulatas. A mobilidade interclassista ficou bem mais difícil. Mas houve também mudanças culturais: na década de 1950, com um diploma na mão, um preto se fazia socialmente. A cátedra recompensava. Escritórios e consultórios, também. A Bahia era mesmo a terra onde florescia a figura do "preto doutor" do samba de Caymmi. A situação atual é bem outra. Hoje, um diploma universitário não significa nada ou, no máximo, praticamente nada. Até porque antigamente as escolas ensinavam — e hoje, não.

Uma outra coisa. Tivemos recentemente, no Brasil, todo um foguetório comemorativo da emergência de uma "nova classe média" durante o governo de Lula da Silva. Verdade que nenhum observador mais sério da cena brasileira engolia o conto oficial de que a desigualdade social diminuíra desde que o PT assumiu o poder. O que se via, do "plano real" de Fernando Henrique Cardoso à ênfase de Lula nas políticas sociais, é que aumentara o poder de compra dos mais pobres. Mas tal aumento não implicou uma redução das distâncias classistas: aumentava o poder de compra dos pobres, multiplicava-se o poder de compra dos ricos. Além dos mais, tínhamos dados que desmontavam por completo a fantasia manipuladora do *marketing* petista, voltada para vencer disputas eleitorais. Num relatório de 2012 da ONU, por exemplo, com o PT já em seu terceiro mandato, o Brasil aparecia como um dos doze países mais desiguais do planeta. Além disso, o próprio governo petista, metendo os pés pelas mãos sob Dilma Rousseff, se encarregou de fazer o trem descarrilhar, atirando o país numa tremenda crise econômica (da qual ainda não saímos), que nos empobreceu a todos. Também no caso dos pretos, o poder de compra aumentou nesse período, mas aumentaram igualmente as desigualdades e distâncias sociais e culturais. De todo modo, pretos participam hoje, como nunca antes, da composição das classes médias brasileiras. E agora apareceu um certo "Movimento Black Money" (tudo, com essa turma, é *in english,* quando até seria bem melhor, publicitariamente, um Movimento Grana Preta), que montou um mercado nos moldes dos que são oferecidos por grandes lojas de varejo, tipo Magazine Luiza, com o objetivo de fazer com que famílias negras gastem seu dinheiro comprando na mão de comerciantes igualmente pretos. Vamos acompanhar para ver no que vai dar.

Infelizmente, até onde eu saiba, a conjuntura presente não tem sido estudada. Pouco sabemos de exato sobre o que sentimos e pressentimos em nosso entorno. E isso muito embora nossos historiadores e militantes identitário-racialistas tenham todas as condições de fazer uma análise extensa do assunto, desde que contam com tudo para tanto, do apoio da mídia às verbas universitárias para pesquisas. Acho muito estranho, aliás, que não façam esses estudos e exames. Em vez disso, preferem sempre martelar redundantemente o óbvio, com seus eternos panfletos de autovitimização. Querem fazer discursos inflamados contra a miséria, que supostamente seria a mesma do século XVI aos dias que voam. Só. Estudar o assunto, que é bom, ninguém quer. Nada de ser obrigado a lidar com coisas contrastantes, aspectos inusitados, oscilações, contradições e flutuações sociais. Mas, mesmo que o assunto fosse estudado, não acredito que chegássemos a ter informações precisas sobre a realidade. Desde a década de 1990, o IBGE trocou a estatística pela ideologia, pautando seu trabalho pelo discurso racialista importado dos Estados Unidos. Fez os descendentes de índios desaparecerem sob a categoria de pardos (embora seja fortíssima a ascendência indígena entre os brasileiros) — e simplesmente subsumiu os pardos no contingente dos "negros". E faz isso com o apoio explícito e enfático da grande mídia, como se vê pela Rede Globo e a *Folha de S. Paulo*, a rainha e a princesa do identitarismo, respectivamente. Foi assim que a *Folha* anunciou outro dia que atualmente a maioria dos estudantes universitários brasileiros é "negra". Não é: a maioria é mestiça. E é por essa postura fraudulenta do IBGE que não dá para aceitar nenhuma estatística oficial, hoje, no Brasil. Estamos privados de conhecer numericamente nosso país.

XX
QUASE UMA
ANTROPOLOGIA DA JOIA

Consultem a iconografia disponível. Não sei se existe, mas não trago na memória qualquer representação plástica ou registro fotográfico, dos períodos colonial e imperial, em que pretas apareçam despidas de adornos corporais. De colares, braceletes, pulseiras ou anéis. Pode ser miçanga (palavra africana, por sinal: *mi-nsanga*, encontrável no kikongo e no quimbundo), bijuteria, peça de cobre, joia de ouro, etc. Mas o adorno está sempre lá, ornamentando e realçando os corpos das negras. Um fascínio feminino que, como não há quem ignore, já vinha da África — e se manteve no Brasil, atravessando os tempos da escravidão. Podem consultar, como disse. Passeando, por exemplo, pelas páginas de *A Travessia da Calunga Grande: Três Séculos de Imagens sobre o Negro no Brasil (1637-1899)*, impressionante levantamento iconográfico que Carlos Eugênio Marcondes de Moura realizou. Vejam ali quadros de Albert Eckhout, como *Negerin aus dei Goldküste von Afrika*, de 1664. Ou outros trabalhos (originais ou reproduções), a exemplo de *Negers Speelende op Kalabsen*, de Johann Nieuhof; *Negras Vendedoras* (de que tanto falamos aqui) de Carlos Julião, da segunda metade do século XVIII; algum desenho aquarelado de Joaquim Cândido, já no século XIX; *Chafariz das Marrecas*, de Arnaud Julien Pallière; *Negras Livres Vivendo de seu Trabalho* (novamente um dos nossos temas centrais), de Thierry Frères; *Negra Rebolo*, de Hercules Florence; *Negro e Negra da Bahia*, de Rugendas; *Die Mulattin*, de F. A. Brockhaus; a maravilhosa *Baiana* coberta de ouro, óleo sobre tela, autoria não identificada, de 1850, que se encontra no Museu Paulista; e também fotografias do século XIX, como *Uma Negra Rica*, de 1890. Ou fotografias de antes disso, embora da mesma segunda metade do século XIX, como as de Gaensly ("baianas"), Henschel (vendedora de frutas), Lindermann ("Crioula da Bahia") e Marc Ferrez.

Mas é óbvio que este fascínio por joias nada tem de particularmente negro ou africano. É universal, atravessando épocas, povos, lugares, climas e culturas, sem tomar o menor conhecimento de circunstâncias ambientais ou socioantropológicas. Adereços corporais aparecem já no paleolítico, na Idade da Pedra Lascada, como os pingentes de osso. No neolítico, encontramos belos exemplos em meio a nossos antigos grupos indígenas, com seus diademas e tembetás. Tupinambás e tupiniquins tanto se enfeitavam que, em seu livro *O Povo Brasileiro: A Formação e o Sentido do Brasil*, o antropólogo Darcy Ribeiro, num preciso e precioso paradoxo linguístico, disse que eles andavam "vestidos da nudez emplumada". No México e no Peru pré-colombianos, trabalhava-se o ouro, a prata, o latão. Os incas faziam suas pulseiras na base do martelo. A partir daí, podemos avançar por cidades, reinos, impérios, as chamadas "grandes civilizações". Podemos celebrar o requinte da ornamentação cita ou da joalheria egípcia, com todo o seu gosto pelo ouro. Falar de braceletes etruscos, relicários bizantinos, etc., etc., até alcançar os séculos XX (a *art déco!*) e XXI. Mas vamos escolher um caminho. Penso que o melhor será ver tudo isso da perspectiva seguinte: encarar a joia como elemento precioso do conjunto geral dos enfeites e adornos corporais da humanidade. Adotando este ponto de vista, poderemos tentar fazer uma leitura ao mesmo tempo mais ampla e mais profunda desta dimensão da vida humana. E incluir, em nosso campo de reflexão, o ponto de partida que está na chamada *body art*. Na arte corporal paleolítica e que se estende pelos séculos até chegar a manifestações de vanguarda artística da década de 1960 e aos dias de hoje. Nessa arte corporal, que evidentemente inclui os penteados, temos desde intervenções no próprio corpo, como marcas tribais entalhadas num rosto, as escarificações, até coisas que apenas cobrem o corpo, como a pintura de urucum dos nossos índios (e os "peles vermelhas" ganharam esse nome por causa do ocre de que se cobriam). A joia, diferentemente, é um objeto que se sobrepõe a determinada parte do corpo, não raro implicando perfurações de orelhas e narizes, mas sem ter nada a ver com escarificações, por exemplo. Entremos, então, na estrada.

De saída, lembrando que alguns autores que escreveram sobre o assunto acreditam que a origem da ornamentação corporal tem sua origem num, digamos assim, déficit estético da humanidade. Seres humanos não possuíam a plumagem colorida de certas aves ou a graça e a elegância, também colorida, dos felinos. Começaram a se adornar, então, para compensar esta sua pouca beleza, em comparação com outras espécies da avifauna. Eliana Gola adota essa tese: "Ao que parece, foi a necessidade de adornar-se do homem – que, em matéria de aparência, se compararmos a espécies mais vistosas, é dotado de poucos atributos –, para igualar-se aos mais 'belos' (o que quer que isso signifique), que o levou a incluir os aviamentos – e entre eles os objetos de ourivesaria e joalheria – como uma das mais antigas formas de arte". A humanidade se autoestetizaria, se embelezaria artificialmente a partir da riqueza material do mundo, a fim de tentar alcançar pelo menos um pouco do que vê em outras espécies. Bípede de pelo ralo, rude e pobre de formas e cores, que ser humano é capaz de concorrer em beleza com um cisne, uma pantera, um tigre ou outros felinos? E aqui há mesmo um dado revelador. Nas sociedades arcaicas conhecidas, os homens se enfeitavam mais do que as mulheres, como que replicando, em base artificial, o que acontecia naturalmente em todo o reino animal: compare-se, por exemplo, o leão (com sua juba) e a leoa.

Mas deixemos os homens de parte. Ouçamos umas observações de Ashley Montagu, no texto "Reflexões Antropológicas sobre a Maquiagem", incluído em *Men Observed*: "Já que as mulheres pertencem, como notou um filósofo perspicaz, a um sexo que fala consigo mesmo, como uma consequência de suas qualidades superiores de sobrevivência, têm que competir sempre pela atenção dos homens, num mercado onde estes últimos são relativamente escassos. É um fato interessante que naquelas poucas sociedades em que as fêmeas são mais raras do que os homens, entre os aborígenes australianos, os esquimós e os todas do sul da Índia, as mulheres se esforcem pouco ou nada em aparecerem atrativas aos homens. Mas tais sociedades são excepcionais. E, portanto, a maior parte das mulheres das sociedades humanas utilizam toda classe de artifícios de beleza". Mais, num comentário que vale também para as joias: "A maquiagem, junto com a decoração de todas as demais partes visíveis do corpo, é uma manifestação do impulso artístico universal dos seres humanos para adornar e tornar atrativa qualquer coisa que possa sê-lo, graças ao conjunto de conhecimentos práticos e ao ócio".

Mas a verdade é que a visão de Montagu é afunilada. Não abrange a multiplicidade de sentidos da ornamentação corporal, deixando muitos aspectos de fora. Entre outras coisas, passa ao largo de simbolismos que dizem respeito ao poder, à identidade social e à religião, por exemplo. Sabemos muito bem que uma joia pode ser portadora de valores sagrados, extranaturais. Pode assumir caráter mágico de amuleto ou talismã, como nos casos dos olhos gregos, dos trevos de quatro folhas e das figas, por exemplo. Havia também entre nós, aliás, um comércio específico de talismãs; ou, na expressão de Expilly, um "mercado de amuletos". Além disso, o antropólogo erra em análises e profecias. Diz, por exemplo, que a inovação, no terreno dos adornos do corpo, tem limites óbvios. E exemplifica: é impensável que um dia as mulheres utilizem argolas para narizes e lábios. No entanto, não só a prática existia de há muito na África Negra (narinas africanas de ouro aparecem mesmo no brasão de armas de Fernão Gomes, o comerciante lisboeta que recebeu de Afonso V, em 1468, concessão para explorar a região da Guiné), como se tornou moda bem mais recentemente em meio à juventude ocidental, principalmente a partir do movimento *punk*. De outra parte, Montagu afirma que a sofisticação da ornamentação corporal não aconteceria entre povos caçadores-coletores, pelo fato de que estes não dispunham de tempo suficiente de ócio para se dedicar ao luxo dos enfeites — uma tese que foi simplesmente desmantelada por Marshall Sahlins, em *Stone Age Economics*, ao demonstrar que havia muito mais ócio nos mundos paleolítico e neolítico do que nas modernas sociedades industriais. A conclusão de Sahlins, de fato, contraria frontalmente a de Ashley Montagu: quanto mais tecnologia, mais trabalho.

Mas vamos adiante. Embora eu não tenha a menor pretensão de fazer aqui qualquer mapeamento maior do tema, vamos nos deter um pouco no que nos diz o paleontólogo Leroi-Gourhan. E também ele é dos que remetem a decoração do corpo humano ao mundo animal ou zoológico, como lemos em *O Gesto e a Palavra 2 — Memória e Ritmos* (cito na tradução lusitana): "A função do vestuário e da sua decoração reporta-se a múltiplos aspectos da organização social. Tal como entre os pássaros, assegura simultaneamente a distinção da 'espécie étnica' e a dos sexos. [...]. Pode parecer fútil insistir num aspecto tão banal da vida de todos os homens, mas a estética do vestuário e do adorno, apesar do seu caráter totalmente artificial, é um dos aspectos biológicos da espécie humana mais profundamente ligados ao mundo zoológico". Leroi-Gourhan aproxima comportamentos de agressão e de reprodução sexual, para dizer que, se há alguma descontinuidade entre o humano e o zoológico, "esta apenas existe na possibilidade humana de acumular os símbolos de terror ou de sedução, de conferir à arte de matar e à arte de amar, que constituem os dois grandes pontos de apoio da História, um refinamento intelectual que é apanágio da nossa espécie. [...]. A guerra, a conquista de uma posição hierárquica e o amor condicionam a decoração vestimentar de todos os povos". E de todos os grupos sociais. Mais: "O valor protetor das peles ou das penas dos animais não é mais importante para a sobrevivência da espécie do que os símbolos visuais ou olfativos com elas relacionados. No homem [no ser humano], o valor protetor do vestuário não é mais importante do que a sua forma; é a partir dele e dos acessórios decorativos que o acompanham que se estabelece o primeiro grau do reconhecimento social. [...]. Cada indivíduo, masculino ou feminino, ainda que envolto num fato completo ou num vestido, possui um certo número de sinais que permitem, em função da cor da sua gravata, da forma dos seus sapatos, da decoração da sua botoeira, da qualidade do tecido, do perfume que usa, situá-lo com grande precisão no seio do edifício social. E aquilo que é verdadeiro para a nossa sociedade também o é na Melanésia, nos Esquimós ou na China".

Bem. A visão geral que Leroi-Gourhan tem do assunto pode nos ajudar a esclarecer um que outro aspecto do sentido e função das joias de crioula para as negras e mestiças escravas e ex-escravas da Bahia. Pensemos então, mesmo que a voo de pássaro, uma leitura de sócio-semiótica vestual para as joias compradas e exibidas por uma preta ex-escrava. O que temos aqui são símbolos de situação social que devem ser lidos em duas direções. De uma parte, como elemento de identidade e pertencimento a um determinado grupo social: o dos libertos – e, em especial, o das negras alforriadas que haviam sido bem-sucedidas em seus desejos e projetos de ascensão social. Temos, portanto, o aspecto da identificação social e/ou interétnica: aquela não era uma preta qualquer, escrava subjugada, mas a negra vitoriosa que tinha conseguido a sua carta de liberdade... Muitas vezes, por sinal, os libertos se concentravam, como traço também distintivo, em determinadas ruas ou bairros da cidade. Como na Freguesia de Sant'Anna, por exemplo, onde moravam Otampê Ojaró, a fundadora do Alaketu, e Luiz Xavier de Jesus, senhor de dezesseis escravos e oito imóveis espalhados pelo bairro... E, de outra parte, temos o aspecto das joias como crachás de *status*, por assim dizer, signos mostrando a toda a sociedade envolvente que aquela negra era detentora de posses, propriedades e recursos. Era dona de escravos, imóveis e joias, vestindo-se vistosamente em suas andanças pelo espaço urbano. Ou seja: o símbolo de situação social servia para diferenciá-la da massa preta dos escravos, situá-la dentro de um grupo economicamente privilegiado de pretos ou na esfera da elite dos libertos e mostrar às classes dominante e dirigente que ela muitas vezes estava em melhores condições de vida do que diversos membros do mundo senhorial.

Mas aqueles símbolos de distinção praticamente sumiram de circulação em nosso meio. Embora tenham deixado marcas e rastros. Ainda temos atualmente exemplares dessas joias, exibidos eventualmente em museus ou galerias de arte, e guardados em raras coleções particulares. Sobrevivem também em inúmeros textos analíticos ou historiográficos, em desenhos e fotos documentais. Para não falar da esfera propriamente estética, como no caso de nossa criação poético-musical, com Dorival Caymmi cantando a indumentária da "baiana", num samba do final da década de 1930, gravado por Carmem Miranda: "O Que É Que a Baiana Tem?". Ali se fala da penca de balangandãs e rebrilham joias de crioula: brincos, correntes, rosários e as tão bonitas pulseiras de bolotas (de ouro) confeitadas, na visão daquele que é uma expressão estética concentrada da Salvador antiga, da Bahia tradicional:

> *O que é que a baiana tem?*
> *...*
>
> *Tem brincos de ouro, tem*
> *Corrente de ouro, tem*
> *Tem pano da Costa, tem*
> *Tem bata rendada, tem*
> *Pulseira de ouro, tem*
> *...*
> *Só vai no Bonfim quem tem...*
> *Um rosário de ouro*
> *Uma bolota assim*
> *Quem não tem balangandãs*
> *Ô não vai no Bonfim...*

E, já que citamos Caymmi, falando de festa, remelexo e luxo, vamos à pauta do jogo e da alegria. No caso, à etimologia da palavra *joia*. No *Webster*, lemos que a palavra inglesa *jewel* vem do francês antigo *joel* (hoje, *joyau*), que, por sua vez, viria de *jeu* (jogo, gracejo), do latim *jocus*. O *Houaiss* nos lembra que *jocus*, do latim vulgar, suplantou, na fala corrente, a forma culta *ludus*, também da semântica da recreação. Originalmente, *jocus* é gracejo, graça, mas também divertimento, brincadeira. De certa forma, como quer Eliana Gola, tudo ligado ao campo ou horizonte de *gaudium* – alegria, satisfação, prazer, gozo, regozijo. Daí que alguns estudiosos gostem de lembrar que não é por acaso que, numa língua neolatina como o italiano, os sentidos de alegria, contentamento, prazer e de adereço precioso sejam expressos por uma só e mesma palavra: *giòia*. E tudo isso vem mesmo à mente quando penso nas belas pretas e mulatas desfilando com suas joias de ouro sob o forro de cetim azul do céu da Bahia.

Mas vamos encerrar. Aqui chegando, não me sinto nada inclinado a ver a trajetória de tantas mulheres citadas neste ensaio do ângulo identitário hoje em voga. Penso que é empobrecedor demais o clichê de "resistência", que tomou conta do vocabulário esquerdista e, no caso, dos devaneios maniqueístas rudemente simplificadores de militantes racialistas deliriosos. *Sintomaticamente, quem fala de "resistência" e até de "subversão", a propósito da história das joias de crioula, suprime sem a menor hesitação o fato de que aquelas pretas eram também senhoras escravistas.* Para o racialismo identitário neonegro, o assunto simplesmente não existe... Bem. É óbvio que essas mulheres donas de joias e escravos, entre outras coisas, resistiam e reagiam. Mas fizeram muito mais que isso. Sua ação foi maior, mais dinâmica e mais rica do que meramente negadora, paralisante, defensiva. E ainda havia a ambivalência: sinhás pretas incorporavam modelos e copiavam práticas de sinhás brancas; senhores cobriam suas escravas com joias, ao tempo em que autoridades tentavam proibir tanto luxo; etc. Em suma, essas mulheres negras e mulatas foram muito menos vítimas do que agentes vitoriosas. Logo, em vez de ficar batendo na tecla surrada da "resistência", oscilando entre o ressentimento e a vitimização, é muito mais justo colocar as coisas em termos de *afirmação vitoriosa*.

QUASE UMA ANTROPOLOGIA DA JOIA 243

Volto aqui a Heloïsa Alberto Torres, que bem vê que a coisa é muito maior, mais dialética e mais prospectiva do que reza a fantasia empedernida da mera "resistência". Ouçamos: "A crioula baiana, sob a inspiração de tradições firmemente implantadas na vida familiar e religiosa brasileiras, embalada pela lembrança direta ou tradicional de uma pátria distante a que fora arrancada, resistiu no ambiente a muitos títulos avassalador que encontrou. Reagiu aos constrangimentos impostos e, numa lenta assimilação de traços de cultura das classes elevadas, que o seu juízo estimava como mais dignificadores ou mais aptos a conferir prestígio, deu surto a um novo tipo cultural. Caracterizado pela aspiração constante de subir na escala social, que lhe inspirava todos os meios de intromissão na vida íntima da família senhorial; por uma nova expressão feminina no mundo estético; pela participação direta nas atividades econômicas; por uma atuação dominante no terreno da religião que contribuiu para estruturar".

O que vimos, então, foi a história de negras vitoriosas que não só triunfaram pessoalmente a partir da sua situação de mulheres escravizadas. Conseguiram a liberdade, sim. Ganharam dinheiros, sim. Compraram joias e foram escravistas, sim. Mas, sobretudo, enriqueceram e modificaram, em amplitude e profundidade, o horizonte mental, estético e cultural da Bahia e do Brasil, como no caso de ialorixás como Iyá Nassô, Marcelina Obatossí, Otampê Ojaró, Maria Júlia e, mais tarde, Obá Biyi, Senhora e Menininha do Gantois. Engajaram-se todas elas, de corpo e alma, no processo que levou a uma vitória espetacular do mundo negromestiço na Cidade da Bahia e seu Recôncavo. Em última análise, essas mulheres intervieram criativa e poderosamente na configuração cultural brasileira. Vejo-as, portanto, não no lugar ou no papel predominantemente passivo de objetos que resistem aos choques. Mas no desempenho principalmente ativo de agentes-sujeitos que inovam e que avançam. Elas foram, mais do que reativas, proativas. E em vez de inclinadas a agonizar, decididamente decididas a protagonizar.

ANEXOS

CONTRA CARTAS MARCADAS: O IDENTITARISMO EM QUESTÃO

Para Demétrio Magnoli, Peter Fry e Yvonne Maggie.

"Uma das mais notáveis diferenças entre um gato e uma mentira é que um gato tem somente nove vidas"
MARK TWAIN, *Pudd'nhead Wilson*.

"Ici, nous avons affaire à un antiracisme scélérat, qui reproduit ce qu'il est censé combattre... C'est en réalité un néoracisme déguisé en son contraire"
PASCAL BRUCKNER, entrevista ao *Figaro*.

"... the liberal news media do what money demands" | BERNARD GOLDBERG, *Bias: a CBS Insider Exposes How the Media Distort the News*.

"Nunca pensei que a máscara do fascismo 'de esquerda' no Brasil fosse cair tão fácil como no dia de hoje...", escrevi em meu mural no *facebook* no dia 16 de fevereiro deste ano. E no dia seguinte: "Esquerda fascista quer me jogar no colo da direita fascista. Perda de tempo. Sigo firme e tranquilo na esquerda democrática". Por que isso? Respondia, aqui e ali, a uma onda de linchamento digital identitária, que não só me xingava de tudo, como prometia agressões físicas. Em cerca de três ou quatro meses, me vi envolvido num tremendo quiproquó midiático (não direi *polêmica*, que esta implica um mínimo de preparo/desempenho político e cultural), em torno do meu livro *As Sinhás Pretas da Bahia* e, sobretudo, de um artigo publicado no jornal *Folha de S. Paulo*: "Um Neorracismo Travestido de Antirracismo". Não direi que desavisadamente, bem pelo contrário. Marcos Augusto Gonçalves, o editor do caderno "Ilustríssima", da *Folha*, que publicou o artigo, foi tomado de surpresa e estava algo atordoado. Mas eu tinha avisado: é um artigo-bomba. Como avisei à turma aqui em casa. Conversei até com meus gatos e cachorros sobre o assunto (não cheguei a falar com os cágados, animais de Xangô, porque, embora distinga a quilômetros quando estão fazendo sexo, barulhentíssimos no entrechoque daquelas carapaças, não sei nada da língua deles, nem dos gestos, ou se entenderiam algumas libras)... Claro que a reação seria brutal: o fundamentalismo fascista fica apoplético quando seus dogmas são contestados frontalmente. E seu forte nunca esteve em argumentações, mas na *performance* inescrupulosa de suas milícias apedrejadoras.

Em todo caso, não posso deixar de fazer algumas anotações, à partida desta segunda edição de *As Sinhás Pretas*. Primeiro, explicativas. O quiproquó teve início a partir de uma resenha que Leandro Narloch escreveu na *Folha* sobre o meu livro — que mereceria também resenhas dos escritores Luciano Trigo, no jornal *Gazeta do Povo*, e José Neumanne Pinto, no caderno "Aliás", do *Estadão*. Com a postura democrática e a disposição para o debate político-cultural que lhe são características, os identitários pediram a demissão e — se possível — a autópsia de

Narloch. Demétrio Magnoli, num daqueles artigos certeiros e profundos que são a sua marca registrada, bateu então no fascismo identitário, na mesma *Folha de S. Paulo*. A partir daí, a confusão só fez crescer. E o que o eventual leitor ou leitora verá, em seguida a este escrito, são artigos que publiquei (ou fui impedido de publicar) na *Folha de S. Paulo*, em resposta ao quiproquó. Aproveitando o embalo, incluí aqui dois artigos estampados no Estadão (são textos que navegam nas mesmas águas, disparando contra o fundamentalismo identitário em dois aspectos cruciais: a prática sistemática da vitimização e a ação repressora da polícia da língua) e uma entrevista à revista *Crusoé*, além da Carta de Apoio que recebi, depois do manifesto pró-censura de jornalistas da própria *Folha*, exigindo que o jornal não me publicasse mais. Afora isso, segue também uma nota que publiquei no *facebook*, me despedindo do fuzuê racifascista. Aliás, quando enviei o texto "Um Neorracismo Travestido de Antirracismo" (que saiu com outro título no jornal, a eterna mania da copidescagem, fechando o foco sobre brancos & pretos, dentro dessa atual batida brasileira de copiar os Estados Unidos e reduzir a nossa questão racial à polarização brancopreta dos ianques, quando eu falava também de racismo antiasiático e, especificamente, racismo antijudaico), comentei com o editor da "Ilustríssima" que iria dar um tempo com relação ao tema, não sem antes publicar mais uns três artigos que estavam (e estão) na minha cabeça. Ah, por falar em copidescagem: reproduzo os artigos, aqui, da forma como os escrevi, retirando intromissões como a do copidesque da *Folha*, que, não sei a razão, implicou com o meu emprego da conjunção adversativa "mas", substituindo-a por "porém" (se quisesse ter escrito "porém", eu teria escrito — mas essa turma de revisão/copidescagem é incorrigível: regra geral, embora não saiba escrever, insiste em meter umas passas ressequidas na salada de frutas dos outros). Pretendia dar uma "parada" por uma razão simples. Em 2007, quando foi publicado meu livro *A Utopia Brasileira e os Movimentos Negros*, passei anos sem voltar ao tema. Porque existem assuntos sobre os quais você não pode escrever sem levantar poeira. E, com isso, você é cercado pela mediocridade. Se der bobeira, a mediocridade acaba aprisionando-o ali. Pautando seu desempenho. Prendendo-lhe nos mesmos tópicos. E me recuso a ser pautado pela mediocridade agressiva do identitarismo. Durante o tempo em que passei programaticamente ao largo de imbecilidades racialistas, escrevi um romance, *Que Você É Esse?*, e três volumes dedicados à vida nas casas e cidades brasileiras: *A Cidade no Brasil* (2012), *Mulher, Casa e Cidade* (2015) e *A Casa no Brasil* (2019). Era o que pretendia, quando falei com o editor do jornal que ia dar um tempo com relação a identitarismos e racifascismos. De fato, já estava escrevendo um ensaio, que finalizei no meio mesmo do quiproquó: "A Polis de Palas Atena no Espelho".

Mas vamos ao que interessa. Cheguei a pensar em organizar um livro-dossiê sobre o assunto. Somaria, ao que vai aqui, uma seleta de ótimos textos que saíram na imprensa sobre o assunto. Mas alguém teria que fazer isso, já que não tenho disposição, nem faço a menor questão de ser o museu de mim mesmo. Passo, então, a discutir o assunto. Fragmentariamente. Compondo um mosaico, na convergência dos alguns pontos que levanto a seguir. Quanto ao artigo censurado pela *Folha*, foi o seguinte. Escrevi uma resposta geral aos meus detratores. O jornal avisou que não publicaria porque já tinha dado "o episódio como encerrado". Mas continuou publicando ataques a mim. Reclamei da postura parcial e da censura, claro. A *Folha* então me ofereceu espaço para minha resposta na seção "Tendências/Debates". Enviei o artigo. Fui informado de que publicariam no dia 20 de fevereiro, um domingo. Não o fizeram. Adotaram, *na prática* (no discurso, a conversa é outra), a censura proposta no supracitado manifesto. Por essa — e por muitas outras coisas — é que tenho dito que a *Folha* corre o risco de se converter em pasquim identitário.

1

Começo fazendo três afirmações diretas, de modo que fique claro a que venho. Primeira: raras vezes, na história política e intelectual do Ocidente, causas fundamentalmente justas, como as dos grupos e movimentos identitários, terão se perdido e se pervertido pelos descaminhos da mentira, da trapaça, da ignorância, da violência e do autoritarismo. A segunda: sob o signo de Foucault e seus rebentos, a ideologia multicultural-identitária se configura como uma mescla de ceticismo radical, na teoria, e de delírio persecutório, na prática (*délire paranoïaque* foi expressão usada recentemente por Eugénie Bastié, em artigo no *Figaro* sobre as "frutas venenosas" do movimento), descambando, no fim da linha, para o fundamentalismo e o fascismo. De uma parte, fantasia-se a emergência de um poder asfixiante em cada milímetro da vida e do mundo: tudo é conspiração contra os "oprimidos". De outra, o relativismo pós-moderno tudo reduz ao estatuto de mera "construção social". Em resumo: o poder está em todo lugar – a verdade, em nenhum. Como a verdade é um fantasma, o que resta de real é a opressão, a perseguição, base dos chamados *safe spaces* tão típicos da cultura da vitimidade, que pontilham atualmente a paisagem dos *campi* da matriz norte-americana. A terceira afirmação nos toca de mais perto. Não teremos como construir um futuro coletivo comum com base no fragmentarismo, na guetificação, no neorracismo e no neossegregacionismo que caracterizam ostensivamente a práxis multicultural-identitária, hoje ideologia dominante tanto no *establishment* universitário, quanto na elite midiática e em boa parte do ambiente empresarial.

Recentemente, o jornalista argentino Alejo Schapire, em entrevista à *Letras Libres*, a propósito do lançamento do seu livro *La Traición Progresista*, considerou que esta esquerda multicultural-identitária teve de dar um cavalo de pau formidável para jogar fora o antigo ideário marxista e chegar a se associar à intolerância, ao puritanismo, ao totalitarismo terceiro-mundista, ao obscurantismo, ao antissemitismo ou ao neorracismo de um modo geral. Em *O Fim da Utopia*, Russell Jacoby assinalara já a tremenda reviravolta: "Estamos assistindo não apenas à derrota da esquerda, mas à sua conversão e talvez inversão". Voltando a Schapire, para ele, como para muitos outros (Pascal Bruckner, por exemplo), o ano de 1989 – ano da queda do Muro de Berlim e da fátua do aiatolá Khomeini colocando a prêmio a cabeça do poeta Salman Rushdie, em resposta à publicação de *Os Versos Satânicos* – se destaca como marco dessa "traição progresista". Como momento em que se expõe claramente a fratura mundial entre duas esquerdas:

a esquerda universalista, emancipatória e antiautoritária, à qual, com uma que outra ressalva, me filio — e uma "esquerda emergente", de caráter identitário, cultora de uma curiosa e nefasta absolutização do relativismo epistêmico e antropológico, disposta a fechar os olhos a opressões étnicas e sexuais em sociedades africanas, árabes, islâmicas em geral ou asiáticas, e até a aceitar o obscurantismo religioso. Em todo o espectro político, foi essa vertente neoesquerdista, digamos assim, a que mais procurou (e pensa ter encontrado) justificativas para o atentado terrorista contra o jornal francês *Charlie Hebdo*, por exemplo, e agora aplaude a segunda chegada do Talibã ao poder, em Cabul. Com a desintegração da antiga União Soviética, na verdade, o comunismo e o socialismo tradicionais entraram em parafuso, perdendo os seus pontos de apoio. Assim, a esquerda emergente, identitária, apostando em qualquer direção supostamente contrária ao "imperialismo ocidental", adotou o muçulmano ou o negro, fantasiando-o de arquétipo do "oprimido", como sucedâneo do proletariado. Uma aposta no escuro, claro. Como bem lembra o jornalista argentino, se Sartre e Foucault se deixaram fascinar pela revolução no Irã, "os jovens esquerdistas iranianos que foram seduzidos por aquela revolução não viveram para contar sobre ela". E estes são temas que não têm sido debatidos pela esquerda brasileira. Observando a paisagem, vejo não só que hoje temos uma esquerda de costas para o mundo — como nossos partidos políticos *soi disant* de esquerda estão mais próximos do Magazine Luiza do que de Leonel Brizola.

A própria neoesquerda descambaria para o fanatismo. Para o fundamentalismo identitário. Mais Schapire: "O problema é quando a esquerda regressiva se converte em patrulha moral dedicada a vigiar e punir quem se aparta de seu revisionismo histórico anacrônico à luz da nova moral em voga [um neopuritanismo de esquerda!], de seu macartismo (cultura do cancelamento), da novilíngua e seus códigos. É uma nova esquerda obcecada por raça e sexualidade ["... uma investida essencialista que reduz as pessoas a suas identidades étnicas e sexuais"] e disposta a atacar a liberdade de expressão de democratas e universalistas". Passa-se ao largo, aqui, do simples fato de que a liberdade de expressão não se resume, de modo algum, ao poder falar, mas também, e penso que principalmente, à possibilidade de que um outro possa apresentar uma réplica à sua fala. Porque o que mais temos hoje são milícias de militantes ferozes que querem calar toda e qualquer réplica. Isto é, autoproclamados libertários atuando como liberticidas, paradoxo do ataque à liberdade de expressão em nome da liberdade. Com o discurso dominante fazendo de tudo para enclausurar a dissidência no vazio e no silêncio. Como bem disse Theodore Dalrymple (no escrito "O Homem que Previu os Distúrbios Raciais"), "o real propósito daqueles que defendem a denominada diversidade cultural é a imposição da uniformidade ideológica". Instaurou-se assim um ambiente policialesco no mundo das ideias e do comportamento. São as ações das milícias multicultural-identitárias, sejam digitais ou presenciais: polícia da língua, polícia do sexo, polícia do desejo, polícia das condutas, polícia das artes, polícia do pensamento.

2

Tudo vai convergindo para que este ano de 2022, assinalando os duzentos anos da existência do Brasil como nação, seja o marco do apogeu do multiculturalismo e da política identitária no país, com sua busca obsessiva e agressiva de desconstrução nacional. É o que vamos assistir ao longo deste ano: o movimento para a transformação do Brasil num campo racial cada vez mais norte-americanamente polarizado (a "diversidade" no Brasil foi reduzida a isso: uma polarização entre brancos e pretos), o empenho no fracionamento étnico, o eterno discurso a-histórico contra o "macho branco ocidental", aqui representado por senhores escravistas lusitanos. Vimos a encenação do primeiro ato desta peça no ano 2000, que marcou a passagem do primeiro meio milênio da existência histórica do nosso país. Agora, teremos a farsa reencenada, mas em outro contexto. Com todos os seus cenários, personagens, elementos e adereços. Com aplauso da universidade, do mundo político, do meio empresarial à Natura, Magazine Luiza, gigantes do mercado de proteínas, alguns banqueiros, diversos *shopping centers*. E com apoio praticamente unânime do grande empresariado da comunicação, da elite midiática brasileira, entre a *Folha de S. Paulo* e a Rede Globo, em especial... Sabemos muito bem que o multiculturalismo representa uma variante deliriosa da noção marxista de nação. Para o marxismo, a nação é um artifício para anestesiar e manter sob controle a classe dominada, o proletariado. O multiculturalismo combate a nação com outra fantasia: não existe nação — toda pretensa nação é, na verdade, um mosaico de diversas "nações" (a dos índios, a das bichas, a dos pretos, etc., etc.) que vivem dominadas, sob opressão estatal. E seu objetivo é desconstruir e desintegrar a nação, apostando em guetos, fracionamentos e separatismos. Sim: em vez do convívio, a separatriz. E o fato é que já estou ficando cansado de repetir uma constatação óbvia demais: o multiculturalismo, tanto em seus discursos quanto em sua consequência prática, é um *apartheid* de esquerda. Por sinal, não devemos confundir o grupismo natural, "espontâneo", que se manifesta em nossa vida social (grupismo de estudantes num colégio, de uma empresa ou profissão, de fãs de uma estrela do "entretenimento", de moradores de uma rua, bairro ou condomínio, etc., etc.), e a ideologia grupocêntrica do identitarismo. Entre os séculos XVI e XVII, o *metaphysical poet* John Donne escreveu o verso hoje famosíssimo: *no man is an island*, nenhum homem é uma ilha. Hoje, no avesso disso e numa época que nada tem de insular, o multicultural-identitarismo defende não só que cada grupo é uma ilha, como cada cultura deve ser um clube fechado. A consequência dessa postura segregacionista é a recusa da nação. Em nosso caso, obviamente, a negação do Brasil: o que teríamos aqui, entre o Oiapoque e o Chuí, não seria exatamente uma nação, mas uma colcha de retalhos, um *patchwork* de grupos e culturas, mantidos sob ostensivo e opressivo controle estatal. De forma até generosa e de uma perspectiva geral, em *O Multiculturalismo como Religião Política*, o sociólogo canadense Mathieu Bock-Côté desenha o seguinte panorama:

> Seria preciso derrubar a nação de seu pedestal, repelir sua hegemonia na definição do espaço público e passar do mito da uni-

dade da comunidade política à necessária institucionalização da diversidade, o que implica, evidentemente, abrir o espaço público à diversidade das reivindicações marginais ou minoritárias, que não raro tomam a forma de reivindicações identitárias. A nação agora é meramente uma maioria, não histórica, mas demográfica, cuja soberania é então contestada; a comunidade política deve se desinvestir de seu particularismo histórico para reordenar as relações intercomunitárias numa perspectiva explicitamente igualitária. É preciso buscar uma inversão da relação de poder que a maioria exerceria sobre a minoria, o que implicará redefinir a soberania democrática invertendo sua significação: não se deverá garantir a plena expressão da maioria, mas sua neutralização, para suscitar o advento político das minorias. A nação deverá, portanto, abrir-se para a diversidade, e mesmo apagar-se diante dela, pois a sociedade deve conceber a si mesma a partir de agora como uma constelação sem ponto fixo que ordene de modo autoritário as identidades e as representações sociais. O achatamento histórico da comunidade política, sem relevo identitário, o nivelamento de todas as comunidades que aí se encontram, independentemente de seu enraizamento histórico, seria a primeira condição de uma identidade coletiva democrática. O desafio do multiculturalismo é claro, do ponto de vista da filosofia política: a deliberação pública deve incidir não apenas sobre o ordenamento da comunidade política, mas também sobre sua própria definição, e mesmo sobre sua existência – sua identidade.

A nós restaria restaurar ou reinstaurar *apartheids* perdidos (ironicamente, num momento da história do mundo em que não se pode descartar a possibilidade de que a humanidade venha a se tornar uma espécie interplanetária)... pois este seria o mundo ideal, a sonhada sociedade justa do futuro, onde não haveria mais a humanidade em busca da plenitude, mas humanidades realizando-se fragmentariamente, como se isto fosse possível. Estamos, obviamente, diante de mais uma manifestação utópico-escatológica, de mais um milenarismo de base judaico-cristã (coisa de macho branco ocidental, sim, mesmo que a ignorância identitária não tenha ideia disso) e, entre o messianismo genérico e a prática efetiva, o abismo, como sempre, é gigantesco. Muito se fala de reconhecimento do outro e das diferenças, etc., mas o que vemos são grupos autocentrados, voltados para si mesmos, fixando linhas divisórias cada vez mais ostensivas, como, por exemplo, no caso dos pretos norte-americanos desenvolvendo discursos e deflagrando ações racistas contra judeus, coreanos e chineses. De fato, estamos mesmo no polo oposto ao do pensamento antropológico. Em vez de abertura para o outro, para o diferente ou o diverso, o que vejo é a guetificação, o mais deslavado e desvairado etnocentrismo. Ou, se preferirem, podemos falar de uma postura estreitamente grupocêntrica diante do mundo. Coisa que vai se refletir de forma crescentemente poderosa, inclusive, em nossos futuros processos políticos e eleitorais, ampliando o precedente chileno de determinar cotas sexuais e rácico-culturais para uma Assembleia Constituinte. Schapire chamou a nossa atenção também para isso: "As pessoas já não votam por argumento para escolher um melhor projeto coletivo de sociedade e país, mas pelo *status* que cada partido promete dar à sua 'tribo', à qual se pertence por determinismos de nascimento". E a militância avança recorrendo a expedientes francamente fascistas. Ou seja: mais uma vez, a propalada grandeza dos fins se corrompe na baixeza dos meios acionados para supostamente alcançá-la. E uma observação lateral: identitários gostam de se apresentar como "minorias" – e "minorias" marginalizadas. Não adoto esse tratamento. Primeiro, porque os pretos, por exemplo, só se dizem "minoria" quando isso lhes é conveniente, fazendo dos "pardos" massa de manobra. Segundo, porque só reconheço a existência de quatro minorias no Brasil: a dos ricos, a dos intelectuais, a dos honestos e a dos ateus...

3

O multicultural-identitarismo centra-se também, portanto, na afirmação de que toda nação é uma fantasia para manter os oprimidos anestesiados. É uma superentidade para garantir a hegemonia branca. Para negar que toda nação é feita de várias nações, a dominante e as dominadas. Russell Jacoby: "Multiculturalismo significa receber de braços abertos tudo que venha passando pelo pedágio da história: cada caminhão é considerado uma cultura, e alguns até são promovidos a 'nações', como a 'Nação das Bichas'. A questão é saber como o gênero ou a pan-etnicidade vem a constituir uma nova cultura, para não dizer uma nação". É nessa direção que multiculturalistas como Stanley Aronowitz e Henry Giroux, em *Education Still Under Siege*, falam em passar ao largo da cidadania nacional, em favor de uma opção pela "cidadania cultural", que é francamente grupocêntrica – vale dizer, uma "cidadania" fundada na identidade de negro, de mulher ou de "latino" (esta "etnia" produzida pela arrogância etnocêntrica norte-americana). "Cidadania cultural" significa então uma "comunidade de oprimidos" e uma recusa da nação, que não passaria de um leviatã opressor, atropelando todas as diferenças. E eles conseguiram exportar isso para o planeta, generalizando a prática de torcer e distorcer a história até provar que a construção de uma nação e de um povo é sempre criminosa, implicando invariavelmente a total e cruel vitimização dos mais fracos política, econômica e/ou militarmente. Veja-se o que acontece entre nós: entre decalques e recalques, nossos movimentos negros mimetizam os movimentos negros norte-americanos. E também aqui a nação se vê sob bombardeio político-ideológico, com base em esquematismos e falsificações históricas. O objetivo maior: mostrar que não existe uma nação brasileira, mas um conjunto desconjuntado de "nações" dentro de uma extensão territorial que falsamente tratamos como se fosse uma só nação. E o irônico é que isso venha à luz num momento histórico-social em que a sociedade brasileira atingiu o seu mais alto grau de homogeneidade cultural.

Volto a Bock-Côté, que sintetiza: "O verdadeiro alvo dessa historiografia vitimária é a nação, que em sua construção histórica teria esmagado uma diversidade identitária muito complexa, por meio de práticas estatais características do racismo mais batido, por exemplo, buscando explicitamente assimilar as populações imigrantes ao cadinho nacional pelo uso de práticas mais ou menos coercitivas. Não existe nação que tenha sido poupada da síndrome do arrependimento. No fim das contas, a nação não passaria de uma ficção cultivada em benefício das classes dirigentes ou de uma maioria étnica que encontraria os meios de apagar, em sua celebração enfática do destino coletivo, as divergências de classe, a diversidade das identidades e a pluralidade dos interesses categoriais que se entrechocam. A referência à nação disfarçaria mais ou menos grosseiramente, segundo as épocas, os interesses exclusivos das camadas superiores da sociedade. A esquerda pós-marxista volta às origens da nação para aí detectar o sinal primordial de uma violência ilegítima, que a historiografia teria justificado, mas que uma sociedade que se renova pela abertura ao outro não poderia tolerar de maneira alguma. Segundo a formulação de Étienne Balibar e de Imanuel Wallerstein, 'o racismo está ancorado nas estruturas materiais (inclusive as estruturas físicas e sociopolíticas) de longa duração, que aderem ao que se chama identidade nacional'. A identidade nacional seria racista. O debate sobre a história nacional – ao menos no espaço público – suscita, portanto, implícita ou explicitamente, segundo os contextos, a questão da perpetuação da identidade nacional e da manutenção da soberania nacional".

Não vai ser nada fácil. De uma parte, o desejo intenso de desmoralizar e destruir a experiência brasileira existe, contando hoje com o apoio da elite midiática, que acha que sua sobrevivência material depende disso. Em 2022, diante dos duzentos anos da nação, os "opressores" serão convocados a revisitar de uma ponta a outra uma (suposta) história nacional feita sob medida, revendo todos os seus crimes e sendo intimados a se desculpar. Mas, se quisermos um mínimo de justeza nessa viagem, para além de todo o delírio penitencial, cada grupo "oprimido" deverá ser igualmente convocado a revisitar os momentos mais pesados e sombrios de sua trajetória. A começar pela escravidão que índios e africanos praticaram longamente em suas sociedades de origem, muito antes de qualquer contato com europeus. De outra parte, ao apontar para o futuro, utopicamente, o multicultural-identitarismo pretende substituir o Estado-Nação por um Estado Diversitário ou um Estado Ideocrático, ao qual se chegaria depois de um interregno ditatorial que, pelo que a história pode nos ensinar, nada teria de interregno. Em vez da velha ditadura do proletariado, para a qual apontava o marxismo clássico, teríamos a nova ditadura multicultural-identitária, fantasia nascida do deslocamento focal da base econômica para a dimensão cultural da sociedade. Um novo e asfixiante "despotismo esclarecido", fundado nos "direitos humanos". Nesse caminho e dessa perspectiva, é indispensável desqualificar a nação. E é muito curioso notar como os discursos do neoliberalismo e do multiculturalismo se dão firmemente as mãos em seu propósito antinacional. São discursos que brotam do solo ou do horizonte comum da globalização, irmanando ativistas e grandes empresários. De uma parte, a burguesia internacional ou, para dizer de um modo mais geral, as elites globalizadas não querem saber de falar de nação. Querem se descolar de territórios, abolir fronteiras, transcender limites. Em *Comunidade — A Busca por Segurança no Mundo Atual*, o sociólogo polonês Zygmunt Bauman, ao falar da "secessão dos bem-sucedidos" no mundo globalizado, observa: a nova elite global é extraterritorial e cultiva a extraterritorialidade. (Neste sentido, cita um "executivo" da Nike dizendo que, em breve, "as únicas pessoas a se preocuparem com fronteiras nacionais serão os políticos". Me lembro também de um "executivo" ainda mais enfático, afirmando, em inícios da globalização, que uma fronteira entre nações era tão real quanto a linha equatorial.)

Bock-Côté vai no mesmo passo: "A 'direita modernista'... celebra a redenção do gênero humano por sua conversão ao mercado mundial, terreno de jogo ideal de um indivíduo desligado do território, liberado das restrições decorrentes do pertencimento a um corpo político". De outra parte, e na mesma direção, temos a mencionada noção identitária de "cidadania cultural" (uma "comunidade de oprimidos") esforçando-se para substituir a cidadania nacional. Aqui, a "comunidade de oprimidos" de um país (pretos, por exemplo) pode estabelecer vínculos com a de outro país. Pertencem ambas à mesma "cidadania cultural" – que assim podemos ver como uma versão reduzida, guetificada, fragmentária, do velho "internacionalismo proletário" dos marxistas. Ou seja: as duas ideologias, a do neoliberalismo e a do multicultural-identitarismo, partem de princípios e premissas distintos – para ancorar, em última análise, no mesmo propósito: a desconstrução nacional.

Mas devo fazer ainda outro giro, a fim de sublinhar outra convergência espantosa, embora não surpreendente, entre as posições da esquerda identitária e da extrema direita. Não é a primeira, como vimos, nem será a última. Esses polos supostamente opostos coincidem no combate racista à miscigenação e às mestiçagens – e o fazem com o mesmíssimo argumento: mestiçagem é genocídio. É um discurso de preservação racial, que aponta, em última análise, para a defesa e instauração de *apartheids*. E também aqui, no campo da cultura, esquerda identitária e extrema direita coincidem fundamentalmente na mesma postura preservacionista e isolacionista, igualmente conduzindo a *apartheids*. É o casamento do multiculturalismo e do "etnopluralismo", filhos de pais que se dizem inimigos.

Vejam: a ideologia multicultural-identitária da esquerda e a ideologia etnopluralista da direita (formulada, ao que se diz, pela *nouvelle droite* francesa e hoje acionada pela direita radical tanto na Europa como nos Estados Unidos, em resposta ao adensamento das movimentações migratórias não-brancas) partem de premissas dessemelhantes, mas para chegar à mesma conclusão: a necessidade de impor isolamentos, *apartheids* simbólico-culturais. É o neossegregacionismo contemporâneo em cena, expressando-se em extremos supostamente opostos do espectro político, aqui irmanados no preservacionismo tradicionalista, no racismo e no autoritarismo. Militantes racialistas negros e militantes racialistas brancos, de resto, também se dão as mãos para detonar a ideia de *melting pot*, como uma miragem forjada pelo *establishment*. O que tanto um extremo quanto o outro querem, para lembrar palavras de Michele Prado em *Tempestade Ideológica*, é "um retorno à tradição, às comunidades homogêneas e aos valores culturais (sistemas patriarcais e hierárquicos) que foram destruídos, segundo seus crentes, pelo liberalismo [e a globalização]". É a mesma ânsia, o mesmo afã, portanto, na esquerda identitária como na direita radical, em porta-vozes do multiculturalismo como em Marine Le Pen, de impedir contatos, impugnar misturas, bloquear escolhas. É a mesma guerra para sitiar "comunidades" e barrar contágios, em regime de autismo antropológico. Enfim, temos o identitarismo de esquerda e o identitarismo de direita como irmãos gêmeos inimigos um do outro, como siameses que pensam e querem a mesma coisa, ainda que se odiando mortalmente. E a liberdade cultural é o que há para ser destruído. Sim. Num caso, como no outro, a mesma coisa é ameaçada, reprimida, sufocada: a liberdade, em seu sentido mais amplo – dentro da qual devemos sublinhar a liberdade das escolhas culturais.

4

Mark Lilla tem afirmado que a projeção da "antipolítica" de Ronald Reagan teve sua contrapartida na projeção da "pseudopolítica" identitária. Vejamos – sem economizar citações. "Graças a novos eletrodomésticos e ao automóvel, as donas de casa nos anos 1950 ficaram mais independentes e livres de tarefas cansativas, mas também mais isoladas e distantes de oportunidades de trabalho. Nos anos 1960, a dona de casa frustrada tornou-se um estereótipo de nossa literatura e nossos filmes, e logo *la pasionaria* de uma nova onda feminista [a de Betty Friedan, Gloria Steinem e Germaine Greer]. A pílula anticoncepcional, o divórcio sem culpabilidade e o aborto legalizado deram a maridos e mulheres independência erótica um do outro. [...]. Mães, também conforme o esperado, logo se viram lutando sozinhas para criar os filhos. Nas décadas seguintes a vida mudou também para os filhos. [...]. Moravam em condomínios fechados, onde jamais foram ensinados a dar um passeio ou a conhecer pessoas... No fim, os filhos iam para a faculdade, quase sempre muito longe de casa, e ao se formar ingressavam na nova classe urbana das pessoas independentes de vinte, trinta e tantos anos, sem responsabilidade para com ninguém, a não ser consigo mesmas. Viam os pais e os irmãos em visitas apressadas nos feriados, isso quando não se limitavam a manter contato pela internet. Até finalmente se casarem, irem morar no subúrbio e o ciclo recomeçar. Tornamo-nos uma sociedade burguesa hiperindividualista, tanto materialmente como em nossos dogmas culturais. Quase todas as ideias, crenças ou sentimentos, que antes abafavam a perene demanda norte-americana por autonomia individual, evaporaram. Opção *pessoal*. Direitos *individuais*. *Auto*definição. Pronunciamos essas palavras como se fossem votos matrimoniais. Nós as ouvimos nas escolas, na televisão, em salas de reunião abafadas de Wall Street, nos cercadinhos iluminados do Vale do Silício, na igreja – até mesmo na cama. Nós as ouvimos com tanta frequência que achamos difícil pensar ou falar sobre quaisquer outros assuntos que não sejam esses termos egocêntricos. E portanto era de esperar que uma hora dessas nossa política nos acompanhasse e fosse infectada pelo mesmo egocentrismo, e que nosso vocabulário político fosse revisto para corresponder à nova realidade".

Foi nessa conjuntura que Ronald Reagan deu o ar de sua graça – e nocauteou, naquele *match*, a esquerda liberal democrata, que o tratava como bronco, papagaio repetidor de frases que alguém escrevia para ele. Mas Reagan sabia o que estava fazendo. Aproveitou o esvaziamento do sentimento de solidariedade, que fazia com que os norte-americanos achassem que necessitavam uns dos outros, e lhes ofereceu um conceito novo e antipolítico de tudo, que correspondia ao que se estava vivendo no espraiar suburbano estadunidense. "Ele recorreu a velhas metáforas, já existentes no imaginário nacional nos tempos pré-Roosevelt: imagens de colonos e pequenos proprietários rurais autossuficientes, de famílias agradecendo a Deus pelo alimento concedido, de virtudes simples ameaçadas pela vida urbana, de uma elite profissional egoísta explorando os menos instruídos e de potentes forças armadas resistindo a um perigo evidente e imediato. Mas teve a sutileza de atualizar essas imagens para uma classe nova e muito diferente de americanos, em sua maioria brancos. As famílias rurais tirando água do poço enquanto vacas mugiam, agora davam lugar a moradores de conjuntos residenciais, onde o único som que se ouvia à tarde era o tique-tique-tique dos irrigadores de jardim", escreve Lilla. Para acrescentar que a visão reaganiana era simultaneamente nostálgica e futurista, convencendo os norte-americanos de que a *âge d'or* ainda estava ao alcance deles. Lilla: "Era de esperar que, diante de uma nova imagem antipolítica do país, os liberais revidassem com uma visão imaginativa, otimista, do que nós, como americanos, compartilhamos e do que juntos poderíamos conseguir. Em vez disso, eles se perderam no matagal da política identitária e desenvolveram uma retórica da diferença – ressentida, desagregadora – para competir com ela. [...] Em vez disso, ficaram encantados com os movimentos sociais [...]. Era de esperar que, diante do dogma de individualismo econômico radical que o reaganismo tornou aceitável, os liberais usassem suas posições dentro das nossas instituições educacionais para ensinar aos jovens que eles compartilham um destino com seus compatriotas e têm obrigações para com eles. Em vez disso, treinaram os alunos para serem exploradores de caverna da própria identidade, tirando-lhes qualquer curiosidade pelo mundo que há fora de sua cabeça".

Foi uma mudança estranha – e complementar: da antipolítica de Reagan à pseudopolítica dos multicultural-identitários. Ambas sob o signo do indivíduo, do individual, do individualismo — constelando-se apenas no grupocentrismo, também fragmentário e fragmentador. Daí a frase que tanta celeuma gerou: "Identidade não é o futuro da esquerda. Identidade é reaganismo para esquerdistas". Aqui, o romantismo político, que vinha do Maio de 1968 francês e da contracultura norte-americana (com sua alma sentimental, sua ênfase na emoção, seu foco na transformação do indivíduo), assentou-se distorcidamente, mas de vez. O problema é que com uma tremenda dose extra nas veias: as identidades. E identidades desencadeiam obviamente forças centrífugas, gerando facções, ficções e grupúsculos sempre mais reduzidos, a caminho ideal da "minoria de um", de que falava Thoreau. "Na política de movimentos, as forças são todas centrífugas, incentivando a divisão em facções cada vez menores, obcecadas com problemas exclusivos e praticando rituais de suposta superioridade ideológica". Superioridade moral e ideológica, na verdade. E esses múltiplos e incessantes fracionamentos, essa cissiparidade permanente, acaba dinamitando o próprio indivíduo, que se esfacela em vários e se esfarinha em muitos. Quem reina é o grupo. Cada grupo. Um abismo insuperável se abre entre o travesti e o transexual, entre a mão e a luva, entre a unha e a carne. Entre a lésbica branca e a heterossexual preta. Lilla, uma vez mais: "A nova esquerda [no sentido da *new left* de Tom Hayden e companheiros] foi dilacerada por todas as dinâmicas intelectuais e pessoais que afligem qualquer esquerda, com um acréscimo: a identidade. As divisões raciais logo se desenvolveram. Os negros se queixavam de que os líderes eram, na maioria, brancos — uma verdade. As feministas se queixavam de que quase todos eram homens – outra verdade. Em seguida, as mulheres negras se queixavam ao mesmo tempo do sexismo dos homens negros radicais e do racismo implícito das feministas brancas – que por sua vez eram criticadas pelas lésbicas por presumirem a naturalidade da família heterossexual. O que todos esses grupos queriam da política era mais do que justiça social e o fim da guerra, embora de fato quisessem essas duas coisas. Queriam também que não houvesse espaço entre o que sentiam dentro de si e o que faziam no mundo lá fora. Queriam se sentir em comunhão com movimentos políticos que refletissem a compreensão e a definição que faziam de si na qualidade de indivíduos. E queriam que essa autodefinição fosse reconhecida".

Na minha modesta opinião, quem está atrás disso não deveria procurar um movimento ou partido político, onde só irá encontrar frustração. Melhor procurar uma seita (mesmo que seita identitária, como se apressaram a fazer) ou mergulhar em algum tipo de terapia, seja lá qual for – do misticismo junguiano às fantasias orgásticas de Reich, por exemplo. Em seu livro *O Fim da Utopia*, Russell Jacoby tocou justamente nesse ponto, ao dizer que o tal do desejo de reconhecimento lhe sugeria conversa fiada sobre autoestima, lenga-lenga "psi". Lilla está certo, ainda, quando diz: "O que importa, nesses modismos acadêmicos, é que eles dão uma pátina intelectual ao individualismo radical que praticamente tudo o mais em nossa sociedade encoraja". Não é outra coisa o que pensa Slavoj Zizek, ao afirmar que o identitarismo seria uma espécie de expressão específica – política – do individualismo engendrado e generalizado pela sociedade de mercado. Bem. Penso que a alienação hiperindividualista (como a grupocêntrica) precisa ser combatida e superada, assim como combatidos e superados devem ser todos os *apartheids* de esquerda. Na epígrafe mesma de seu livro, por sinal, Lilla cita, a este respeito, palavras precisas do senador liberal Edward Kennedy, ditas já em meados da década de 1980, a propósito, mais imediatamente, de descaminhos do Partido Democrata: "Precisamos entender que há uma diferença entre ser um partido que se preocupa com o trabalho e ser um partido trabalhista. Há uma diferença entre ser um partido que se preocupa com as mulheres e ser um partido feminista. E podemos e devemos ser um partido que se preocupa com as minorias sem se tornar um partido das minorias. Em primeiro lugar, somos cidadãos". E o próprio Lilla, ao tirar algumas lições preciosas de tudo isso: "As três primeiras [lições] têm a ver com prioridades: a prioridade da política institucional sobre a política de movimentos; a prioridade da persuasão democrática sobre a autoexpressão sem propósito; e a prioridade da cidadania sobre a identidade grupal ou pessoal. A quarta está relacionada à necessidade urgente de educação cívica num país cada vez mais individualista e atomizado".

De minha parte, eu só não seria tão categórico acerca da "primeira lição". Falaria de uma prioridade *relativa* da política institucional, sem absolutizar a questão. Quanto à dimensão cívica, ela me leva a uma breve comparação. Em agosto de 1969, no festival de Woodstock, Jimmi Hendrix executou de forma realmente espetacular, esplêndida mesmo, "Star-Spangled Banner", o hino dos Estados Unidos. Agora, cerca de meio século depois, Lady Gaga cantou o mesmo hino na posse de Joe Biden. E como as circunstâncias e os projetos mudaram entre uma apresentação e outra! Quando penso em Hendrix naquele dia já distante da viagem contracultural, vejo um anjo mestiço, anarcorromântico, com seu virtuosismo barroco, seu experimentalismo guitarrelétrico, desarticulando totalmente, desmantelando mesmo, a melodia careta do hino. Era a contestação político-cultural do *establishment* se expressando com rara ousadia na dimensão estético-musical. Dava para lembrar o verso de Sousândrade: bandeira estrelada em farrapos se viu. Cinquenta anos depois, na celebração da vitória da democracia norte-americana sobre o pré-neandertalense Donald Trump, a cena era completamente outra. Recuperava-se ali o senso cívico e um sentido de nação. As pessoas, a começar por uma emocionada Lady Gaga, não tiveram vergonha de ficar de pé para ouvir o hino nacional. Em vez do estilhaçamento levado a cabo por Jimmi Hendrix, vimos uma Lady Gaga cuidando preciosamente da integridade de cada sílaba, mesmo em seus volteios e floreios canoros. Não vou julgá-los esteticamente. Hendrix, embora tenha morrido tão jovem, era um artista superior. O que quero dizer é que, assim como estraçalhar musicalmente o hino dos Estados Unidos foi a cara da contracultura, encará-lo agora na pauta da emoção cívica, como Lady Gaga o fez, correspondeu integralmente ao momento que estamos vivendo. E, longe do confuso mosaico narcísico do identitarismo, o que rebrilhou ali foi a chama maior da coletividade. Mas... naquela mesmíssima ocasião, escrevi: Biden não perde por esperar — as batatas quentes do identitarismo não irão demorar a cair ferventes no colo dele.

5

A. Tanto o Maio de 1968 quanto a contracultura foram movimentos que passaram da crítica tradicional que os marxistas faziam ao capitalismo à crítica geral e radical da civilização ocidental em seu conjunto. É o que logo concluímos ao atentar para observadores do período. Eles percebem que a crítica cultural tomou o lugar da crítica econômica – e o que está em questão, agora, é o Ocidente. Ouça-se Jean-François Revel, em *Nem Marx, nem Jesus*: "A metamorfose dos costumes, a revolta negra, o assalto feminino contra a dominação masculina, a rejeição pelos jovens dos objetivos sociais ou pessoais exclusivamente econômicos e técnicos, a adoção generalizada de métodos não coercitivos na educação das crianças, a culpa diante da pobreza, o apetite crescente por igualdade, a eliminação do princípio da cultura autoritária por uma cultura crítica e diversificada, mais inventiva que transmitida, o desprezo pelo brilho do poder nacional como objetivo da política externa, a necessidade de fazer a proteção do meio natural passar antes do lucro, nenhum desses pontos quentes, na insurreição dos Estados Unidos contra si mesmos, está separado dos outros". E o ideário daquele período ganhou o espaço público, já a caminho do final do século passado. Uma vitória da esquerda radical, sim – mas que demoramos a percebê-la como tal, face à extensão acachapante do triunfo. Bock-Côté vai salientar isso, no caminho do Philippe Raynaud de *L'Extrême-Gauche Plurielle*, escrevendo: "Segundo ele [Raynaud], embora a esquerda radical continue a existir, ao que parece já não é possível identificar claramente sua influência e as lutas que ela privilegia. Como corolário disso, é difícil contabilizar seus ganhos e mesmo notar suas aparições, na medida em que mais ninguém busca reconhecê-la como tal, exceto em suas manifestações mais caricatas, do âmbito do anarquismo encapuzado, vulgar, grosseiro e afeito ao quebra-quebra. Poderíamos indagar: como a nova esquerda oriunda da década de 1960, dissidente do catecismo marxista-leninista – ou, se preferirem, em ruptura com o marxismo clássico –, foi capaz de alcançar uma posição hegemônica no debate democrático? Como foi capaz de transformar a visão global que as sociedades ocidentais têm da democracia? Contrariamente ao que se costuma dar a entender, o radicalismo dos anos 1960-1970 não desapareceu com o amadurecimento dos que se haviam lançado em alguma das muitas lutas abertas pelo esquerdismo; muito pelo contrário, ele transformou profundamente a cultura política e a dinâmica ideológica das sociedades ocidentais. Poderíamos retomar a hipótese de Philippe Raynaud: se a esquerda radical não é reconhecida como tal, é em grande parte por ter conseguido impor suas categorias na vida pública. Tornou-se assim invisível nas categorias sociológicas da modernidade, pois suas lutas ideológicas foram, em sua maioria, naturalizadas na narrativa da diversidade". Mas muito, muito do ideário foi corrompido das décadas de 1960-1970 para cá. De modo que podemos certamente dizer que o que vai encalhar, no atual identitarismo, é a navilouca utópica de Maio de 1968 e da contracultura, agora com a guetificação dos grupos sociais, e o libertarismo cedendo o posto ao autoritarismo, ao puritanismo, à retórica exclusivista e excludente e até mesmo ao fascismo.

B. O multicultural-identitarismo nada tem a ver, em alguns aspectos, com a contracultura. Como no caso dessa coisa excepcionalmente empobrecedora da "apropriação cultural", ponto alto no rol das chamadas "microagressões", que no fundo (e por todos os lados) é a luta pela instauração de um *apartheid simbólico*. É o contrário mesmo do que acontecia na viagem contracultural, com sua busca de elementos, práticas e sistemas extraocidentais de cultura. Coisa que já vinha desde o embrião *beatnik*, voltando-se para o mundo mesoamericano, e se estendeu à preamar do movimento. Veja-se o caso do chamado "orientalismo". Nos voltamos para coisas como o budismo, por exemplo. O zen, em especial, que aprendíamos com Daisetz Teitaro Suzuki e que tanto influenciou o pensamento e a criação poético-musical de John Cage. E isso ia até às atividades cotidianas, com o uso de túnicas indianas, a prática da ioga, a adesão de muitos ao taoísmo e à filosofia dietética da macrobiótica, passando por leituras do *Bhagavad-Gîta*. E foi graças ao espraiar de uma sensibilidade antropológica contracultural que, por fim, passamos do plano internacional ao plano local, brasileiro, numa abertura da juventude urbana de classe média para culturas indígenas e culturas de extração negroafricana. Cheguei a tentar resumir isso numa letra de música, gravada pelo grupo Bendegó: "Primeiro foi a vez do *I-Ching*/ Depois só falava nagô/ E assim com muito *swing*/ Até ao Xingu chegou"... Os adversários da "apropriação cultural", ao contrário, fecham os olhos para a diversidade cultural do planeta. Em vez da diversidade real, encerram-se na ideologia do diversitarismo, recusando o transetê sincrético do mundo, na fase menos insular e mais conectada da história humana.

Li outro dia que aulas de ioga foram suspensas numa universidade norte-americana porque os alunos não eram naturais da Índia... Na verdade, o multicultural-diversidentitarismo tem implantado *apartheids* onde consegue fazê-lo. E pode muito bem ser visto e definido como uma perversão stalinista da contracultura. Ou, mais precisamente, uma perversão stalo--zdanovista da nossa viagem contracultural entre as décadas de 1960 e 1970. Mas é preciso reconhecer que também temos culpa no cartório – Bock-Côté: "Somos aqui as vítimas da utopia de 1968, que deverá um dia ser considerada pelo que realmente foi: uma terrível fantasia regressiva, que busca devolver à humanidade sua pureza virginal, a pureza de uma infância ainda não corrompida pela lógica do mundo adulto e das instituições". Ok. Mas, embora ache que isso tem de ser levado seriamente em conta, também penso que a afirmação de Bock-Côté é apenas parcialmente correta. Muitas das lebres levantadas pelo contraculturalismo fazem parte, hoje, da agenda política e social do planeta, a começar por questões ambientais e rácico-sexuais. Veja-se o relatório da ONU sobre mudanças climáticas ou a grita ocidental contra o martírio das mulheres no Afeganistão retomado pelos extremistas fanáticos do Talibã.

C. O chamado "marxismo cultural" se enramou pelos *campi* norte-americanos no pós-contracultura. Foi um campo teórico-ideológico que se configurou na confluência dos pensamentos de Antonio Gramsci, de György Lukács (especialmente, *História e Consciência de Classe*), da Escola de Frankfurt (Max Horkheimer, Theodor Adorno) e de Herbert Marcuse, que ganhou notável projeção midiática como "guru" dos *sixties*. Em todos esses pensadores, a questão da cultura veio para o primeiro plano. Com Marcuse, tivemos mais claramente a retomada da "esquerda freudiana", a mescla de Marx e Freud, que já nos vinha das pregações de Wilhelm Reich e do húngaro Géza Róheim, o criador da antropologia psicanalítica. No Brasil, quando ainda não havia psicanalistas por aqui e antes mesmo do próprio Freud ter formulado mais amplamente sua teoria cultural em *O Mal-Estar na Civilização*, tivemos a intuição da possibilidade desta perspectiva freudomarxista no "Manifesto Antropófago" de Oswald de Andrade, que é de 1928, contemporâneo, portanto, de Reich e Róheim, cuja viagem à Austrália central aconteceu no ano seguinte: a fantasia mitopoética do "matriarcado de Pindorama", tal como sonhada por Oswald, fala de uma sociedade sem classes e livre da repressão aos instintos, que deveria servir de modelo para a construção do mundo tecnológico do futuro. Marcuse, se tivesse conhecido, teria ficado fascinado.

6

De passagem, me vejo na obrigação de denunciar o seguinte: nossos identitários, encontrem-se na cátedra ou no colunismo midiático, empenham-se não só em silenciar os adversários, como distorcem grosseiramente o que estes dizem. No meu caso, por exemplo, tiveram faniquitos racistas porque eu teria publicado um artigo sobre "racismo reverso". Cara de pau: não escrevi uma linha sobre essa cretinice de "racismo reverso" – publiquei um texto antirracista que apontava alguns tipos de racismo... Mas a distorção é mesmo uma mania malandra de pelo menos grande parte da nossa atual população universitária, useira e vezeira em falsificar escritos alheios para defender seus pontos de vista. Um dos clichês para contestar textos meus, por exemplo, é dizer que retrato exceções como se elas fossem regras — e assim transmito uma visão distorcida do país. Cinismo, claro. Safadeza sibilina. Ou, se essas pessoas tiverem lido o que escrevo, pura (impura) sacanagem, típica das ervas daninhas que hoje dominam os *campi* do país. Porque sempre friso com clareza, no que falei e escrevi sobre o assunto, que pretos endinheirados no Brasil escravista foram exceções (pretos senhores de escravos, nem tanto) — e brancos, também. Mas existiram. Agora, se não podemos estudar exceções, até para revelar a complexidade de uma determinada ordem social, como analisar a burguesia brasileira, por exemplo? Ou os mangangões do narcotráfico? Ou quem banca nossos mestres e doutores "pós" ou a virada identitarista da *Folha* e da Rede Globo? Porque, exatamente no ano de 2019, a elite midiática brasileira e parte do empresariado em geral conheceu uma guinada e tanto, convertendo-se subitamente ao multicultural-identitarismo e copiando, com décadas de atraso, suas matrizes norte-americanas. Foi assim que vimos aquele casal eugênico do "Jornal Nacional" anunciando, com a solenidade teatral de praxe, o "compromisso" da Rede Globo com a "diversidade". Coisa que a CBS vinha fazendo há muitos anos, achando que aí está o caminho de sua sobrevivência empresarial. A estrada de Damasco foi apontada pelo vil metal. "Diversidade ou morte!", bradava, em inícios da década de 1990, Sulzberger Jr., então editor do *New York Times*. Defasada e apressada, correu também a *Folha*, hoje sob ameaça de se transformar em pasquim identitário. Há mais de duas décadas, diversos jornais norte-americanos criaram programas de treinamento profissional para não-brancos. Em inícios de 2021, a *Folha* começou a fazer a mesma coisa (e mais restritiva, porque o lance é polarizar: treinamento só para pretos, não para não-brancos em geral), apresentando-o como novidade — a cópia defasada ganha, em nosso ambiente tardo-colonizado, foros de iniciativa inovadora. E não foi só a elite midiática que abraçou o identitarismo com vistas à sobrevivência empresarial de suas fábricas informacionais. Ou ninguém viu o Magazine Luiza subindo a ladeira? Uma pergunta, porém, parece não ocorrer nunca a nossos identitários tão furiosamente questionadores: por que será que um segmento social significativo da classe dominante brasileira acolhe, aplaude e propaga o multicultural-identitarismo? E, em se tratando da matriz, essa turma já chegou ao poder ou à sua antessala. Veja-se o desejo que Kamala Harris (uma mulata de classe alta, filha de professores universitários, cujo avô materno pertenceu ao corpo diplomático do governo da Índia) expressa em seu livro *The Truths We Hold*: "Quando os ativistas vierem marchando, quero estar do lado de dentro [dos palácios do poder] para deixá-los entrar".

Uma coisa que enche essa turma de raiva é que recuso o truque fácil do tal do "racismo estrutural", que nem chegou a ser conceito, consolidando-se antes como instrumento ou ferramenta de acusação... E que deve fazer a delícia das milícias: afinal, por tal "raciocínio", quem terá assassinado a bonita mulata Marielle não foi a milícia, claro, mas o "racismo estrutural" branco... E aí me vem à mente um ensaio de Orwell, "Politics and the English Language" (não me lembro agora em que livro foi enfeixado, talvez em *Shooting an Elephant and Other Essays*). Suas advertências estilísticas seguem de mãos dadas com as que encontramos em escritos de Ezra Pound. Entre outras coisas, Orwell chama a nossa atenção para o emprego do que Saussure classificaria como "sintagmas cristalizados" – fórmulas verbais repetitivas que disparamos automaticamente para rotular as coisas e assim nos poupar do trabalho de pensar sobre elas. Quando li o ensaio de Orwell, em meados da década de 1970, havia um exemplo de sintagma cristalizado onipresente nos discursos de esquerda de assembleias estudantis universitárias no Brasil: todo orador dizia "a ditadura que prende, tortura e mata". Era como se isso bastasse para encerrar o assunto – e assim ninguém se dava ao luxo de realmente pensar sobre o consórcio civil-militar instalado no poder. Hoje, temos um equivalente disso no *slogan* "racismo estrutural". Todas as complexidades e especificidades das questões sociorraciais brasileiras são abolidas num passe de mágica com essas duas palavrinhas. E é por isso que, pelo que ouço e leio nos dias que voam, costumo dizer que ninguém precisa mais pensar o Brasil. Tudo que acontece aqui, hoje, é explicado professoralmente, pela turma da "ignorância credenciada" e suas crias, como "legado da escravidão" e "racismo estrutural". E daí vem o interminável rosário de *fake news* da historiografia esquerdofrênico-penitencial, hoje reinando no sistema universitário – da cátedra à burocracia administrativa.

Também de passagem, aproveito para um esclarecimento sobre os sentidos em que emprego a expressão *fascismo*. Tem um pessoal político-acadêmico aí procurando sempre dizer que não posso usar a palavra *fascismo* para falar da esquerda multicultural-identitária, porque o fascismo estaria vinculado ao aparelho de Estado, como vi recentemente no programa de televisão chamado "Linhas Cruzadas" (TV Cultura), onde uma apresentadora fez esta observação a propósito de uma declaração que dei, no que foi rebatida pelo jornalista Luiz Pondé, argumentando corretamente com a prática do dirigismo mental e discursivo, que pode, sim, ser tratada como fascista. Bobagem da apresentadora. Na verdade, o que se quer evitar é que este ou aquele segmento de esquerda — no caso, a identitária — seja tratado como fascista, como se a palavra devesse ser guardada apenas para caracterizações da direita e da extrema direita. Bem: uso a expressão em dois sentidos. Quando falo de fascismo italiano, estou recorrendo ao conceito histórico, obviamente. Afora isso, emprego a palavra no sentido comum, corriqueiro, que ela assumiu na língua que falamos diariamente. Se a apresentadora do dito programa trocasse o manual de politiquês pelo velho e bom pai dos burros, que é como as pessoas se referiam antigamente aos dicionários, ela se descolaria do burocratismo mental da academia — e entenderia perfeitamente o que quero dizer. Tome-se, por exemplo, o pai dos burros intitulado *Dicionário Houaiss da Língua Portuguesa*. Vê-se ali que o sintagma *fascismo* tanto diz respeito a um tipo de regime como o instalado por Mussolini na Itália, em 1922, quanto à prática de tentar exercer forte controle sobre mentes e corpos alheios, vigiando, constrangendo e mesmo punindo pensamentos e condutas. É assim que falo de fascismo a propósito da violenta repressão identitária às liberdades de pensamento e expressão. Não só eu — alguns dos maiores intelectuais de nossa época, pretos ou brancos, mulheres ou homens. O historiador Richard Wolin, por exemplo, fala de "fascismo de esquerda" a propósito, justamente, da ideologia "pós-modernista", que é o substrato da discurseira multicultural-identitária. Camille Paglia, por seu turno, denuncia "o fascismo do movimento contemporâneo das mulheres". E aproveita para dar uma bela lição a todos: "Meu feminismo libertário, que toma o seu melhor tanto do liberalismo quanto do conservadorismo, mas não é decididamente nenhum dos dois, coloca a liberdade de pensamento e expressão acima de toda e qualquer ideologia. Sou primeiramente uma intelectual – e só secundariamente uma feminista".

Já que estou esclarecendo, mesmo superficialmente, palavras e noções, lembro que, muitas vezes, é útil ressuscitar conceitos supostamente surrados, desde que aplicáveis ao momento e espaço em que nos movemos. É o caso do conceito de *imperialismo cultural*, que parece nos jogar num túnel do tempo, levando-nos de volta aos dias da vociferação esquerdista contra a agressão dos Estados Unidos ao Vietnã e de discursos inflamados em defesa do nacionalismo (estético, inclusive). Mas o conceito não está preso à década de 1960. Devemos falar de imperialismo cultural sempre que um país hegemônico projeta dominadoramente suas crenças e códigos sobre um país menos poderoso. Assim, o país culturalmente dominante vai inevitavelmente aparecer, aos olhos do país dominado, como modelo a ser seguido e padrão a ser alcançado. O país dominado como que renuncia a si mesmo, à sua configuração forjada no tempo e nos jogos sociais, entre conflitos e interpenetrações, para se empenhar no sentido de tentar se transmudar no outro que o subjuga espiritualmente. Tudo sob o signo da velha *imitatio*. Daí que seja preciso mostrar — sempre — que não podemos fazer de conta, estúpida ou espertamente, que a história sociocultural do Brasil em nada difere da história sociocultural dos Estados Unidos, e que, em consequência, é perfeitamente legítimo transplantar para cá conceitos *nativos* estadunidenses, como o artifício racista da *one drop rule*, que, desprezando a ciência (a biologia, a genética), classifica como preta qualquer pessoa que traga uma gota mínima de "sangue negro", quando, por essa mesma lógica, poderia ser classificada como branca qualquer pessoa que tivesse uma gota de "sangue branco". Não, nada é natural aqui. Nem Brasil e Estados Unidos se fundem e se confundem irreconhecivelmente. O que acontece é uma imposição unilateral, que não necessita do emprego da força, recorrendo antes a outras instâncias de dominação, a começar pelo próprio prestígio de potência mundial, mas chegando lá na ponta a financiamentos da produção intelectual e outros meios de consagração acadêmica dos novos colonizados.

Domina-se, submete-se mentalmente, o que não é nada difícil, o sistema universitário brasileiro, na área de "humanidades" — e este pode disseminar a visão da matriz, irradiando-se até mesmo em direção ao terreno já fértil da grande mídia, tradicionalmente de pernas abertas à penetração dominadora de produtos, técnicas, princípios e ideias "made in USA". Tudo fica ainda bem mais fácil quando o imperialismo cultural é servido por acadêmicos e políticos "progressistas" (ou "de cor"), "pouco suspeitos, aparentemente, de promover os interesses hegemônicos de um país", como assinalam os sociólogos Pierre Bourdieu e Loïc Wacquant. E sabemos o quanto é extensa a lista de tais serviçais ideológicos em nosso meio. Apenas lateralmente, observo que nossos identitários são tão colonizados e analfabetos que falam nos *campi* (e outros ambientes do gênero) de "estudos decoloniais", sem se tocar que esta última expressão é inglesa, língua onde o prefixo "de" significa "o oposto de". A partícula "de", em português, nem é prefixo, mas preposição: o "decolonial" inglês, aqui, se traduz como anticolonial ou descolonizador...

Mas quero realçar mais um ponto: para quem acredita delirantemente que tem nas mãos a maquete da sociedade perfeita e o destino futuro da humanidade, a discussão política perde a graça. E, principalmente, o sentido. Torna-se um verdadeiro estorvo. Uma pedra no caminho da felicidade da espécie. Daí que os fiéis de qualquer religião política, do marxismo ao multicultural-identitarismo, tratem de expulsar do palco todo e qualquer crítico de seus dogmas. Quando não conseguem expelir os recalcitrantes, investem com tudo para desqualificá-los, através de variados expedientes. Um desses expedientes de desqualificação do adversário é tratá-lo como racista e/ou fascista. Com isso, desincumbem-se de discutir os argumentos dissidentes e ainda procuram intimidar os críticos. O recurso é empregado com alta frequência tanto por militantes racialistas neonegros, quanto por militantes muçulmanos na Europa, como o ex-radical islâmico Maajid Nawaz nos ensinou. Um outro expediente bem manjado (e menos grosseiro) é rotular o adversário de "polemista" – e fim de papo. Trata-se de mais uma expressão de safadeza sibilina. De novo, o militante se vê desobrigado de providenciar respostas a argumentações divergentes, na base da desqualificação do crítico de seus princípios sectários. Afinal, não se deve perder tempo com "polemista", isto é, com um sujeito que andaria obsessivamente à cata de coisas para colocar em questão. De um sujeito que discute apenas por discutir, que cultiva a controvérsia pela controvérsia, a provocação pelo gosto da provocação, como se isso fosse uma mania, um *hobby*, um esporte. Outro golpe baixo contra a crítica político-ideológica ou antropológica está numa acusação autoritária que se pretende virtuosa: "ao nos analisar criticamente, ele faz o jogo da direita". Esse papo é bem antigo: ainda na década de 1950, marxistas não podiam criticar os descaminhos monstruosos da União Soviética, porque isto seria "fazer o jogo da direita". Ora, quem quer se escudar numa imbecilidade dessas, está a exigir que sejamos cúmplices de todo e qualquer crime supostamente cometido em nome do "bem". Seria bem mais produtivo se a esquerda brasileira, hoje, se preocupasse com coisas mais sérias. Com seu provincianismo, por exemplo. Temos atualmente uma esquerda que está de costas para o mundo. Que não tem participado dos debates da esquerda internacional. Da crítica e do combate ao identitarismo, por exemplo, que se encorpam e se expandem na França, na Espanha, em Portugal, na Inglaterra. Em vez de participar das discussões ideológicas mundiais da esquerda, o que vemos aqui, em variados graus de agressividade e esperteza, é uma militância que prima pela ignorância (e a rima, aqui, nada tem de casual). Desqualificar o adversário é golpe baixo de quem não tem estatura para encará-lo numa discussão política, intelectual ou cultural. A propósito dessas jogadas, sempre me lembro de que, no *Crepúsculo dos Ídolos*, o velho Nietzsche afirma que "o poder *imbeciliza*". E devemos acrescentar que isso vale para *todos* os poderes — inclusive, para o chamado *petit pouvoir*, o "pequeno poder" de jornalistas, professores, burocratas, grupos militantes, subcomissários políticos e seus capangas. Mas, no meu caso particular, como sempre digo, podem tirar o pangaré do aguaceiro: nada disso me intimida. Para mim, é o contrário: as tentativas de desqualificar os adversários desqualificam apenas os desqualificadores. E essa militância sectária anda tão perdida, tão destrambelhada, que ainda vai acusar o arco-íris de racismo, porque ele não aceita preto no pedaço de céu onde brilha.

7

O livro *Radical: Uma Jornada para Fora do Extremismo Islâmico*, de Maajid Nawaz, pode ser lido como um dos mais atrativos e instrutivos romances políticos da década de 2010. Não, não é um romance: eu disse "pode ser lido". Porque é uma autobiografia corajosa e fascinante. Não a compararia, evidentemente, a *Minha Vida*, o livro maravilhoso de Trótski. Mas é, sem dúvida, um livro de alto interesse. E, como disse, muito *instrutivo*. Entre outras coisas, porque Maajid Nawaz nos mostra o quanto podemos ser ao mesmo tempo ingênuos e estúpidos com o extremismo identitário. Dirigindo um agrupamento islâmico na universidade inglesa, ele nos faz rir mostrando como chantageava a direção da faculdade. Formada por pessoas egressas da esquerda e da contracultura da década de 1960, essa direção era excessivamente sensível a acusações de fascismo e racismo, por exemplo. Logo, qualquer gesto seu para prevenir exacerbações islâmicas no campus era imediatamente denunciado, pelos jovens muçulmanos, como racista e/ou fascista. E era tiro e queda: os professores brancos "progressistas" recuavam, temerosos daqueles rótulos. Mas não só. Maajid conta como ele e seus companheiros de radicalismo se divertiam com a mídia e os liberais britânicos. Sempre que alguém tocava nos pontos certos, mostrando as consequências nefastas que viriam do radicalismo islâmico, os liberais ponderavam que aquilo era um exagero, etc. Não era. O que Maajid diz é claríssimo: sempre que alguém fazia a análise e a denúncia corretas, os liberais "progressistas" afirmavam que a análise e a denúncia eram inteiramente equivocadas. E os radicais islâmicos iam às gargalhadas ("suas opiniões e seus avisos foram ignorados [por liberais e esquerdistas], e ríamos da ignorância das pessoas"), debochando da ingenuidade dos liberais e da esquerda, enfim, dos chamados "progressistas" (palavra completamente absurda, aliás, para designar quem carrega consigo preocupações de caráter social).

Maajid: "Ao contrário dos protestos estudantis da década de 1960, ao usar a religião e o multiculturalismo como fachada, levamos um léxico totalmente novo para a mesa de discussões. Apresentávamos de forma consciente exigências políticas disfarçadas de religião e multiculturalismo e dávamos o rótulo de racismo e intolerância a qualquer objeção às nossas exigências. Pior ainda: fizemos isso à geração que fora simpatizante do socialismo quando jovem, pessoas sensíveis a acusações de racismo... Assim, não admira que as autoridades não estivessem preparadas para lidar com a religião politizada como agitação ideológica e se sentissem racistas se tentassem nos deter". Mais: "O islamismo exigia nada menos que uma revisão total da sociedade. Porém, como estava oculto sob uma conduta religiosa, ninguém sabia bem o que fazer com ele, e as pessoas se desesperavam para não ofendê-lo. Havia confusão quanto à definição do nosso ativismo: identidade cultural, ideologia ou fé? Por fim, o islamismo passou por uma década de apoio das alas de esquerda e de direita. Por norma, a posição liberal com tendência de esquerda era apoiar o movimento como parte da sensibilidade multicultural: dizer às pessoas que deixassem de praticar sua fé era imperialismo com roupagem dos anos 1990, uma ressaca colonial que beirava o racismo. Em vez disso, recebíamos apoio como uma nova geração de juventude anticolonialista politizada".

Mutatis mutandis, muito disso é perfeitamente aplicável à atual movimentação identitária no Brasil. E aqui a minha atenção se volta, principalmente, para a movimentação negromestiça — e uso a expressão negromestiço sabendo muito bem do ódio dos verdadeiros racistas — pretos e brancos — à miscigenação. Mas a passagem do livro de Maajid que aqui especialmente me interessa é outra, mais perfeitamente aplicável ainda aos nossos atuais movimentos negros, apesar do seu teatralismo de conversão candomblezeira, adotando até mesmo condutas baianas apenas folclóricas. Vejam o que ele diz, com relação à militância no grupo Hizb al-Tahrir: "... nunca houve uma sessão para ensinar a rezar. Nunca houve uma sessão para ensinar a jejuar. Nunca houve uma sessão para ensinar a ler o Corão. Aprendemos a rezar sozinhos, e rezávamos porque isso era considerado importante para manter o ritual e porque fazia parte da ideologia como um todo. Mas só fazia parte do esquema global: o islamismo é uma teoria abrangente que engloba política, economia, questões de sociedade e de espiritualidade pessoal. Para os islamitas, o elemento fé era um dado adquirido – a política e outras questões é que eram os focos de interesse". Ainda Maajid, no centro do alvo – "Isto é crucial para se compreender o islamismo: não é um movimento religioso com consequências políticas, é um movimento político com consequências religiosas".

É daqui que vou partir. Porque, num certo sentido, tendo a considerar que os movimentos negros são principalmente um movimento político. Ou ainda: um movimento político que se disfarça de movimento social, recorrendo ao expediente de misturar cor da pele, "identidade cultural", reivindicações sociais e ideologia – e há mesmo quem pense que o objetivo último dessa onda é a formação de um partido político... O problema aqui, no entanto, é a imprecisão conceitual, tanto no campo da sociologia quanto no da politicologia. Não existem definições nítidas de movimento político e movimento social, estabelecendo uma clara linha demarcatória entre uma coisa e outra. Nem sei se pode haver. Movimentos sociais e movimentos políticos não se separam feito água e óleo. Pelo contrário. Não só movimentos sociais têm repercussão política e movimentos políticos têm repercussão social, como muitas vezes andam misturados. De qualquer sorte, é evidente que um movimento pela democracia é um movimento político – e um movimento em defesa dos moradores de rua ou por educação para todos é um movimento social. Por esse caminho, trato nosso atual movimento negro como movimento principalmente político e não social. Isso seria muito claro, para falar em termos estadunidenses, a propósito do *Black Panther Party* (Partido da Pantera Preta), de Bob Seale e Huey Newton, que desde o início se quis formar como partido. Mas também o que o velho integralista Abdias do Nascimento trouxe dos Estados Unidos para o Brasil, na década de 1970, foi o projeto de um movimento sobretudo político, em meio ao qual havia inclusive quem falasse em pegar em armas para impor o poder dos pretos no país (escrevi sobre o assunto em 1981, no meu livro *Carnaval Ijexá*). Não era uma movimentação voltada primacialmente para a luta contra a carência alimentar ou a precariedade habitacional que marcava o cotidiano de boa parte de nossa população negromestiça, por exemplo. Ou por saneamento básico e postos de saúde. Não. O foco era político. E não por acaso Abdias se elegeu deputado federal pelo PDT de Leonel Brizola e Darcy Ribeiro — ainda que, na verdade, odiasse escutar Darcy pregando o chamado "socialismo moreno". Ainda para falar em termos norte-americanos (é sempre esclarecedor ir à matriz e não se prender à filial local dos adeptos da *one drop rule*), cite-se o caso do pastor evangélico Martin Luther King (que era olhado com certo desprezo pelos pretos mais radicais, como os *black panthers*) e dos *civil rights*. Os Estados Unidos sempre foram um péssimo exemplo, para todo o planeta, em matéria de relações raciais (o fato de que brasileiros hoje o copiem, decretando que não existem mais mestiços por aqui, apenas atesta o poder do imperialismo ideológico-cultural estadunidense e a nossa subserviência mental de país periférico, culturalmente neocolonizado). Cultivavam normalmente coisas que nunca tivemos por aqui: lugares separados para brancos e pretos no transporte público, proibição de casamentos interétnicos, interdição à presença de pretos e mulatos em escolas para brancos, linchamentos, jovens pretos fuzilados por terem paquerado brancas, para não falar, entre dezenas e dezenas de outras coisas, do famoso trio de banheiros em espaços públicos: banheiro para homens brancos, banheiro para mulheres brancas e banheiro para pretos (homens e mulheres, sem distinção).

Ao avançar contra isso, combatendo a segregação racial ou defendendo o direito fundamental de ir e vir, por exemplo, o movimento pelos direitos civis comandado por Luther King aparece, com clareza, como um movimento social. (Por falar nisso, é de uma estupidez alarmante achar que ajuntamentos racifascistas como o Black Lives Matter são uma continuidade do movimento pelos *civil rights* da década de 1960, até porque ali se queria agregar – e hoje, ao contrário, o que se busca é desagregar.) Já a movimentação da ex-senadora e hoje vice-presidente Kamala Harris ou da jornalista Zerlinda Maxwell – autora do recém-lançado *The End of White Politics*, copiada aqui pelas neonegras do nosso jornalismo colonizado –, buscando subordinar o *establishment* branco do Partido Democrata (Joe Biden, inclusive) aos desígnios do eleitorado de cor, dá-se em plano ostensivamente político. Como políticos foram, também claramente, os movimentos da chamada "primavera árabe" e dos "indignados" na Espanha. Mas chega de exemplos. Para finalizar, recorro aqui a dois textos de Gianfranco Pasquino, inclusos no *Dicionário de Política* de Norberto Bobbio, Nicola Matteucci e do próprio Pasquino. Escreve Pasquino: "Uma correta definição de movimento político tem de levar em conta ambos os elementos da expressão. 'Movimento' se distingue especificamente de partido e indica a não institucionalização de uma ideia, um grupo, uma atividade. 'Político' se refere aos objetivos do movimento, à sua atuação na área das decisões coletivas, ao seu empenho em questionar os detentores do poder de governo e em influir nos processos decisórios. [...]. A expressão 'movimento' é usada, de modo particular, para tornar patente, ao mesmo tempo, a necessidade de ligames profundos com os grupos sociais e o enraizamento neles, bem como um certo distanciamento das práticas políticas dos partidos. Contudo, as reivindicações, as exigências, as instâncias e a própria representação dos interesses dos grupos de referência por parte dos mais diversos movimentos se dão no âmbito político e, mais especificamente, dentro da esfera da atividade partidária. [...] Sob o ponto de vista da estrutura e das atividades, os movimentos políticos não diferem muito dos movimentos sociais, mesmo que, em geral, a sua estrutura tenda a ser menos fluida e evanescente e as suas atividades, por definição, mais centradas na esfera política e orientadas a levar mais em consideração as relações políticas de força. [...]. Seguindo basicamente as indicações de [Alain] Touraine, Melucci propôs uma distinção entre movimentos reivindicativos, movimentos políticos e movimentos de classe, baseada nos objetivos perseguidos. No primeiro caso, trata-se de impor mudanças nas normas, nas funções e nos processos de destinação de recursos. No segundo, se pretende influir nas modalidades de acesso aos canais de participação política e de mudança das relações de força. No terceiro, o que se visa é subverter a ordem social e transformar o modo de produção e as relações de classe".

No caso de nossos atuais movimentos negros, o terceiro tipo está definitivamente descartado. Eles não estão preocupados com essa conversa de modo de produção e classes sociais. Sua visão é não só estritamente dualista, como rigorosamente maniqueísta. Antes que se configurar a partir de classes sociais, a sociedade brasileira é vista como o espaço de um antagonismo entre a elite branca opressora e a massa negra oprimida. Só. Trata-se, obviamente, de uma visão simplista, que não se sustenta em fatos, mas em desejos e práticas ideológicas. Resta-nos, então, na tipologia de Melucci, classificar o movimento negro como um movimento político-reivindicativo: a instauração de poderes negros corre de par, por exemplo, com as célebres "ações afirmativas", implantadas pioneiramente na Índia, onde, acima de tudo, favoreceram os segmentos mais favorecidos das classes desfavorecidas. Político-reivindicativo, sim. Mas, principalmente, político. Resta-nos, apenas, perguntar: mas que política é essa? Para responder à pergunta, melhor abrir o foco e pensar sobre o conjunto dos movimentos identitários. Oscar Wilde chegou a dizer, certa feita, que você não conhece a mulher com quem se casou, até o dia em que é obrigado a encará-la nas barras do tribunal. Os grupos identitários também se revelam aqui. Querem resolver tudo com advogados e juízes. Os Estados Unidos são um país de advogados (não por acaso sessões em tribunais ocupam tão grande espaço na filmografia norte-americana), coisa em que o Brasil também está se tornando. Enfim, temos esse paradoxo pela frente: o movimento negro é um movimento político que se move, basicamente, em terreno extrapolítico. Ou seja: quando defino o movimento negro como um movimento principal e essencialmente político, me vejo também na obrigação de assinalar outro aspecto fundamental disso tudo: na verdade, a política, para os movimentos negros, como para os movimentos identitários de um modo geral, não é mais a política em si mesma, ou a política de sempre. É outra coisa: tudo aqui se passa sob o signo não da política como tal, mas preferencialmente no campo da judicialização da política.

Tentarei ser didático e breve, embora o assunto tenha a sua complexidade. O que agora está em tela, no horizonte das movimentações identitárias, já não é, como disse, a política de sempre, no sentido em que conceituamos a expressão na vida dos países democráticos do Ocidente. Nem a democracia é mais a mesma, evidentemente. O que temos hoje em dia é a ideologia da justiça social identitária buscando se afirmar no império da lei. Passamos do universo político à esfera jurídica. Ou, por outra, esta nova política identitária já não se processa, prioritariamente, em plano de massas ou no jogo institucional parlamentar — mas no campo judicial. A soberania popular, hoje, é mais e mais vista nos termos de uma ditadura ou tirania da maioria. É preciso garantir, *contra ela*, os direitos das "minorias". E qual o caminho que tem sido acionado com tal objetivo? É o corpo técnico jurídico da sociedade — e não a massa dos cidadãos — que decide acerca das reivindicações identitárias sobre quais seriam os seus direitos. As formas clássicas ou tradicionais da representação política, neste caso, já não contam para nada. São os tribunais que acolhem essas reivindicações. Que decidem sobre elas. Que detêm o poder de legalizá-las e garanti-las. Ingressamos assim no império dos direitos, sacramentado pelo poder judiciário. Aqui, a democracia tradicional, representativa, já era. A soberania popular é trocada pela soberania do direito. O jurisdicismo destrona a soberania popular. Logo, em última análise, o que temos diante de nós, em outra escala e cenário, é a volta ameaçadora de um fantasma mais ou menos antigo, que parecia descartado. É um projeto de retorno ao *despotismo esclarecido*.

8

A conversão da elite midiático-empresarial (de parcela representativa da classe dominante) ao multicultural-identitarismo aconteceu no rastro da conversão do sistema universitário. Quanto a esta, conhecemos bem. Não tenho dúvida de que a preguiça mental, a covardia política e a desonestidade intelectual dominam hoje a maior parte da "vida universitária" brasileira — especialmente, é claro, no setor de "humanas". Basta lembrar que essa gente, de modo praticamente unânime, sentava praça de marxista, examinava tudo em termos de classes sociais e até criticava quem se concentrasse no estudo de relações raciais. De repente, tudo mudou. Veio a moda multicultural-identitária atropelando tudo, um *tsunami*, e, da noite para o dia, aquela mesma gente renegou sem pestanejar (e sem se dar ao trabalho de pensar) o velho marxismo, virou as costas à existência de classes sociais e abriu as pernas, o mais largamente possível, à invasão de posturas, discursos e "sintagmas cristalizados" da *new wave* universitária importada dos Estados Unidos. Palavras como "operário" e "campesinato", por exemplo, que viviam na boca de todos, se viram sumariamente banidas do vocabulário acadêmico. E foi impressionante a rapidez com que todos trocaram de roupa. A tal ponto que uma antropóloga mais séria como Yvonne Maggie foi praticamente trucidada no meio universitário − principalmente, por seus "colegas de departamento" −, quando se opôs à adoção da política de cotas (ou de preferências) raciais. E Yvonne ficou perplexa, claro − pensava que seus colegas, por serem igualmente antropólogos, reagiriam à transposição das "ações afirmativas" norte-americanas para uma realidade histórico--racial em nada idêntica à dos Estados Unidos. Mas o fato é que Yvonne foi xingada e massacrada por aqueles cristãos-novos do identitarismo. Diziam, inclusive, que ela era "pautada pela Globo". E a verdade é que nada como ver o tempo passar... Hoje, quem dança de rostinho colado com a Globo, mesmo fingindo que rejeita a bolinagem, são os ex-marxistas que aboliram as classes sociais no ambiente universitário, em proveito dos clichês mais lucrativos do identitarismo. Despencaram de vez no essencialismo racial e sexual, que reduz a pessoa à cor da sua pele e à natureza da sua genitália, ou à melanina e à vagina. E o que importa é o *pedigree* da vítima, já que hoje ser "vítima" virou crachá ou título de nobreza. Por isso, quando às vezes penso que os identitários teriam de aprender a assumir uma nova postura, conversando de forma civilizada e em pé de igualdade com seus críticos e adversários, acabo concluindo que talvez isso seja mesmo impossível. Eles olham o mundo de cima, como donos da verdade e seres moralmente superiores ao resto da humanidade. Achincalham o resto. Não querem saber de conversa − só de monólogo.

A postura da elite midiática local, incorporando avidamente a ortodoxia e o sectarismo identitário-multiculturalista, é expansível, propagando-se por veículos menores (jornais regionais, por exemplo), estações retransmissoras, filiais, etc. Outro dia, ouvindo comentários sobre os jogos olímpicos de Tóquio na CNN local, vi que o simples fato de alguém ser preto já virou, em si mesmo, uma virtude essencial, medalha de ouro no *ranking* das raças humanas (em compensação, a ginasta Rebeca Andrade, prata em Tóquio, rebateu: "Eu sou preta e vou representar todo mundo. Preto, branco, pardo, todas as cores, verde, azul e amarelo"). E assim seguem se reproduzindo de forma generalizada, no espaço da produção jornalística brasileira, as fantasias e os maniqueísmos do identitarismo, tudo colocado sob o signo da "diversidade", o grande fetiche ideológico de nossa época. É justamente em nome dessa "diversidade" que têm proliferado, na mídia, os mais variados expedientes de filtragem de dados e manipulação da informação — o que embasa e justifica a leitura de que o jornalismo brasileiro, aderindo ao identitarismo até numa prática ideológico-advocatícia, vem sofrendo um processo de corrupção progressiva, que ameaça tomar conta de tudo. Quem já trabalhou numa redação sabe que uma notícia ou declaração que contrarie frontalmente a linha ou uma campanha do veículo, ou quaisquer dos interesses de seus proprietários, tem como destino a lata de lixo. Não é a isto que estou me referindo — e sim à *manipulação da informação*, essência da corrupção da mídia. Quanto ao vocábulo *corrupção*, não o emprego em sentido estritamente monetário, mas nas acepções de deterioração e de adulteração de posturas e princípios. No caso, quando o jornalismo, em vez de se ater ao relato objetivo das coisas, não hesita em realçar ou distorcer fatos para melhor defender e impor uma determinada visão de como a realidade do mundo é ou deveria ser. Corrupção mental, ideológica, portanto. Corrupção anímica e discursiva. Anímica, sim, mas também, obviamente, em função do vil metal. Da sobrevivência empresarial.

E antes que alguém reclame que eu deveria ter examinado não só a elite midiática, mas o problema das redes sociais, aviso que tudo tem o seu tempo. As redes merecem um livro, fora de qualquer dúvida. Vivemos todos numa *social-media age*. Na Idade da Mídia Social. Mas este não é o meu tema aqui. Mesmo assim, para ninguém dizer que não falei de flores, deixo um breve toque sobre o assunto, esclarecendo minha posição. Numa de suas edições de maio de 2021, o jornal espanhol *El País* publicou alguns artigos sobre o assunto. Com a seguinte chamada: "Atravessamos uma era de desencanto com as redes sociais, nascidas como uma tecno-utopia da liberdade de expressão e agora cobertas de toxicidade". Vamos dar uma olhada. No artigo *"Un Resbaladizo Espacio de Debate Público"*, Jaime Rubio Hancock observa: "Analistas, jornalistas, políticos e usuários acusam as empresas tecnológicas de falta de transparência, de contribuir para a polarização e permitir a degradação do debate público, e de ter um impacto 'potencialmente corrosivo' nas democracias, como escreve Sinan Aral, professor do Instituto de Tecnologia de Massachusetts, em *The Hype Machine*". Mas, prossegue, estas empresas não têm ficado indiferentes a isso. Nos Estados Unidos, algumas redes encerraram já contas de grupos e porta-vozes da *alt right*, como as dos violentos supremacistas do Proud Boys, por exemplo. Na Espanha, o *twitter* bloqueou em duas ocasiões a conta de Vox —

da última vez, por incitação ao ódio. Nesse caminho, o ponto alto esteve com as redes (a maior parte delas) que calaram o bico de Trump (costumo dizer, aliás, que, em matéria de Donald, ainda prefiro o pato). Mesmo assim, os mais críticos consideram que as redes continuam marcadas por acusações infundadas e perseguições inaceitáveis, pela manipulação e por "uma falta absoluta de transparência". No entender de Rubio Hancock, uma pergunta fundamental se impõe: será que demos demasiado poder a empresas privadas, que em princípio não deveriam intervir na nossa liberdade de expressão? "Os usuários cometemos dois erros, explica Marta Peirano, jornalista e autora do livro *El Enemigo Conoce el Sistema*. O primeiro, pensar que as redes sociais eram um espaço de debate público. O segundo, pedir-lhes que tomassem decisões que as empresas privadas não deveriam tomar. Esta ideia utópica de que as redes seriam uma ferramenta de democratização 'sempre foi mentira', afirma. Seu modelo de negócio não consistia em se converter numa nova ágora cidadã, mas sim que passássemos a maior parte do tempo conectados, a fim de recolher nossos dados e vender publicidade. Susana Pérez-Soler, autora do livro *Jornalismo y Redes Sociales*, concorda: 'As redes sociais nunca se apresentaram a si mesmas como plataformas para o debate público, mas, de forma implícita, nós acabamos lhes outorgando esse papel'. Em parte, devido à influência que os meios de comunicação lhes conferiram, principalmente ao *twitter*". Seja como for, é preciso pressionar as redes, no sentido de fazê-las se compenetrar do papel e da projeção que ganharam na esfera pública. E a tratar com delicadeza e profundidade a questão da liberdade de expressão. No texto "*Entender los Al-*

goritmos", de Anjana Susarla, professora da Universidade Estadual de Michigan, lemos: "As grandes empresas tecnológicas têm um poder social sem precedentes. Suas decisões sobre que condutas, palavras e contas autorizam e quais não, dominam milhares de milhões de interações privadas, influem na opinião pública e afetam a confiança nas instituições democráticas. Já é hora de deixar de ver essas plataformas como meras organizações voltadas para o lucro e saber que elas têm uma responsabilidade pública". Mas realmente não me sinto seguro de que chegaremos a bom resultado. O erro foi ter dado às redes sociais tanto espaço, tanta importância, tanta influência. Mas o leite está derramado. A essa altura, então, penso que é fundamental desmantelar a estruturação oligopolista hoje reinante. Combater a concentração das redes em mãos de um reduzidíssimo número de empresários.

Outro combate a ser travado, dura e seriamente, é contra o dualismo maniqueísta que vem do marxismo clássico ao pseudomarxismo acadêmico-cultural de nossos dias. Sim: continuamos sob o signo de Mani, o profeta iraniano que nasceu uns bons duzentos anos antes de Cristo. A diferença é que Mani acreditava que a luta do bem contra o mal, da luz contra as trevas, configurava uma dualidade insuperável. O mal jamais seria erradicado da face da Terra. É diverso do maniqueísmo judaico-cristão, do qual descendem marxismos e diversitarismos. E as milícias destes últimos atacam com extrema e agressiva estreiteza. Se você não concorda com os dogmas do multicultural-identitarismo, você é de direita, fascista, racista, "bolsonarista", etc. E a extrema direita devolve na mesma moeda. O que é especialmente cansativo num país como o Brasil, onde, nos dias que correm, a boçalidade tomou conta de tudo — de apresentadores de televisão a juízes emperiquitados do Supremo Tribunal Federal. Como a elite midiática brasileira pôde encampar isso? Para mim, uma primeira e fundamental resposta é simples e direta. Ela faz isso por uma questão de sobrevivência, claro, no rastro colonizado da mídia norte-americana. Hollywood, atualmente, é multiculturalismo para o vulgo. Para as massas. E a Rede Globo tomou o mesmo caminho. Hoje, a mera batalha pela sobrevivência e não pelo mais vistoso sucesso empresarial, como no tempo das vacas gordas, abala o próprio sentido de missão superior do jornalismo, ao obrigá-lo a recorrer a discursos que supõe seguramente rentáveis. Mesmo que isso desfigure, distorça, caricature ou falsifique a realidade, como no caso de um segmento de nossos veículos de comunicação decorando e repetindo, com o atraso de costume, a fala já cristalizada da esquerda cultural estadunidense. E assim, em vez de gerar e veicular respostas bem fundamentadas a propósito das graves questões nacionais que se configuraram em nosso horizonte, a mídia tem se contentado (e se autocelebrado) com a produção e reprodução de uma vasta coleção de clichês e disparates.

Mas a elite midiática brasileira pôde encampar essas fantasias porque, na ideologia e na prática identitárias, as classes sociais são abolidas, não contam para nada. O antigo antagonismo que opunha mortalmente a classe dominante e a classe dominada — a burguesia e o proletariado — foi simplesmente arquivado. Ou seja: o que temos hoje é uma esquerda que deu as costas a Marx e ao marxismo. E é claro que isso torna tudo mais fácil. Afinal, mesmo uma branca rica, pelo simples e complexo fato de ser mulher, pode também ser inscrita no rol dos grupos "oprimidos". Ser tratada como vítima histórica e incontornável do Ocidente Branco – no caso, do machismo, do "patriarcado", etc. Do mesmo modo, um branco ou uma branca "trans", como foi o caso recente da personagem Ivana (encarnada por Carol Duarte), em *A Força do Querer*, telenovela da Globo. Mesmo o combate à mestiçagem, em nome da fantasia de uma pureza racial inexistente, é assimilável. O IBGE, copiando o censo norte-americano, passou a classificar os brasileiros em contêineres exclusivos, estanques: ou somos pretos ou somos brancos. Não há mais lugar para processos genéticos. Assim, ao fim geral da história de Hegel-Marx-Fukuyama, temos agora também este novo espetáculo, que é o fim particular da *história biológica* da humanidade: seremos pretos ou brancos para toda a eternidade... Por que o combate sem tréguas à mestiçagem e mesmo a tentativa de proibir o emprego da palavra/conceito *mestiço*? Duas razões afloram de imediato. A primeira é que a divisão do mundo em brancos e pretos, sustentada pela fantasia racista norte-americana, se desintegra se admitir o fenômeno genético da mestiçagem, que é obviamente real. A segunda é que a mestiçagem desorganiza não só a ideologia racifascista neonegra, como, em plano mais geral, o discurso fundamentalista do multicultural-identitarismo.

9

Em *Os Intelectuais e a Sociedade*, Sowell insiste no fato de que a manipulação midiática pode gerar uma distorção completa da realidade: "Isso pode acontecer sempre que jornalistas e editores responsáveis, os quais manipulam os dados, compartilham da mesma visão geral sobre como as coisas são e como devem ser. O que parece plausível para os que compartilham dessa visão acaba se transformando no critério de credibilidade e validade da notícia. Plausibilidade é, todavia, de todos os critérios, o mais perigoso, pois o que pode parecer plausível em cada caso depende do que já é aceito em geral. [...]. Não é necessário que indivíduos particulares ou quadrilhas inteiras concebam planos de falsificação deliberada a fim de produzir um retrato distorcido da realidade que se encaixe na visão do intelectual ungido e descarte a realidade do mundo. É necessário somente que aqueles que têm o poder de filtrar as informações, seja no papel de jornalistas, editores, professores, acadêmicos ou produtores e diretores de filmes, decidam que há certos aspectos da realidade que as massas 'não compreenderiam corretamente' e que um senso de responsabilidade social clama, por parte dos que detêm o poder de filtragem, pela supressão de alguns dados. [...]. Dados mostrando baixo índice de pobreza entre casais negros nos Estados Unidos, na casa de apenas um dígito desde 1994 [Sowell está escrevendo em 2009], estão fadados ao esquecimento e são ignorados por boa parte da mídia. Muito menos provável é que esses dados levem a qualquer tipo de reconsideração da visão que propõe que o alto índice de pobreza, entre as populações negras, reflete um racismo disseminado em toda a sociedade".

A mídia seleciona/filtra os dados a fim de bloquear o risco, para seus princípios ideológico-doutrinários, que poderia ser produzido por um acesso geral das massas aos dados brutos. Ninguém aí quer se arriscar a ver o que pode acontecer caso os dados não sejam filtrados: a visão geral de mundo da *intelligentsia* multicultural-identitária e de sua periferia acadêmico-midiática estaria simplesmente exposta a ir por água abaixo. Nem é por outro motivo que as verificações empíricas reais (não a de estatísticas igualmente manipuladas, como as que temos hoje sobre a situação de *gays* e lésbicas no Brasil, por exemplo) são sistematicamente evitadas por aqueles que orientam seu trabalho não por critérios jornalísticos rigorosos e em princípio imparciais, mas, principalmente, pela defesa de posições e pelo afã de modelar o conjunto da sociedade em conformidade com sua visão de mundo. Ao indigitar distorções da realidade da vida homossexual nos Estados Unidos, Sowell (um intelectual negro, professor de economia em instituições universitárias norte-americanas, é bom sublinhar) chama a atenção para a conduta dos profissionais da mídia que as promovem, bloqueando o acesso geral a dados não filtrados: "Isso é especialmente verdadeiro para repórteres que são — eles mesmos — homossexuais. Muitos deles são membros de associações nacionais de jornalistas lésbicas e gays. [...]. Essa atitude não se restringe a repórteres homossexuais. Jornalistas tidos como representantes da causa da 'diversidade', defensores dos negros, hispânicos e das mulheres sofrem o mesmo conflito entre divulgar as notícias e filtrá-las em benefício do grupo para o qual foram contratados". E o que é de fundamental relevância, do ponto de vista de uma leitura crítica séria do atual estado de comprometimento e corrupção do discurso jornalístico: "Portanto, a primeira lealdade de muitos jornalistas não é para com seus leitores ou seus telespectadores, os quais buscam as informações por eles transmitidas, mas é proteger os interesses e a imagem dos grupos que eles representam sob a justificativa de 'diversidade'. Além dos grupos, os jornalistas também sofrem a pressão de seus colegas para que filtrem as notícias, em vez de relatar os fatos diretamente. [...]. Por outro lado, informações ou alegações que apresentam negativamente a imagem de indivíduos ou grupos vistos de forma menos amigável pela *intelligentsia* são transferidas rapidamente para o domínio público, sem muita preocupação com a verificação dos fatos e em tom bombástico".

Existe um complexo midiático de direita, sim. Mas, também, um complexo midiático de esquerda, "liberal" (no sentido do léxico político estadunidense) ou *soi disant* "progressista", que hoje comunga no altar do multicultural-identitarismo, degustando extático as hóstias do politicamente correto. Na verdade, esse eixo liberal-progressista predominou na grande mídia norte-americana. Não nos esqueçamos de que os conservadores locais festejaram, em inícios do século XXI, o que consideraram uma rachadura no monopólio midiático *left wing*, com a projeção massiva de jornalistas de direita, a exemplo de Rush Limbaugh (falecido recentemente), a consolidação da FOX News, a proliferação de *sites* e *blogs* igualmente direitistas. Veja-se, a propósito, um livro como *South Park Conservatives: The Revolt Against Liberal Media Bias*, de Brian C. Anderson. No Brasil, a situação foi diversa. Nunca chegamos a ter uma elite midiática de esquerda — as redações é que eram bastante esquerdistas. O que vemos hoje são conversões recentes à ortodoxia estreita da esquerda cultural norte-americana. De resto, a conversão da Rede Globo me lembra, em certo sentido, a de Delfim Netto, chamado o "czar da economia" no período mais duro da ditadura militar, reaparecendo, anos depois, como um dos gurus do Partido dos Trabalhadores, ouvido sempre por Lula da Silva e seu então ministro Antonio Palocci... E as conversões ao identitarismo se multiplicam. Na imprensa, na televisão, mas também nas redes sociais. Outro dia, aliás, num artigo publicado na *Folha de S. Paulo* quando Donald Trump foi banido da maioria das redes sociais, depois da invasão do Capitólio por seus *pitbulls*, Joel Pinheiro da Fonseca escreveu: "Há indícios de que as redes sociais são muito mais intolerantes com o extremismo de direita do que com o de outras variantes. Que Donald Trump tem sido tratado de maneira mais dura até do que o aiatolá Khamenei, cuja conta de *twitter* já pregou o fim de Israel e, mesmo assim, não foi suspensa". E isto vale também para boa parte da elite midiática brasileira, que se mostra no mínimo complacente (quando não, acolhedora) com o racismo às vezes explícito de grupos e militantes neonegros. Digamos, então, o seguinte. Se há uma coisa que anda bem relativizada hoje, no âmbito da nossa elite comunicacional, é o que se deveria definir, em termos claros e objetivos, como uma *ética da informação midiática*. Não temos isso. O que tem prevalecido é a manipulação, a filtragem, a distorção. Até porque, desde sempre, um jornalismo ideologicamente orientado não tem como priorizar a retidão ética. Tais empresas ou máquinas midiáticas, ao se comprometerem com o politicamente correto e com o multicultural-identitarismo, num engajamento explícito e mesmo propagandeado, afastam-se irremediavelmente do relato objetivo quando o objeto da informação diz respeito a grupos identitários.

O que então se instala e domina o ambiente é outra coisa. O discurso se constrói e se desdobra carregando um déficit. Um déficit de ética. E é assim que ingressa no processo de construção de uma nova opinião pública nacional. A mídia constrói a leitura, a inteligibilidade enviesada da situação, da realidade social, com jornalistas convertidos em agentes manipuladores. Em suma: entre o acontecimento e a notícia, a distância não é pequena — nem a estrada, plana. Mas a "realidade paralela" também tem seus limites e tabus. Os princípios do identitarismo hoje se encontram blindados. Seus grupos escolhidos ou privilegiados se tornaram praticamente intocáveis. Não no sentido dos *dalits* indianos. Mas intocáveis porque impecáveis. São os puros, os que, histórica e culturalmente, não teriam cometido qualquer pecado. E isso é estabelecido com a mais absoluta arrogância por pessoas que geralmente não entendem do que estão falando, embora às vezes possuam, na expressão perfeita de Sowell, uma certa "ignorância credenciada" (um mestrado ou doutorado, por exemplo, de preferência em universidade estrangeira, pago com nosso dinheiro). O problema é que, como esses agentes e discursos multicultural-identitários voltam as costas ao escrutínio do debate culto e rigoroso, assim como fogem espavoridos ao crivo da verificação empírica, podem ser desmantelados a qualquer momento. Em todo caso, um discurso não precisa ser correto para convencer, conquistar e mobilizar as massas. A história fornece inúmeros exemplos do contrário: discursos absolutamente furados que seduziram multidões. Podemos ver isso do nazismo alemão até à campanha presidencial brasileira que aqui elegeu um subtrump há poucos anos atrás. Além disso, como disse, há linhas que não podem ser cruzadas. Temas que permanecem proibidos. Como o aborto na Rede Globo, por exemplo. Quem já viu alguma personagem de telenovela da Globo defendendo enfaticamente o aborto numa conversa ou discussão qualquer? Ninguém. Quem já viu alguma personagem de telenovela da Globo abortando em cena? Ninguém. E olha que militantes pró-aborto já procuraram algumas vezes gente da Rede Globo para, naquele estilo do jornalismo *advocacy* (sim: importaram isso também), tentar convencer a emissora a fazer isso. Até aqui, sem sucesso.

10

Já abordei algumas vezes o tema da amputação/manipulação da notícia, pela mídia que fez a tal da opção preferencial não exatamente pelos pobres, mas pelos identitários, o jornalismo *diversity-obsessed*, como numa entrevista ao jornalista Luciano Trigo. Penso que quanto mais o jornalismo for ideologizado nessa direção, menor será sua credibilidade, implicando também afastamento e fuga de leitores/espectadores – mas isso não é problema meu. Na resposta a Luciano Trigo, observei que a grande mídia brasileira tem sido drasticamente seletiva em seu "colorismo". É o mesmo cachimbo torto da época da ditadura militar, só que agora para defender, afirmar e sobretudo louvar os "oprimidos". Vejam a diferença entre as notícias. Quando fala da senadora Kamala Harris, aquela dupla eugênica do "Jornal Nacional", assim como as comentaristas da Globonews, enchem a boca para dizer: uma mulher *negra*. Já na hora de falar de uma deputada *negra* (pelo critério norte-americano adotado pela Globo), Flordelis, acusada de mandante do assassinato do marido, a turma da Globo e da *Folha* em momento algum a trata como tal. E olha que, na escala cromática, Flordelis é bem mais amulatada do que Kamala, descendente de pretos e indianos. Mas a Globo se finge de morta e esquece rapidamente essa conversa de cor. Claro: para serem rainhas (e porta-vozes) do identitarismo, a Globo e a *Folha de S. Paulo* seguem uma regra de ouro: preto só pode ser vítima, herói ou santo. Ladrão, estuprador, assassino — nunca. Oculta-se ou falsifica-se assim a realidade. Isso não é só consciência culpada. É manipulação da informação. Basta pensar no seguinte. Gabrielli Mendes da Silva, de 19 anos, foi assassinada no dia 02 de agosto de 2020 por um policial, em Rio Claro, interior de São Paulo. A manchete do UOL falou então de uma "jovem baleada", sem qualquer referência racial. Gabrielli era branca. Se fosse preta, a manchete seria: "jovem *negra* é baleada". Logo, a manchete, no caso de Gabrielli, deveria ter sido: jovem *branca* é vítima de violência policial — e a matéria teria de informar, logicamente, sobre a cor do policial que fuzilou a moça, que apenas estava numa esquina esperando um táxi. Então, a pergunta é: por que a mídia brasileira — em especial, a Rede Globo e a *Folha de S. Paulo* — só diz que alguém é branco quando o branco em questão está na posição de agressor ou opressor — e só diz que alguém é negro, inversamente, quando o negro em questão se acha na posição de herói ou vítima? Ora, se querem fazer jornalismo sério, ou não digam a cor de ninguém ou deem a cor de todo mundo. O que não dá para engolir é este seletivismo cromático. Quero ver as coisas certas. Por exemplo: branco estupra jovem negra na

Lapa, assaltante preto esfaqueia jovem branca nos Jardins, negros espancam amarelos no centro histórico de Salvador, etc., etc. Mas não vejo. Dia 10 de fevereiro deste ano, torcedores brancos do Corinthians foram absurdamente agredidos pela polícia e a Globo noticiou o fato sem qualquer menção à cor da pele; se fossem negros... Enfim, enquanto a mídia brasileira (a Globo e a *Folha* em especial, repito) se pautar por esse *double standard*, por esse dois-pesos-duas-medidas, sem nomear a cor de todos os envolvidos, mas somente a cor dos que interessam aos seus *black fridays* político-ideológicos, não tenho como levá-la a sério nesse quesito.

Aqui chegando — e tendo em mente a diferença de tratamento conferida a Kamala Harris (uma "negra" do bem — logo, uma *negra*) e a Flordelis (uma negra do "mal" — logo, uma pessoa sem cor) —, cabe a pergunta: quando um negro pode ser negro? Depende. Aos olhos da antropologia física, sempre. Aos olhos dos militantes multiculturais da *political correctness*, da esquerda identitária e, agora, de certa faixa (crescente a cada dia) da elite midiática e empresarial em geral, nem sempre. Vigora, neste último caso, o que podemos tratar como os truques, os jeitinhos, as ocultações e as mentiras da *afroconveniência*. E tudo foi ficando mais ostensivo desde que parte da mídia passou a se ver e a se sonhar como salvadora da "raça negra" no Brasil. O identitarismo e a elite midiática se empenham no seguinte: destruir os antigos estereótipos dos pretos, a fim de substituí-los por estereótipos novos. Os estereótipos, todavia, permanecem. Porque eles atacam estereótipos, mas só sabem pensar, falar e agir por estereótipos. Logo, nessa troca de estereótipos, o que temos é a substituição de distorções e mentiras velhas por distorções e mentiras recentes. Daí que nem sempre um preto pode ser preto. Para continuar com o exemplo citado, em agosto do ano passado, a deputada Flordelis perdeu o mandato e foi presa. Voltou a ser destaque no noticiário. Na Globonews, uma comentarista mulata, que enfaticamente trata Kamala Harris como *negra*, voltou a passar ao largo do aspecto racial. Flordelis continuou uma mulher sem cor. Preto que comete crime não é preto. O crime descolore a pele, elimina a melanina. Repete-se aqui, deslocada para o terreno da raça, a visão tradicional de comunistas sublimando a classe operária. Do realismo socialista ao realismo racialista, como sempre digo. Vejam, nas atuais telenovelas da Globo, o peso desproporcional da demonização de empresários brancos e o grau de angelização dos pretos e mulatos. Um negro não pode ser essencialmente escroto? Só um branco? E a vitimização do negro, o afã parcialíssimo de denunciar racismo em tudo, leva a muitas distorções. Um branco atingido por um tiro dado por um preto, dificilmente é notícia como tal (vale dizer, com a nomeação da cor da pele). Já preto atingido por branco, sim. Lembro a manchete do Universo Online (UOL), mostrando a primeira pessoa a ser vacinada no Brasil contra a praga do coronavírus: "Ela é negra, enfermeira...". Imaginem se a foto e o fato fossem outros: uma mulher preta ou mulata que tivesse roubado um banco ou abandonado um recém-nascido no lixo. A manchete do UOL jamais começaria com os dizeres: "Ela é negra, assaltante...". Mais. Citando estatísticas oficiais, em seu artigo "A Polícia Americana É Racista?", o cientista André Luzardo lembra que, entre 2014 e 2018, nada menos do que 93% dos negros assassinados nos Estados Unidos foram mortos por outros negros. Uma pesquisa de setembro de 2020, por sua vez, nos diz que um "afro-americano" tem vinte vezes mais chances de ser assassinado por outro "afro-americano" do que por um policial branco. Coisa não muito diferente acontece no Brasil. A vasta maioria de negros fuzilados não é vítima de uma polícia racista ou do "racismo estrutural", e sim de outros pretos. Mas a militância e a mídia fazem de conta que não sabem disso. Fala-se das vítimas pretas, não dos atiradores pretos. Nenhuma clareza, nenhuma objetividade.

Não nos esqueçamos, de qualquer sorte, que o "pós-jornalismo" se orienta pela cartilha do relativismo pós-moderno que norteia o multicultural-identitarismo. Segundo essa cartilha, "objetividade" mais não é do que um valor altamente suspeito da cultura ocidental branca. E não será demais observar que, ao fazer o combate necessário (mas, no seu caso, não muito credível) às notícias falsas, vulgo *fake news*, a mídia deveria começar atentando para o considerável elenco de artimanhas, maquiagens e mesmo fraudes produzidas no âmbito interno de suas redações. Seu modelo não pode ser o do bicho retratado em velho e bom ditado popular, que denuncia a cegueira ou a esperteza do macaco que não olha o próprio rabo. E é como bem disse Demétrio Magnoli: "O jornal que pronuncia sermões imita a linguagem do pregador ou do militante — e, nesse passo, inclina-se a conceder a eles um palanque desproporcional à influência que exercem. As pautas identitárias extremas saltam da periferia do debate público — isto é, de obscuros refúgios acadêmicos — para o centro do palco. A reportagem sujeita a trama factual a uma mensagem apriorística". Isto é imediatamente visível nas produções e nos desempenhos da Globonews. Também a Globonews arquivou com gosto o diálogo com a nação. Elegeu um Brasil para chamar de seu. Enfeitou-se identitária. E, graças ao poder hegemônico-comunicacional da Rede Globo, catapulta para as massas ideologemas engendrados em catacumbas ideológico-acadêmicas, levando a população, assim manipulada, a achar que o país que eles pintam (sempre grosseiramente e primando pela ignorância histórica e socioantropológica) é o Brasil real.

11

A arte de manipular... É a arte que agora reina com desenvoltura nas redações de nossos veículos de comunicação de massa. Sim. O que mais temos hoje são conchavos entre o chamado "jornalismo advocatício" (mais uma moda que importamos dos Estados Unidos) e entidades identitárias que se organizam em defesa de pretos, veados, lésbicas, trans, etc., operando sistematicamente na base da célebre *pia fraus* ou "mentira piedosa", por assim dizer, para lembrar, em contexto fraudulento, a expressão extraída de uma passagem das *Metamorfoses* de Ovídio. Mas a verdade é que já está mais do que na hora de colocar em xeque essa prática da militância da "diversidade". De denunciar o estrago que a cruzada identitária causou e continua causando, ao desacreditar e solapar o que ainda havia de integridade/honestidade no jornalismo norte-americano e, agora, brasileiro. Nos Estados Unidos, onde a temperatura racial é mais alta (o racialismo neonegro começa a encenar esta peça, muito mal traduzida, mas com sucesso de crítica e público, por aqui), militantes racifascistas já exigiram a demissão de – e conseguiram demitir – profissionais que não obedeceram *ipsis litteris* aos mandamentos do código estabelecido. Profissionais guilhotinados no altar do politicamente correto. Desde há alguns anos, no meio midiático norte-americano, editores são recompensados, promovidos, etc., por seu grau de comprometimento com a ideologia da diversidade, que implica a contratação não somente de identitários, que se empenham com dedicação religiosa na filtragem – e expurgo – de fatos, assim como na retórica antibranca. Enfim, implantou-se ali (como hoje se implanta aqui), asfixiante, o jornalismo *diversity-obsessed*. A ironia da história é que esta obsessão pela "diversidade" tem transformado as redações em antros onde tudo pode acontecer, menos o convívio e confronto de pontos de vistas distintos, que é o que caracteriza a verdadeira diversidade. Quem mija fora do penico identitário é condenado ao ostracismo, ou, como alguém já disse, ao exílio em alguma das "sibérias" da carreira jornalística.

E não adianta os defensores disso virem com a conversa fiada de que a objetividade absoluta não existe e tudo é subjetivo. Deixemos o "absoluta" de lado e vamos reconhecer o óbvio. A realidade objetiva não é um mito, nem uma ficção. Costumo citar, a propósito, o verbete "teste da realidade", incluído no *Dicionário Crítico de Psicanálise* de Charles Rycroft: "Capacidade de distinguir entre imagens mentais e objetos externos da percepção, entre fantasia e realidade externa, de corrigir impressões subjetivas pela referência a fatos externos. Segundo a teoria clássica, falta ao bebê qualquer capacidade de testar a realidade. Os delírios e alucinações que ocorrem na psicose são definidos como fracassos no teste da realidade". E Thomas

Sowell: "a imagem específica de um leão que você vê numa jaula pode ser uma construção de seu cérebro, mas entrar na jaula demonstrará rápida e catastroficamente que existe uma realidade para além do controle do seu cérebro". Mas o fato é que nossas redações estão cheia de identitários, de adeptos do relativismo pós-moderno, do desconstrucionismo francês. Não que os semiletrados da imprensa e da televisão tenham estudado o assunto. Eles, em sua vasta maioria, não têm condições mentais/educacionais para ler *As Palavras e as Coisas* de Foucault ou a *Gramatologia* de Derrida. Mas o ambiente em que respiram está impregnado das ideias dessa dupla lítero-filosófica anti-iluminista. E aí está o celeiro para todas as distorções. Para o florescimento irresponsável da arte de manipular. Um expediente batido, nesta direção, é o da manipulação histórica. Sei, história — e história do Brasil, muito especialmente — não é um campo que nossos jornalistas conheçam, a não ser muito esquemática e superficialmente, lidando mais com clichês do que com fatos, fenômenos e processos reais. Mas, como estão convencidos de que têm a missão de salvar a humanidade por meio da celebração dos "oprimidos" e do ataque ao Macho Branco do Ocidente, montam qualquer quadro esquemático, maniqueísta, apresentando-o como síntese da história brasileira. E seguem com fidelidade canina o *script* identitário — na maioria dos casos, com as falsificações historiográficas da nova história oficial do Brasil, da perspectiva fantasiosa do discurso indigenista e do racialismo neonegro. A jogada, em essência, é a seguinte: cria-se uma falsa memória nacional — e esta falsa memória é então acionada como instrumento de intimidação cultural e ideológica.

Alcança hoje proporção de escândalo mundial a prática consciente e sistemática da fraude historiográfica. Porque tivemos distorções e versões equivocadas dos fatos – mas de forma comparativamente atenuada, ditada até mais pela preguiça generalizada com relação a estudos e pesquisas do que por imposições ideológicas – desde épocas bem remotas da história humana. Tucídides já apontava isso, a propósito do mundo grego, em sua estupenda *História da Guerra do Peloponeso*, cobrindo o conflito armado entre Atenas e Esparta, no assim chamado "século de Péricles". Logo no Livro Primeiro de sua obra, observa: "A maioria das pessoas aceita umas das outras relatos de segunda mão dos eventos passados, sem submetê-los a qualquer teste crítico, ainda que tais eventos se relacionem com sua própria terra". Dito isso, o historiador denuncia erros, tanto relativos ao passado quanto pertencentes ao então presente dos helenos – erros que circulavam à vontade em meio aos habitantes da Grécia clássica. E passa a corrigi-los, indigitando coisas que diziam respeito não só à esfera ática, mas também aos lacedemônios, como eram também chamados os espartanos. Para, então, comentar: "A gente comum não se dá ao trabalho de investigar a verdade, aceitando de pronto a primeira versão que lhe cai nas mãos". Mas, diante da vastidão das farsas e fraudes historiográficas que encontramos à nossa volta, no mundo contemporâneo, quem sabe Tucídides tenderia até a desculpar, por muitíssimo menos graves, as antigas mentiras gregas. Porque nunca, em toda a história conhecida, foi tão extenso, como hoje, o rol das lorotas, dos embustes, das imposturas, das invencionices e das falcatruas intencionais, configurando um verdadeiro universo da mentira e da manipulação historiográficas, para o mais profundo prejuízo da compreensão de nós mesmos e das realidades presentes do mundo.

Em nossos dias, esse tipo de manipulação opera seletivamente pela omissão de fatos que não alimentam o afã de idealizar "oprimidos" e depreciar "opressores" e pela distorção que facilite tanto a celebração dos "oprimidos" quanto a condenação dos "opressores". É assim que se procura negar ou que tratam de se esquivar de temas como o da existência de escravidão na África Negra antes da chegada dos europeus. Apagar o papel dos muçulmanos na origem da escravização *en masse* de pretos africanos. Recusar a retratar a sociedade tupinambá como uma máquina de guerra implacável, que chacinou diversos outros grupos indígenas, tomando-lhes as terras e os expulsando da faixa litorânea do território atualmente brasileiro. Tupinambás que, de resto, praticavam o infanticídio; tinham o costume de, na fogueira antropofágica, as mães passarem o sangue da vítima no bico dos peitos e darem de mamar aos filhos, a fim de que seus bebês se acostumassem desde cedo com o gosto do sangue dos inimigos; e fazia parte dos seus códigos que um macho, para se tornar pessoa, indivíduo, e poder casar, tinha que primeiro matar alguém. Em tempo, feministas: um macho tupinambá podia ter várias mulheres; a mulher só podia ter um homem – e, se cometesse adultério, havia a possibilidade de ser punida com a morte. São também fundados nessa postura manipuladora ou fraudulenta vários escritos supostamente historiográficos sobre negras dos séculos XVIII e XIX que, aqui no Brasil, compraram sua alforria, ficaram ricas e se cobriam de joias. Tais escritos enfatizam, unilateralmente, que elas são exemplos de "resistência" ao escravismo. E suprimem o fato de que, ao enriquecer, elas deixavam de ser escravas negras para se tornar senhoras negras escravistas. Passavam de pretas escravizadas a pretas escravizadoras. E algumas delas criaram o hoje tão justamente celebrado candomblé jeje-nagô do Brasil, com suas ialorixás escravistas como, por exemplo, Iyá Nassô, Marcelina Obatossí, Otampê Ojaró ou Maria Júlia Nazareth. Quem quiser ver isso fato a fato, pode consultar o meu livro *As Sinhás Pretas da Bahia: Suas Escravas, Suas Joias*, onde, recorrendo a boas fontes e bons estudos, de Heloïsa Alberto Torres a Mary del Priore e Lisa Earl Castillo, recoloco a verdade histórica no lugar.

Mas é evidente que a manipulação não se circunscreve ao passado. É ainda mais ativa com relação ao presente. Manipulação ou filtragem da informação que se manifesta, por exemplo, no apagamento ou na supressão de certas coisas ou cenas desagradáveis para construtores de imagens positivas de grupos "oprimidos". Na postura de rasurar fatos que não reforcem a fantasia que a militância jornalístico-identitária pretende tecer em torno de determinado segmento social. O que importa é compor uma imagem sublimada deste ou daquele agrupamento – racial ou sexual. E o que porventura contrariar o esforço idealizante é banido sem hesitação do horizonte discursivo ou jornalístico. Vale dizer, se certos fatos não são bem-vindos, trata-se de ignorá-los, recortar o real, maquiar a realidade. Afinal, o que esse jornalismo ideológico-advocatício assume, como meta e missão, é arquivar uma velha imagem dos oprimidos (considerada essencialmente negativa) e montar uma nova imagem desses mesmos oprimidos (considerada essencialmente positiva), sem se prender a detalhes ou tolices como *fatos*. Um dos nomes desse filme poderia ser: *a violência que não se quer ver*. Por exemplo: qual a proporção – ou, ao menos, o número – de crimes sexuais cometidos por veados adultos contra crianças? Não temos dados sobre isso. Mas a nossa mídia faz de conta que veados não cometem crimes contra (nem, como os velhos comunistas, comem) criancinhas. Só a pedofilia católico-eclesiástica é premiada com ampla cobertura da mídia – afinal, o cristianismo é a religião do macho ocidental branco. Mas nunca vi uma manchete, uma chamada na "escalada" do "Jornal Nacional", denunciando algo no estilo: "Homossexuais brancos estupram seguidamente garotinho num parque em Curitiba, até deixá-lo abandonado e morto". E – imaginem – menos ainda se a notícia for "Homossexuais *negros* curram menores em bairro rico de Porto Alegre". Ou pior: estupram e matam adolescente branco no parque do Ibirapuera. Notícias assim são simplesmente censuradas pela elite midiática.

Outra coisa que muito dificilmente é tratada: violência de veados entre si. No entanto, isto sempre existiu. Um dos casos mais célebres de violência homossexual ocorreu na tempestuosa relação conjugal entre os poetas franceses Paul Verlaine e Arthur Rimbaud, em inícios da década de 1870. Mas a coisa não parou aí. Não são nada incomuns, hoje, informações e cenas de veados que agridem seus cônjuges, casos, companheiros, namorados. Sempre que puxo o assunto, em roda ou círculo de veados amigos, ouço a mesma cantilena. A violência é real, mas eles se recusam a tratar publicamente do assunto, para não comprometer ninguém nem prejudicar a imagem social da "comunidade" (palavra que hoje exibe um hímen complacente de extensão quilométrica). Não é diferente a postura em meio ao chamado "pessoal do aló", como se diz na gíria dos terreiros de candomblé. Conheço vários casais de lésbicas e já presenciei cenas de violência pesada entre elas. Já vi algumas apanharem feio. Mas elas também preferem não macular a imagem pública da sapataria. Tudo bem, estão em seu direito. O que não se aceita é que o jornalismo da grande mídia trate de tentar ocultar sistematicamente esses temas, como se a sua divulgação fosse prejudicial à construção da sociedade humana perfeita que teremos, quem sabe, no futuro. E essas mentiras ou ocultamentos costumam passar em brancas nuvens, para usar uma expressão que nunca nenhum branco, pelo menos até hoje, considerou racista. O que vemos é o contrário: a "comunidade" e a mídia mancomunados em veicular um quadro social onde homossexuais são sistematicamente insultados, agredidos e mortos. Apresentam-se números assustadores a este respeito. Estatísticas falsas, como a do Grupo Gay da Bahia. E elas são automaticamente incorporadas ao discurso midiático. Às vezes, me faço a pergunta ingênua. Por que será que o "Jornal Nacional" nunca se preocupou em checar as estatísticas fraudulentas do Grupo Gay da Bahia sobre o número de assassinatos de veados no Brasil? Por que nunca se inclinou no sentido de qualquer verificação empírica dos fatos? Não é isso o que o bom jornalismo estaria na obrigação de fazer? E a falcatrua dessa estatística (usada até pela Anistia Internacional) foi exposta publicamente pela equipe de um biólogo (ele mesmo homossexual declarado) pós-graduado em Cambridge e hoje na Universidade de Brasília: Eli Vieira. Eli, a bioquímica Camila Mano e equipe fizeram uma checagem rigorosa do levantamento do Grupo Gay da Bahia (GGB) e mostraram que apenas 9% das mortes apontadas pelo GGB tiveram de fato a homofobia como seu móvel. Pelo mesmo caminho do escrutínio dos fatos, foi também publicamente desmoralizado um "Dossiê sobre Lesbocídio no Brasil de 2014 a 2017", apresentado na Universidade Federal do Rio de Janeiro. Nos dois casos, os autores dos levantamentos não estavam preocupados com estatística, mas em armar uma falsa base factual para seus discursos e militâncias.

Identitários não cometem crimes? Melhor fazer de conta que não. E a lição é a seguinte: não merecem a mínima confiança estatísticas elaboradas por entidades que representam/ defendem o grupo pesquisado – porque aqui a fraude é a praxe. Seja a propósito de *gays*, de violência contra mulheres, de agressões a negros, de agruras de transgêneros ou de qualquer coisa do gênero. A finalidade dessa turma é apenas trocar uma mentira antiga por uma mentira mais nova. E isto implica fraude, manipulação, filtragem das informações existentes. Por esse caminho, toparemos também com uma distorção lateral, visível na visão sub-romântica, "rousseauniana" ou mesmo submarcusiana, da vida (jovem e/ou marginal) nas periferias proletárias das principais cidades brasileiras. Podemos tomar como um ponto de partida estético disso (mas na dimensão da liberdade da arte, não no plano do fazer jornalístico, que é sempre térreo, pedestre) o cartaz de Hélio Oiticica – "seja marginal, seja herói" –, celebrando Cara de Cavalo, fora da lei fuzilado pela polícia carioca. Foi uma explosão até compreensível, dada a relação de Oiticica com a população pobre do Rio e suas escolas de samba, numa conjuntura ditatorial, na qual grande parte do operariado havia já aderido ao "sistema" e dado as costas a qualquer projeto contestador de subversão social. E a frase de Oiticica se converteria quase em *slogan* tropicalista-contracultural no final da década de 1960, tema vistosamente redivivo por Caetano Veloso em sua admirável gravação de *Charles Anjo 45*, de Jorge Ben. Mas tivemos igualmente formulações político-filosóficas. Lembre-se que o filósofo Herbert Marcuse fez a celebração libertária da marginalidade, deixando de parte o operariado industrial. Vejam a página final do livro *One-Dimensional Man*, por exemplo. No Brasil, Ladislau Dowbor, o militante Jamil, da VPR (Vanguarda Popular Revolucionária), dos tempos da esquerda armada, tomou essa estrada, passando ao largo do marxismo clássico e da moda althusseriana de então, para entrar em cheio no terreno do papel revolucionário das massas marginalizadas. Vale dizer, parte da esquerda armada, contrariando Carlos Marighella, viu, na marginalidade urbana, uma força potencialmente insurrecional para tronchar a ditadura e quebrar o capitalismo. Michel Foucault, o deus da nova esquerda acadêmica, foi pelo mesmo caminho e bateu na mesma tecla. Num de seus momentos menos felizes, em "Sur la Justice Populaire: Débat avec les Maos", destacou a criminalidade como um momento forte na resistência contra a homogeneização da sociedade. Ainda hoje, temos a idealização do *funk*, do *hip-hop*, do *rap*, embora exista *rap* de direita, como bem nos lembra João Cezar Castro Rocha, citando o *rapper* Luiz, o Visitante:

> *Quando meu filho nascer*
> *Vai seguir os passos do pai*

Suas primeiras palavras
O petismo nunca mais
Vai usar roupa do Ustra
E ser fã de Bolsonaro
Na escola com os amigos
Vai oprimir pra caralho...

Outra práxis do jornalismo advocatício está na incorporação da manipulação estatística oficial, não apenas em mapeamentos de organizações não governamentais, como o do GGB que acabamos de citar. Aqui, o que acontece é o seguinte. O IBGE (Instituto Brasileiro de Geografia e Estatística — é bom lembrar o nome, porque ele perdeu o significado) adultera visivelmente a realidade brasileira e, no seu rastro, vêm os meios de comunicação de massa se posicionando como arautos da diversidade. Hoje, é preciso aprender a ver os dois lados das estatísticas. Quando alguma tabela diz que a maioria dos jovens fuzilados pela polícia é composta de pretos, devemos automaticamente inquirir sobre a cor dos policiais que fuzilaram esses jovens. Porque não são brancos matando pretos, como escreveu outro dia uma colunista mulata de *O Globo*, na ânsia de dizer que o que aconteceu com George Floyd é coisa corriqueira por aqui. Não é. Pelo critério de preto que a colunista mulata usa, as polícias brasileiras são compostas quase totalmente por negros. Já dissemos e repetimos que nossos jornalistas *soi disant* "progressistas" filtram e/ou adulteram notícias, com o fito de apresentar reportagens que na verdade são montadas como provas destinadas a sustentar seus pontos de vista. Mas é evidente que a manipulação vai além disso. Outro amplo espaço para a manipulação identitária da realidade está nas telenovelas, com a desculpa de que, afinal, tudo ali é ficção. Não é: as telenovelas são também um canal ideológico de veiculação de leituras e visões falsificadoras do cotidiano brasileiro. Basta confrontar o que os negros representam, nas estatísticas criminais do Brasil, com o número de pretos transgressores ou criminosos que aparecem nas telenovelas da Globo. Entre a realidade dos números e a fantasia ideológica, a distância é imensa. Agora mesmo, na telenovela "global" *Flor do Caribe*, o vilão é um empresário branco. E isso não vem de hoje. Gostaria de ter algum levantamento amplo e preciso sobre a matéria. De fato, não conheço nenhum exame sociológico rigoroso sobre a criação televisual brasileira. Mas há uma coisa que impressiona mesmo um observador algo distraído como eu, que, afora noticiários, raramente vê televisão. É a alta frequência de mulheres brancas que aparecem como vilãs incorrigíveis em nossas telenovelas. O país inteiro se lembra de Odete Roitman (interpretada por Beatriz Segall) em *Vale Tudo*. Assim como muita gente se lembra de Branca (Susana Vieira) em *Por Amor*. Laura (Cláudia Abreu) em *Celebridade*. Bárbara (Giovanna Antonelli) em *Da Cor do Pecado*. Nazaré (Renata Sorrah) em *Senhora do Destino*. Cristina (Flávia Alessandra) em *Alma Gêmea*. Ivone (Letícia Sabatella) em *Caminho das Índias*. Tereza Cristina (Christiane Torloni) em *Fina Estampa*. E outras mais. Agora, vejam bem: se esse elenco fosse de mulheres pretas, todos já estariam bradando contra o estereótipo racista, o "racismo estrutural" e coisas do gênero. Mas como são brancas... Bem, vamos parar com isso. Se seguirmos os termos do raciocínio identitário, não há lugar para dúvida: o que temos, nessa lista de brancas perversas e más, pode ser arquetipal, vindo de bruxas que habitam até desenhos animados, mas é também – sim – masoquismo se desdobrando em estereótipo racista, estereótipo machista e nas duas coisas ao mesmo tempo.

A maior de todas as falsificações, todavia, é a que assevera que só existem brancos e pretos no Brasil – e que o mestiço é uma ilusão de ótica, mesmo num país essencialmente mestiço... Sim: a maior de todas as falsificações, com relação a nós mesmos, é copiar o racismo norte-americano, para dizer que aqui só existem brancos e pretos. Que não somos mestiços. Que o mestiço não existe. Antes, essa maluquice só vigorava nos discursos deliriosos do Movimento Negro Unificado (MNU) da década de 1970. Duas décadas depois, todavia, se tornou política oficial do governo, sob Fernando Henrique Cardoso, que determinou que o IBGE substituísse o critério estatístico pelo princípio ideológico. Foi em 1996, no lançamento do Programa Nacional de Direitos Humanos. Ali, Fernando Henrique deu as costas à ciência e ao conhecimento científico (no caso, a biologia e a antropologia física, que não podem fechar os olhos diante da realidade ostensiva de nossos cruzamentos genéticos, para adotar uma fantasia racista criada e implantada pelos senhores de escravos racistas do sul dos Estados Unidos), no que seria seguido pelos governos petistas. A partir de então, ficou estabelecido que não havia mais descendentes de índios nem filhos de brancos com pretos em nosso país: o IBGE teria de juntar mulatos, pardos e pretos numa única categoria, batizada de "contingente da população negra". Mais tarde, a elite midiática comprou essa falcatrua. Mas é claro que, se não quisermos nos descolar da realidade biológica brasileira, melhor reconhecer a existência de caboclos (descendentes de índios que são grande parte da população sertaneja e a maioria da população amazônica) e voltar à nossa antiga classificação cromática, que aliás coincide com a dos africanos, desde que, em África, pretos e mulatos são vistos como entidades nitidamente distintas. Temos aqui, na verdade, um tripé fraudulento. De cara, o sujeito só é registrado como índio se estiver numa aldeia ou se se autodeclarar índio. Caso contrário, é arrolado como pardo. E o passo seguinte é juntar pardos e pretos numa só categoria, os "negros" (e assim se articulou a falcatrua acadêmico-midiática de que negros formam a maioria da população do país). Índios e descendentes somem, como de fato foram praticamente banidos dos procedimentos administrativos oficiais de nossos governantes. O IBGE, o identitarismo político-acadêmico e a elite midiática promovem uma espécie inédita de genocídio dos índios. Varrem os índios das leituras biológicas e dos mapas genéticos do Brasil. Apesar dos estudos do geneticista mineiro Sérgio D. J. Pena, mostrando o poderoso componente ameríndio na configuração biológica de nosso povo. Desse genocídio, decorrem outras coisas lastimáveis, como o supracitado desaparecimento de descendentes de índios do campo administrativo nacional. O aparelho de Estado e a burocracia governamental não precisam mais perder tempo com isso, certo? Não: errado. Precisamos — sim — ter um conhecimento claro, amplo e preciso da realidade em que vive ou subvive a massa de descendentes mestiços de índios que hoje formam a população brasileira.

Quando, em 2021, um governo de extrema direita cancelou o censo demográfico que seria feito pelo IBGE, o protesto foi imediato. De uma parte, vinha a denúncia de que o governo (sob todos os aspectos, desastroso – e, no caso da peste do coronavírus, catastrófico) queria ocultar da população o verdadeiro quadro nacional de paralisia econômica, desemprego, miséria e violência. De outra, o grito de que impedir nosso acesso à atual situação brasileira significava que não teríamos sequer como formular políticas públicas. Tudo bem. Acredito perfeitamente que o governo queira esconder suas ações incompetentes e criminosas, da economia ao meio ambiente, da educação à política externa, passando, principal e escandalosamente, pela esfera da saúde pública. Mas há também um outro lado da questão, pelo qual nossa social-democracia tem de ser responsabilizada. Desde que trocou o estatístico pelo ideológico, o IBGE deixou de ter condições objetivas de nos fornecer um conhecimento preciso, numérico, do país. Simples. Antes do cancelamento governamental do censo, o IBGE, no sentido exposto acima, já se havia autocancelado. Claro. A partir do momento em que atafulha caboclos, pretos, cafuzos e mulatos no rol dos negros, estes passam a constituir, automática e artificialmente, a maioria da população brasileira. E, dessa fraude maior, decorrem inúmeras fraudes secundárias. Se o decreto obriga a dizer que é de pretos o maior contingente da população brasileira, a maior carência habitacional no Brasil será forçosamente de negros. De pretos também passa a ser, numa falsidade flagrante, a maioria das populações faveladas de metrópoles equatoriais neoindígenas como Manaus e Belém do Pará – quando a maioria dos pobres, nessas duas cidades, é de caboclos, de descendentes de índios. E assim por diante. Ou seja: quer discutir o Brasil hoje? Não me venha com estatísticas – a não ser as estritamente econômicas. E a fraude inicial, no desenho dos contingentes cromáticos do povo brasileiro, vai gerar todo um elenco de equívocos, imprecisões e erros. E assim, em decorrência do fato de a social-democracia brasileira ter abraçado a ideologia racial norte-americana, ficamos privados de ter um conhecimento quantitativo, numérico, de nosso país. Em resumo, do governo de Fernando Henrique Cardoso para cá, com a ideologização do IBGE, o censo demográfico brasileiro deixou de ser a célebre "radiografia da nação", de que tanto já se falou. Não existem mais números realmente confiáveis sobre o país. Desculpem o trocadilho fácil, mas o fato é que o censo perdeu o senso. Mas continuo pregando no semideserto: será que é muito pedir às pessoas que tenham, pelo menos, algum respeito aos fatos?

12

Woke, wokeness... capitalismo de olho vivo... porque a pergunta é: como segmentos da classe dominante brasileira vieram a se irmanar com a esquerda na importação do identitarismo? Todo mundo subitamente "woke" – uma expressão que se tornou gíria de pretos norte-americanos e se espalhou pelo mundo. Designa o estado desperto, acordado, de olhos abertos, alerta, diante de qualquer indício ou manifestação de opressão – real ou imaginária, tanto faz – contra mulheres, pretos, veados, muçulmanos, etc., e agora também na defesa do meio ambiente. Numa tradução livre, "woke" designa uma espécie de postura "tô ligado". Mas de um determinado ponto de vista: é a postura do "politicamente correto" – em qualquer área ou campo de atuação. Da sala de aula ao escritório da empresa, passando por fábricas, prédios públicos, "shopping centers", hotéis, hospitais, clubes, condomínios, fazendas. Um empreendimento é "woke" quando não polui, cultiva a "diversidade" e coisas do gênero. Fala-se hoje, até, de grana "woke", dinheiro "politicamente correto". Pobre Bertolt Brecht, que se perguntava o que é assaltar um banco em comparação com fundar um banco... Hoje, existem banqueiros "politicamente corretos", de braços dados com a esquerda. E essa conversa chegou ao Brasil, onde virou moda e muito já se fala de coisas como ESG, bioeconomia ou potencial gigantesco do capital natural brasileiro.

Enfim, o capitalismo ou o mercado, como queiram, partiu para abraçar causas identitárias, sociais e ambientais, a fim de livrar a própria cara e continuar lucrando. O assunto vem sendo analisado e discutido por quem se ocupa de economia, política, mudança climática, etc. No ano passado, por exemplo, Stephen R. Soukup trouxe à luz seu livro *The Dictatorship of Woke Capital: How Political Correctness Captured Big Business*. E ele começa o livro com o exemplo de Larry Fink, superempresário do setor de serviços financeiros, que chegou a ser conselheiro de Donald Trump. Para Soukup, Fink pode ser definido como uma espécie de "fanático religioso", um crente à procura da forma mais pura de praticar o seu credo. E o seu credo é "sustentabilidade", vista como determinante de um novo padrão de investimento. Segundo ele, empresários e investidores estão muito preocupados com a mudança climática. Não somente no sentido dos riscos físicos decorrentes da elevação da temperatura no planeta. Mas também, e talvez principalmente, no sentido de saber como a transição para uma economia de baixo carbono vai afetar, em prazo longo, a lucratividade das empresas. Foi por esse caminho que Fink chegou ao movimento ESG, uma linha de investimentos que, através do exame de tópicos ambientais, sociais e de "governança", avalia o valor de longo prazo das companhias. Com isso, mais do que senhor dos serviços financeiros mundiais, Fink se tornou "rei" do "capital politicamente correto", fórmula que, no dizer de Soukup, abriga "meios antidemocráticos" pelos quais os mais conhecidos e poderosos empresários norte-americanos pretendem mudar o capitalismo, o relacionamento Estado-cidadãos e, assim, "salvar" o mundo. Do quê? Dos combustíveis fósseis, do "patriarcado", do racismo, da homofobia, etc., etc. — enfim, do próprio "capitalismo", tal como este sistema tem sido até aqui.

Ainda segundo Soukup, o movimento ESG tem atraído dois tipos principais de investidores. Um deles é o sujeito que, na verdade, só pensa mesmo em faturar rios de dinheiro, mas não quer que lhe pespeguem a pecha de mesquinho ou ganancioso — e daí que, dissimulando sua insaciável sede monetária, busque se mover sob o escudo da "responsabilidade social". Na ironia de Soukup, é o empresário que pede a Deus para torná-lo puro e casto, mas não já. "O segundo tipo de investidor é o fundamentalista utópico/religioso, a espécie de investidor que acredita que pode mudar o mundo e se tornar rico no processo, uma feliz coincidência. Este investidor é o calvinista de nossos dias, alguém que acredita que sua riqueza e seu sucesso são signos externos de sua retidão. Outrossim, acredita que o 'valor' de uma companhia como investimento é um signo externo de sua adesão aos preceitos da sustentabilidade. Para misturar metáforas, este é o investidor que compra ações da companhia que fabrica cordas com as quais os capitalistas serão enforcados... os capitalistas *maus*, os *outros* caras, que não são esclarecidos e devotos como ele. [...]. Este segundo tipo de investidor acredita que mudar o mundo é missão que exige elidir a política de praxe e passar ao largo da vontade do povo, tal como expressa por meios políticos. Como em muitos outros projetos anteriores, salvar o mundo... requer que o povo seja excluído do processo. A *canaille*... é simplesmente muito incivilizada e insofisticada, muito ignorante a respeito de seus reais interesses e necessidades, de sorte que não se pode esperar dela que mobilize a vontade para fazer as mudanças necessárias. Assim, alguém tem de fazer as mudanças para ela. Desde que as mudanças tenham sido feitas, e as massas vejam o que seus benfeitores lhes deram, então – e só então – irão despertar do sono da hegemonia cultural e entender o que é verdadeiramente bom e justo no mundo". Exemplo de intervenção antidemocrática de peças do movimento ESG, de grandes representantes do "capital politicamente correto", foi a investida de companhias midiáticas como a Disney, a Netflix e a Warner Media contra a lei do aborto aprovada na Geórgia. A lei tinha fixado que a prática do aborto estaria proibida a partir do momento em que fosse detectado que o coração do feto estava batendo. As corporações midiáticas não gostaram da história. Ameaçaram retirar seus negócios da Geórgia. Executivos de muitas e muitas empresas assinaram um anúncio no *New York Times* insistindo em que as restrições ao aborto eram prejudiciais aos negócios, *bad for business* – o que, francamente, soa no mínimo despropositado. Afinal, como uma proibição do aborto poderia ser prejudicial à Netflix? Não é uma afirmação plausível. O que Soukup enxerga nisso é a emergência de uma *dictatorship of woke capital*, uma ditadura do "capital politicamente correto": o empenho da esquerda cultural identitária para colocar o poder dos negócios — especialmente, dos mercados de capital — a serviço do avanço no sentido da realização de objetivos exclusivamente políticos. Houve protestos. Os críticos do capital-politicamente-correto denunciaram a movimentação para politizar os negócios norte-americanos, passando ao largo das instituições democráticas. Viram que uma considerável rede de organizações encarnara o propósito de acionar a estrutura do mercado de capitais para "substituir a vontade democrática da população", no sentido de tentar realizar políticas "progressistas" de outro modo inalcançáveis.

Outro capítulo interessante (não o mais importante) do livro de Stephen R. Soukup, pelo que pode ter de revelador para muita gente, traz como título a pergunta "A Quem Wall Street Pertence?". Diz Soukup que já se foi o tempo em que era possível falar de uma aliança entre Wall Street e o Partido Republicano. Hoje, a geração que dá as cartas naquele centro financeiro acha-se muito mais ligada à esquerda liberal de Bill Clinton, Barack Obama e outros "progressistas". Lembra ele que, logo ao derrotar o velho George Bush, Clinton recorreu a Wall Street para formular o plano econômico do seu governo — e Robert Rubin, da Goldman Sachs, se tornou um dos principais conselheiros do presidente. Na verdade, a partir da década de 1990, Wall Street começou a mudar de pele, convertendo-se em "bastião do pensamento político progressista". Mais precisamente, entre 1992 e 2008, "Wall Street se deslocou agressivamente para a esquerda". Apoiou Clinton, bancou Al Gore e suas pregações ambientalistas, botou decidida e decisivamente suas fichas em Barack Obama. "Wall Street amou Obama e amou especialmente seu liberalismo social e sua maleabilidade econômica". Entre os maiores financiadores da campanha presidencial de Obama, estavam grupos empresariais poderosos como Goldman Sachs, J. P. Morgan, Citigroup e Morgan Stanley. O Partido Democrata reinava em Wall Street. Mas o que foi mesmo que permitiu que essa burguesia riquíssima caminhasse da direita para a esquerda? Soukup acredita que a falência da esquerda tradicional, com suas pregações classistas e fantasias quiliásticas, aplainou o caminho, logo arrelvado pela configuração de uma esquerda mais realista e flexível. E pela projeção hegemônica do ambientalismo e do identitarismo, fazendo a cabeça dos jovens multimilionários que hoje comandam uma respeitável legião de empresas, constelando-se num campo "progressista", liberal.

Soukup diz ainda que 2019 foi o ano do movimento ESG. O *Financial Times* diz que 2020 também – e que mesmo *non-Esg funds* passaram a ter uma coloração verde, um *greenish tinge*. E a coisa não parou. Em abril do ano passado, editorial da *Economist* se deteve a propósito do tema. Em se tratando da revista que é, sua postura era esperável: liberais (do liberalismo tradicional) não acham nada engraçado quando o mundo da economia e o mundo da política estreitam demais suas relações. E a *Economist* foi justamente por aí, fazendo o alerta: negócios e política andam cada vez mais próximos, mais íntimos, nos Estados Unidos, com consequências previsíveis e preocupantes. Esse *mixing* de governo e corporações exige que fiquemos atentos, advertia a revista. Podem acontecer coisas elogiáveis nesse campo, como a manifestação empresarial contra as restrições ao voto na Geórgia e em outros estados norte-americanos. Mas podem acontecer também coisas lastimáveis e até perigosas. Da perspectiva da revista inglesa, quanto mais próximo o empresariado estiver do governo, maior a ameaça tanto para a economia quanto para a política. "Quanto mais cidadãos querem que empresas apoiem causas que lhes são caras, CEOs que ficarem em silêncio correm o risco de serem acusados de cumplicidade". A situação é tal que hoje fundos de investimento avaliam metas em plano social e de governança, em resposta à demanda de seus clientes. Grandes empresas exercem clara influência sobre o discurso político. Muitos norte-americanos pensam que o governo de Washington está quebrado e têm a esperança de que o assim chamado "mundo dos negócios" venha a preencher o vácuo. Etc. "Joe Biden tem uma grande agenda governamental que está fundada numa aliança com o mundo dos negócios para promover uma renovação nacional, enfrentar a mudança climática e preparar os Estados Unidos contra a ascensão da China". De fato, tudo isso tem aspectos arriscados. E a burguesia internacional parece mesmo ter ido no caminho que Soukup analisou. Todas as grandes corporações falam de "sustentabilidade". E o *Financial Times* celebra em primeira página: "A Nova Era Alemã – Candidata Verde à Chancelaria É Sopro de Ar Puro". A referência no caso era Annalena Baerbock, uma ambientalista de 40 anos de idade. Com sua projeção nas pesquisas, o partido de Angela Merkel iria para a oposição e a social-democracia encolheria, segundo a bola de cristal da redação. E o *Financial Times* aplaudiu a disposição dos verdes para promover a "transição energética" em direção a uma economia descarbonizada, sentenciando: "Mais do mesmo [CDU, SPD] é a última coisa de que a Alemanha precisa". Bem, Annalena foi derrotada pelo partido de Merkel e teve de se aliar a Olaf Scholz na composição do novo governo alemão. Mas o que quis destacar foi o discurso ambientalista do *Financial Times*.

Essas coisas também chegaram ao Brasil, como foi dito. Mesmo uma jornalista de economia apenas mediana, como Míriam Leitão, tocou outro dia no assunto, em artigo publicado no jornal *O Globo*: "Empresas anunciam compromissos de zerar emissões, de fiscalizar sua cadeia produtiva, porque isso é um diferencial competitivo". Cita, a propósito, palavras do engenheiro Tasso Azevedo, do Observatório do Clima: "No setor empresarial, do segundo semestre do ano passado [2020] para cá, todos os conselhos [das corporações] passaram a falar sobre o tema, querendo entender. [A conversa] saiu do nível de gerente, foi ao CEO e chegou ao conselho. Várias empresas estão assumindo compromissos e alguns bem fortes". Tasso chega a se referir às três maiores empresas brasileiras de proteína animal, JBS, Marfrig e Minerva: "Parece que as três estão disputando quem acaba primeiro com as suas emissões". A Natura sempre gostou de se plantar nesse terreno ambientalista. Foi uma pioneira. Chegou a financiar campanhas de Marina Silva, inclusive. Mas hoje a maré ganhou corpo e volume impensáveis há poucos anos atrás. Míriam: "O governo federal segue o seu projeto de desmonte do Ibama, do ICMBio, e até da Polícia Federal. No Congresso, tramitam projetos perigosos, como o que enfraquece o licenciamento ambiental e regulariza terras roubadas. O depoimento do delegado Saraiva [da Polícia Federal] mostra que 70% da madeira apreendida na operação Handroanthus, que [o antiministro] Salles diz ser madeira legal, não apareceu nem o suposto dono para reclamar. Há casos de falsificações grosseiras nos documentos. Esse é o projeto do governo Bolsonaro de legalizar o crime. Mas não é o da maioria do povo brasileiro, não é o das grandes empresas, nem dos grandes bancos. O capital converteu-se? Não. Ele está falando de negócios, como sempre. No mundo de hoje, produção ambientalmente suja não é financiada, não tem clientes, perde a competição". Do mesmo modo, empresas se apegam à ideologia multicultural-identitária e ao culto intransigente da "diversidade". Por isso mesmo, costumo dizer que hoje o "woke capital", espalhando-se pelo mundo dos grandes negócios, irrita profundamente os conservadores do Partido Republicano nos Estados Unidos — e logo mais estará atiçando os ânimos da extrema direita brasileira. Mas não nos esqueçamos de que empresários se movem pela lógica do lucro, da valorização das companhias, etc. E isto vale também, obviamente, para o empresariado da mídia, hoje igualmente voltado para "salvar o mundo". Mas "salvar o mundo" com a maior margem possível de lucro, é claro. Ou alguém acha que a Globo entrou nessa briga por esporte ou por amor à democracia? Longe disso. Sua grande e inadiável missão no planeta foi sinteticamente definida pelo poeta Ferreira Gullar, em depoimento de algum tempo atrás: "A TV Globo só pensa em ganhar dinheiro".

13

Ao lado da mixofobia puritana, do horror a misturas e hibridizações, a intelectofobia é com certeza um traço central do fundamentalismo identitário. Coisas como raciocinar e argumentar, em função da análise e discussão de teses que nos contradizem, é coisa definitivamente fora de moda. Perda de tempo, já que a verdade nos foi revelada e a temos em nossas mãos. Para lembrar o velho Alexis de Toqueville, elimina-se aqui "o transtorno do pensar". De qualquer sorte, a crítica à esquerda acadêmico-identitária de extração norte-americana cresce especialmente na França. Veja-se um exemplo recente no *Figaro*, "Certains Chercheurs Font Croire qu'une Bouillie Militante Serait de la Science", entrevista com a socióloga Nathalie Heinich, diretora de pesquisa do CNRS (Centro Nacional da Pesquisa Científica, França, uma das mais importantes instituições de pesquisa do mundo), quando da publicação de *Ce que le Militantisme Fait à la Recherche*, seu livro mais recente. Seu tema é a crise do ensino superior e da pesquisa, sabotados por correntes ideológicas que vão de desconversas "decoloniais" [*sic*] a desconversas "interseccionais". Nathalie aponta para o papel determinante de Pierre Bourdieu nesse lance do alistamento político-militante das chamadas "ciências sociais" e investe contra a proliferação dos tais *studies* no *campus*, no rastro do que aconteceu primeiramente nos Estados Unidos (mais uma vez, "anticolonialistas" copiando a matriz imperialista norte-americana). E critica incisivamente os *académo-militants* (é a expressão que cunha e emprega no seu livro) por sua carência de rigor e por sua deturpação do que deve ser a missão mesma da universidade, a saber, a produção e transmissão de conhecimento. Vejamos um pouco mais de perto sua leitura de Bourdieu, dos *studies* e da inquestionável degradação das práticas universitárias em nossos dias.

Nathalie começa observando que a produção dos *académo-militants* é falha, alheia às regras do rigor e ao espírito de descoberta que devem orientar a pesquisa, de modo que eles têm tudo a perder se o que fazem for submetido a qualquer arguição ou escrutínio mais sério. Ela indigita ainda que eles buscam proteger a fragilidade do que produzem sob o escudo de uma "liberdade acadêmica" que são os primeiros a sufocar, quando aceitam que imperativos militantes ditem os conteúdos do ensino e das publicações, como no caso da "cultura do cancelamento". Daí, traça uma espécie de ascendência dessa gente no ambiente universitário francês, avisando, aliás, que o problema se circunscreve ao campo da sociologia. Para ela, o militantismo acadêmico remonta ao período stalinista da "ciência proletária", no pós-guerra, e aos "delírios maoístas" que tomaram as universidades na década de 1970. Mas — prossegue — foi a sociologia de Bourdieu, na versão "engajada" que ele mesmo encorajou a partir da publicação de *La Misère du Monde*, quando celebra a sociologia como instrumento de combate, que mais fundamente plantou a ideia de que é legítimo colocar o pensamento e a reflexão sociológicos a serviço de objetivos políticos imediatos. "Para muitos jovens sociólogos, a sociologia mais não é do que esta 'sociologia crítica', dedicada a colocar em evidência as desigualdades e a explicar opiniões, ideias e ações pela 'posição no campo' e pelos 'efeitos de dominação'. Ora, Max Weber estudou as formas de dominação de uma perspectiva analítica de compreensão do mundo e não, como no caso do 'militante' de Bourdieu, de uma perspectiva de denúncia. Isto é perfeitamente legítimo na arena política, mas nada tem a fazer na arena universitária, voltada à produção e disseminação de conhecimentos". Quanto aos *studies* – que começaram nos Estados Unidos na década de 1980 e na França no primeiro decênio pós-2000 –, o que se vê é a promoção de uma nova safra de "objetos de estudo", definidos agora por sua vinculação a uma "comunidade" (a perspectiva "grupocêntrica" de sempre): as mulheres ganham seus *gender studies*; as pessoas de cor (voltamos a esta expressão mais ampla, já que não mais se trata apenas de pretos), seus *race* e *postcolonial studies*; os veados, seus *gay studies*; gordos e gordas, seus *fat studies*; e por aí vai, que o rol admite qualquer coisa, desde que diga respeito a vítimas discriminadas que precisam ser protegidas. O problema, sublinha Nathalie, é que o abandono da *découpage* em disciplinas (história, sociologia, antropologia, etc.) "fabrica universitários incultos, que não conhecem a não ser o que diz respeito imediatamente a seu objeto e ignoram o essencial dos conceitos, das problemáticas, dos métodos das ciências sociais". Fabricam, portanto, microcompetências que ela considera válidas somente no âmbito dos microgrupos e que podem se prestar a lutas políticas particulares – mas não formam "competências intelectuais que permitam generalizar, comparar e se deslocar por entre as múltiplas possibilidades exploratórias oferecidas pelas ciências sociais". Mais: "Pesquisadores e universitários têm o privilégio de serem pagos pela coletividade para produzir e transmitir conhecimentos. Qualquer outro objetivo é de outra arena, particularmente a arena cívica ou política – onde é perfeitamente legítimo querer transformar o mundo. Mas utilizar os meios, que nos são oferecidos, em proveito de objetivos que nada têm a ver com a ciência, parece, a meu ver, desvio de dinheiro público". Perfeito. E é também o que mais vemos hoje, nessa mesma área de "humanas", aqui no Brasil: desvio de dinheiro público.

Adiante, o entrevistador observa que os temas do "poder" (Foucault) e da "dominação" (Bourdieu) são onipresentes na vulgata sociológica contemporânea – e que, segundo Nathalie, eles pecam por uma espécie de "hiperconstrutivismo", que sugere que tudo é socialmente construído e, portanto, modificável a nosso bel-prazer. O que é mesmo que ela entende por isso? A resposta de Nathalie Heinich é maravilhosa: "A moda 'pós-moderna' desenvolvida no mundo anglo-saxão desde a década de 1980 a partir de pensadores franceses (a '*French theory*') muito se esforçou para assentar o pensamento crítico sobre a ideia de que tudo é 'socialmente construído', logo, modificável e maleável à vontade. O lugar-comum do militantismo acadêmico é uma soma de ingenuidade (pois o que é que, na experiência humana, pode escapar ao 'social', vale dizer, à linguagem, às instituições, às interações, aos sistemas de valores?) com um naturalismo subjacente, que postula implicitamente que só o que é natural é necessário, de sorte que, por exemplo, a diferença entre os sexos se torna contingente, desde que seja declarada 'socialmente construída', e assim é transformável ou anulável à vontade. Confunde-se, portanto, o que são evoluções coletivas e transgeracionais com desejos individuais de mudança imediata. O neofeminismo que bebe nos *gender studies* usa e abusa desse sofisma, enfeitado com a noção, também ela norte-americana, de 'interseccionalidade', que cruza discriminações ligadas ao sexo e discriminações ligadas à raça, para concluir que uma fêmea adulta de cor tende a ser menos favorecida que um homem branco: é o que chamo 'descobrir a lua' – uma atividade que os acadêmico-militantes praticam com constância e fervor". Cheguei a me lembrar, a propósito, de uma passagem de Roland Barthes, em seus *Elementos de Semiologia*: desde que haja sociedade, todo uso se converte em signo desse mesmo uso – como seria possível, portanto, encontrar um garfo ou uma faca, uma coligação ideológica ("correligionário", aliás, indica quem pertence a uma mesma religião), uma tampinha de refrigerante ou uma prótese peniana que não resultasse de uma "construção social"? A outra atividade em que identitários também se empenham diuturnamente e com absoluta dedicação policialesco-religiosa é aquela voltada para silenciar, bloquear e banir quem dissente da ideologia identitária hoje hegemônica. Entre outras coisas, como se sabe, acionando nossos já conhecidíssimos expedientes anticulturais e antipolíticos do "lugar de fala"; da versão esquerdista da *hate speech*, primando pelo despudor e a agressividade verbais; e do "cancelamento".

14

Existem dois "lugares" altamente lucrativos hoje no Brasil, além daquele ocupado pela eterna galera do "em cima do muro... ou não". O "lugar de fala" (expediente fascista para silenciar o outro) e o lugar de culpa. "Lugar de fala" não é apenas uma fantasia pré-sociológica. Implica a morte da discussão. Do debate sério. Da possibilidade de qualquer diálogo crítico um pouco menos raso. Aliás, o identitarismo nada tem de dialógico. Não é conversa – mas solilóquio. E tudo se passa segundo o seguinte critério: quanto mais "oprimido" eu for, mais sou moralmente superior, mais razão tenho eu. Procura-se exibir o melhor e mais extenso prontuário de vítima, e daí que o identitarismo tantas vezes sugira um campeonato de autovitimização. Mas vamos ouvir Mark Lilla (*The Once and Future Liberal: After Identity Politics*) sobre a construção linguística original de onde foi copiado o vosso "lugar de fala", na expressão "falando como X". Diz ele: "Quanto mais obcecados com identidade pessoal os liberais do *campus* se tornam, menos inclinados ficam a se envolver no debate político racional. Na última década, uma locução nova e muito reveladora migrou das nossas universidades para a mídia convencional: 'Falando como X'... Não se trata de uma frase inofensiva. Ela diz ao ouvinte que estou falando de uma posição privilegiada neste assunto. (Nunca acontece alguém dizer: 'Falando como asiático *gay*, me sinto *incompetente* para julgar este assunto'.) Ela ergue uma barreira contra perguntas, que, por definição, vêm da perspectiva de um não X. E o encontro se converte numa relação de poder: o vitorioso na discussão será aquele que invocar a identidade moralmente superior e expressar mais indignação com as perguntas que lhe forem feitas. Dessa maneira, as conversas de sala de aula, que um dia talvez começassem com a declaração 'Eu penso A, e este é o meu argumento', agora assumem a forma 'Falando como X, estou ofendido por você afirmar B'. Isso faz todo o sentido quando se acredita que a identidade determina tudo. Significa que não existe espaço imparcial para o diálogo. Homens brancos têm uma 'epistemologia', mulheres negras têm outra. Se é assim, o que resta dizer? O que substitui o argumento, então, é o tabu. Às vezes nossos *campi* mais privilegiados parecem até presos ao mundo da religião arcaica. Só aqueles com estados de identidade aprovados têm, como xamãs, permissão para falar sobre certos assuntos".

O identitário vê quem discorda dele como desonesto, doente, essencialmente maléfico. Quem pensa diferente ou discorda de mim não é só um adversário com suas ideias, mas um sujeito que só pode ser um deficiente ético. E que deve ser destruído. Thomas Sowell está obviamente certo quando diz que, mesmo se pudesse ser provado e comprovado que adversários ideológicos ou filosóficos de agendas supostamente "progressistas" são um bando de canalhas, isso ainda não seria uma resposta aos argumentos levantados por eles. Xingamentos raivosos, espumejantes, de canalha racista, machista ou homofóbica não constituem, de modo algum, refutação específica de um determinado argumento. E são macacos que não olham o próprio rabo. Xingam todo mundo de fascista, mas não olham a sua prática, o que efetivamente fazem. Fernando Coscioni: "Eles querem controlar a linguagem promovendo certos termos e banindo outros, determinar a maneira como as interações entre homens e mulheres devem ser, dar a última palavra sobre a raça e o gênero das pessoas que estão autorizadas a falar sobre certos temas e obrigar todo mundo a gostar de determinados grupos sociais e políticos, mas os obcecados com 'política de costumes' e 'pautas morais' são sempre os 'evangélicos' e a 'direita reacionária'; nunca são eles. Como podem ser tão cegos?". E por aí nossos sistemas político e universitário prosseguem impávidos na rota de sua autodesmoralização. Estudantes já não escrevem e defendem teses. Não. Discursam inflamados sobre as tais das "outras epistemologias" (que nunca sabem dizer quais são) e daí, não raro, limitam-se a apresentar, no lugar da tese, algum relato auto-biográfico. Caímos no psicologismo das vivências, em catarses exibicionistas, no conto dos consultórios sentimentais. Despreza-se o rigor factual e, mais ainda, o conceitual. Não, decididamente, a universidade não é mais um lugar para pensar. Mas um palco para a militância. Um ringue para o "ativismo".

Me lembro de uma cena da adolescência no Rio de Janeiro. Íamos a algum restaurante, em dois automóveis (andávamos quase sempre de turma). Um carro deu a partida antes e o nosso em seguida, com a cineasta Suzana de Moraes, bonita e *sexy*, dizendo: "follow that car" — e todos riram. Não sei se a frase é clichê de filmes policiais, ou se pérola verbal de algum clássico do gênero. Mas me lembro disso sempre que vejo algum identitário se embaralhando nos fios de sua própria estupidez. "Follow that argument" — é o que tenho vontade de dizer. Mas sei que seria em vão. Porque este é mesmo um capítulo incontornável do enredo fascista do multicultural-identitarismo: a morte do argumento. Em seu lugar, o que temos agora é prepotência, intolerância e lição de moral. Com o recurso constante a uma ferramenta que tem tudo a ver com ditadura e censura, mas nada a ver com pensamento e vida intelectual, que é a prática do *no platforming*, do "cancelamento". Escreve Laura Greenhalgh, em artigo no *Valor Econômico*: "Nessa máquina de triturar reputações, quem é cancelado, de fato, é o indivíduo, não uma ideia, uma tese, uma visão de mundo". Perfeito. Ela cita Barack Obama, numa conversa com jovens em sua fundação: "Cancelamentos não são uma forma de ativismo. Nem um chamado para a mudança. [...]. Apontar falhas alheias, apenas para se sentir bem, não faz sentido". E reproduz o raciocínio de Utpal Dholakia, que, segundo ela, "afirma que o cancelamento não se baseia nem em uma visão equilibrada do que seja transgressão, nem em critérios socialmente estabelecidos do que seja 'agir fora das normas'. Trata-se de uma resposta visceral em torno de um aspecto concebido como condenável, a partir de um único ângulo. Portanto, todo cancelamento já nasce enviesado ao não admitir visões contrastantes, muito menos opostas. Restringe a liberdade de expressão via coerção ou censura, gera punições desproporcionais e alimenta a intolerância. Em termos políticos, trata-se de uma grave ameaça para as sociedades democráticas". Nos poucos cancelamentos a que me dei o trabalho de acompanhar o processo, um aspecto me impressionou: o gozo perverso em tentar destruir o outro. O prazer em humilhar. Gozo advindo não só do sofrimento supostamente imposto a alguém, mas também gozo com o poder de ser capaz de impor tal sofrimento. E vejo isso, em termos quase psicanalíticos, como reação doentia à frustração e à humilhação um dia experimentados em campo social ou racial. Produtos violentos do ressentimento. Sadismo, sim. Um comportamento social e politicamente patológico.

Aqui chegando, recordo o texto "O Cancelamento da Antropóloga Branca e a Pauta Identitária", de Wilson Gomes, publicado na *Folha de S. Paulo*. Porque Gomes sublinha um aspecto relevante da questão, não raras vezes evitado. Ele parte de uma visão panorâmica, situando as coisas: "Para o linchamento e o cancelamento digitais se requer... uma multidão unida por algum sentido de pertencimento recíproco, motivado pela percepção de que todos estão identificados entre si por algum aspecto essencial de sua própria persona social. Um recorte comum, por meio do qual são separados e antagonizados, de um lado, o 'nós', de dentro do círculo, e, de outro, 'eles', os de fora. Em geral, o ponto de corte formará grupos de referências ou comunidades baseadas em etnias, cor, gênero, orientação sexual e origem geográfica ou até mesmo em posições políticas. [...]. Em segundo lugar, há que haver uma motivação moral. Linchar ou cancelar não é como inventar *fake news* ou disseminar teoria da conspiração, seus parentes mais próximos na família dos comportamentos antidemocráticos digitais, que podem ser realizados amoralmente... O grupo que faz um linchamento digital, por sua vez, parte da premissa de que, pelo menos naquele ato especificamente, é moralmente superior a quem está sendo justiçado". Ok. E aqui chegamos ao ponto a que desejo dar vivo ressalte. É que nem sempre o cancelamento se resume a um concurso na passarela da superioridade moral. Gomes observa que, num cancelamento promovido por identitários racialistas neonegros, pode estar em jogo, principalmente, "uma disputa pelo 'mercado epistêmico' dos temas da questão racial". Vale dizer, "uma luta concorrencial entre certos negros que pretendem o monopólio exclusivo e os concorrentes não negros que falam e discutem temas por serem especialistas neles ou simplesmente porque se interessam pelo assunto e que precisam ser retirados do mercado". Bem fácil de entender. O que está em jogo é uma velha conhecida nossa: a reserva de mercado. E com astúcias de mascate.

"Claro, isso não pode ser apresentado em termos mercadológicos, mas sempre em jargão moral... É curioso como só nos damos conta desta luta pelo monopólio epistêmico quando há essas escaramuças que vemos nos cancelamentos, linchamentos e assédios digitais. Uma *blitzkrieg* eficiente sempre rearranja o campo. Para os atacantes, são chances de melhor se posicionarem no mercado epistêmico, quem mais lacrar e humilhar, mais acumula capital. Naturalmente, quem já está bem posicionado no campo acumulará ainda mais prestígio e distinção. [...]. E ai dos atacados, que são vítimas, mas nem isso podem alegar, uma vez que no linchamento identitário são justamente as 'vítimas ontológicas', portanto, imunes às circunstâncias, os que lhes arrancam pedaços da reputação, eventualmente empregos e vida, enquanto choram pela opressão estrutural... É luta por acúmulo de autoridade em termos de raça e etnia. Um capital que depois vai render no mercado de palestras, livros, produtos culturais, posições acadêmicas, convites internacionais, empregos na mídia, cargos públicos e autoridade tribal". Sim: "O mercado epistêmico é um mercado como outro qualquer, claro, mas não pode aparecer assim e precisa se camuflar como disputa moral pela superioridade no horizonte dos valores. [...]. O que me assusta, em todos esses ataques, é a enorme complacência e cumplicidade da esquerda na tentativa de tornar nobre aquilo que, no fundo, é um discurso e um comportamento de tremendo autoritarismo". O fascismo identitário de esquerda em ação... Mas vamos retomar o ponto de partida e suspender provisoriamente esta conversa (ou acabo escrevendo um novo livro). Com tudo o que foi dito, com destaque para a conquista das vagas e verbas do "mercado epistêmico", não devemos subestimar em nada a misologia identitária. Sua alergia à objetividade. Ao raciocínio lógico. Seu desprezo pela ciência (negacionismo universitário que hoje só encontra paralelo, entre nós, no negacionismo bolsonarista da direita mais obtusa). Mas não só. Muito do que vejo, ouço e leio, na vasta e feroz montanha de discursos antimachistas, antibrancos, "antirracistas", etc., me parece produto de uma espécie de indignação pré-fabricada. Mas, com relação a essas milícias de militantes, tomadas de ativismo tão furioso quanto ressentido, não podemos nos esquecer, em momento algum, de uma outra coisa: o ódio que a ignorância tem pelo conhecimento.

15

Quanto ao lugar de culpa, vale uma nota à sombra do velho Oswald Spengler... Com o multicultural-identitarismo, passamos do tema da decadência do Ocidente ao projeto (em execução) de juízo final da "civilização ocidental". E com os ventos favoráveis do sistema universitário, da mídia e de não poucos partidos políticos soprando fortemente a mudança nos campos férteis do masoquismo que caracteriza esta "civilização". E este é um ponto relevantíssimo: os ataques ao Ocidente encontram solo mais do que propício no próprio Ocidente, em consequência do lugar central que a culpa ocupa na mentalidade e na psique dos filhos e herdeiros da cultura judaico-cristã. Pascal Bruckner já abre *La Tyrannie de la Pénitence* falando disso. Observa que, depois de se representar como pensamento crítico emancipador, de proclamar aos quatro ventos o direito ao prazer, de ter celebrado o hedonismo, a filosofia ocidental (moderna e contemporânea – de Sartre aos filhotes e netos de Foucault) grita agora em nossos ouvidos: *repentez-vous*! arrependei-vos! Esta é a mensagem atual daquilo que um dia foi voz e discurso libertários. "O que ela nos inocula, em matéria de ateísmo, é mesmo a velha noção do pecado original, o antigo veneno da danação" – escreve Bruckner, lembrando o quanto isso medra fácil em terreno judaicocristão. E embora tais filósofos se digam ateus, agnósticos, livrespensadores, etc., o que eles estão fazendo é reintroduzir, em nosso mundo, a crença que juram recusar. Aqui, Bruckner recorda uma antevisão nietzschiana: em nome da humanidade, ideologias laicas supercristianizam o cristianismo e vão mais longe que sua mensagem original. De uma forma sintomaticamente seletiva. Enquanto todos os demais povos do planeta se encontram no direito de flanar leves e livres, apesar de todos os seus crimes, só e somente só os ocidentais aceitam carregar o fardo do pecado original. Consentem em estar condenados à culpa. E a se penitenciar.

"Do existencialismo ao desconstrucionismo, todo o pensamento moderno se esgota na denunciação mecânica do Ocidente, acentuando a hipocrisia, a violência, a abominação". E poucos não sucumbem à nova "rotina espiritual", prossegue Bruckner – enquanto um aplaude uma revolução religiosa ou um regime opressivo, outro se extasia com a beleza de atos terroristas ou apoia qualquer guerrilha, alegando que ela "contesta nossa lógica imperial". Existem até os que veem, nas gangues juvenis de guetos norte-americanos, exemplos admiráveis de "guerrilha urbana", talvez sob o signo do *street-fighting man* do *rock* dos Rolling Stones. E aqui Bruckner toca num ponto decisivo: nossos intelectuais modernos e pós-modernos se mostram extremamente complacentes com ditaduras extraocidentais e – ao mesmo tempo – totalmente intransigentes *vis-à-vis* nossas democracias. *Eternel mouvement*, ironiza — "um pensamento crítico, primeiramente subversivo, volta-se contra si mesmo e se transforma em novo conformismo, mas um conformismo aureolado pela recordação da antiga rebelião". A audácia de ontem caiu no lugar-comum de hoje. Tudo se fez dogma, *presque monnaie d'échange*, "quase moeda de troca". E ele diz isso porque todo um "comércio intelectual" se estabeleceu com base nesse credo: os professores-sacerdotes ("os mascates do estigma") são remunerados por sua conversa fiada, enquanto distribuem permissões para o que se pode pensar e para quem pode falar. Dão ou recusam o *imprimatur* conforme o grau de ajustamento do texto ao dogma. Para evitar qualquer desvio, comandam a polícia da linguagem. E repetem sempre as mesmas coisas. Como toda ideologia, trata-se de um discurso que dispensa o registro empírico, que dá as costas a evidências, que não faz caso de fatos. Basta repetir o dogma, a verdade revelada, o discurso penitencial. E a obrigação da penitência é uma "máquina de guerra" de múltiplas funções: censura, rasura, distingue. "Em primeiro lugar, impede o bloco ocidental, culpado por toda a eternidade, de combater outros regimes, outras configurações estatais, outras religiões. Nossos crimes passados nos intimam a manter a boca fechada. Nosso único direito é o silêncio". Nada de tomar partido, nada de se engajar nas coisas de nossa época. Só resta ao Ocidente aprovar tudo que venha daqueles que um dia oprimiu. É o tempo da autoflagelação. Mas, lembra Bruckner, o Ocidente tem culpa no cartório: vítima de sua vitória sobre o comunismo, ele se desmobilizou política e intelectualmente depois da queda do Muro de Berlim. "Um ambiente de renúncia se seguiu à euforia do triunfo". E agora cobrado por todos os outros – da África, da Ásia, do Oriente Médio, mas principalmente por seus pretos, suas mulheres, seus homossexuais e seus índios –, parece ter vergonha de si mesmo.

Seguindo o caminho da contracultura, a esquerda multicultural-identitária, ao contrário da esquerda marxista, deu infinitamente mais ênfase à crítica da civilização ocidental do que à crítica ao capitalismo. O inimigo passou a ser o Ocidente (melhor: o que ela fantasia ser o Ocidente) e "as grandes instituições consideradas suas guardiãs – quer se trate do Estado, da nação, da família ou da escola" (Bock-Côté). No final das contas, a própria ideia de civilização se tornou suspeita, como se fosse sinônimo de crime. "A civilização é um altar onde se faz um sacrifício – um sacrifício humano", escreveu Norman O. Brown no *Closing Time*, sem sequer atentar para o fato de que o sacrifício ritual de seres humanos é encontrável tanto nas religiões tradicionais da África Negra, como acontecia na Iorubalândia, no antigo Daomé, quanto em religiões tradicionais da América pré-colombiana, como a dos muíscas – mas não em religiões do Ocidente, como a judaica, a cristã e a corânica... Nenhuma dessas religiões exibe um deus como o Huitzilopochtli dos astecas, cujo culto exigia uma guerra ritualística periódica, com o objetivo de capturar inimigos para sangrá-los em sacrifício sagrado. Em todo caso, em tempos de relativismo pós-moderno, a palavra *civilização* se tornou anátema – e foge-se dela como o diabo da cruz. "Hoje em dia, o termo *civilização* raramente aparece em textos acadêmicos ou no jornalismo, sem o devido uso de irônicas aspas, como se a civilização fosse uma criatura mítica, como o monstro do

Lago Ness ou o Abominável Homem das Neves, e acreditar nela demonstrasse um sinal de ingenuidade filosófica. [...]. O objetivo final do furor desconstrucionista, que varreu a academia como uma epidemia, é a própria civilização, enquanto os narcísicos dentro da academia tentam encontrar justificativas teóricas para sua própria revolta contra as restrições civilizacionais", observou Dalrymple, em "O que Temos a Perder".

Bruckner e Sowell estão certos. A recusa à civilização vem invariavelmente acompanhada pelo elogio de tudo que não seja ocidental. De tudo que não seja "branco". E aí vemos a simpatia aberta ou mal disfarçada por uma revolução religiosa cruel como a do Irã ou por ditaduras grotescas na África Negra. Antecipando isso, aliás, Stokely Carmichael mudou seu nome para Kwame Touré, em homenagem a dois ditadores africanos dos anos sessentas: Sekou Touré, da Guiné, e Kwame Nkrumah, de Gana. Do *black power* ao identitarismo, essa doença infantil só fez se espalhar. Sowell: "O que é chamado de 'multiculturalismo' raramente representa um retrato completo dos prós e contras das sociedades do mundo todo. Muito mais comum é a ênfase dada aos aspectos desagradáveis quando se trata de discutir a história e a condição atual dos Estados Unidos ou da Civilização Ocidental, ao mesmo tempo que se minimizam ou mesmo ignoram os aspectos desagradáveis toda vez que se discute a Índia e outras sociedades não ocidentais". Claro: como vimos, ao multiculturalismo só interessa caracterizar a caminhada do mundo ocidental (tanto em seus pecados quanto em suas grandezas, não importa) como crimes contra a humanidade. E é com relação a esses crimes (alguns reais e outros imaginários, tanto faz, que aqui o factual e o fantasioso se apresentam em circuito definitivamente reversível) que os identitários exigem desculpas. Exigem que o Ocidente reconstrua sua trajetória nos termos de uma história penitencial. É a demonização absoluta e absolutizante do Ocidente. Ao mesmo tempo, todos os povos, culturas e sociedades não-brancos do planeta são absolvidos. Como vítimas eternas, não podem ter cometido pecado algum. Embora seja uma tremenda cara de pau o Egito e a China posarem de vítimas. E o silêncio, diante de seus crimes, torna-se a lei, o dogma. Leva-se então, para o plano das culturas e das nações, a cegueira programática dos identitários com relação a si mesmos (amplia-se, aplicando ao mundo extraocidental, o silêncio de Angela Davis sobre os crimes sexuais do "pantera preta" Eldridge Cleaver). Ninguém reivindica liberdade-igualdade-fraternidade, ninguém pronuncia a palavra *diversidade*, com relação a países islâmicos, asiáticos ou negroafricanos. Isso está simplesmente proibido. E calem-se os fatos, ok?

Bem, eu poderia ainda encher páginas e mais páginas com essas anotações. Mas vou parar por aqui ou, como disse, acabo produzindo mais um livro, tamanho é o rol de absurdos e cretinices que vejo ao redor. Farei isso adiante, mas, no momento, me sinto entediado, tristemente entediado, com o rol de alarifagens e agressões que vi na panela de pressão de identitários intelectual e politicamente vociferantes, caricaturais e vesgos. Só vejo uma saída para o caos ético, político e cultural em que nos encontramos: voltar a acender a luz sobre o Brasil Mestiço. Porque o que vemos hoje, com a importação do padrão dicotômico norte-americano, cujo objetivo é transformar o país num campo racial polarizado como os Estados

Unidos, é o sequestro do mestiço na vida brasileira. E tudo começa com a grande farsa estatística promovida pelo IBGE — farsa e fraude — ao enfiar pardos, caboclos, etc., no tal do "contingente negro" da população. A fraude é tão escandalosa que, nessa conta do IBGE, o Amapá é mais negro do que a Bahia... Para impor a fraude, "cientistas sociais" trataram inclusive de ridicularizar a classificação popular em vigor no Brasil, com seu reconhecimento/identificação de todo um rico e variado espectro cromático. Em seu lugar, colocaram a maluquice da "one drop rule", a "fantasia racista" antibiológica (negacionista) norte-americana, como a denominou o antropólogo marxista Marvin Harris. Bem. A sociologia marxista-funcionalista brasileira recusou uma leitura senhorial da mestiçagem (e a consequente falácia da "democracia racial"). Mas, em vez de repensar em profundidade e em outra dimensão nossa experiência mestiça, o que veio depois, com a ignorância e a esperteza do racialismo neonegro, optou pelo atalho mais fácil e falso: decretou ideologicamente que o mestiço não existe. Não importa que sejamos todos mestiços. Isso é ilusão de ótica. Algo como a *maya* do misticismo oriental. Porque a verdade foi revelada há tempos nos Estados Unidos: só temos pretos e brancos entre nós. O racisfascismo neonegro não aceita no país a existência de não-pretos que não sejam brancos. É ridículo. O mestiço (o pardo, o caboclo, o moreno) não passa de um truque. Ridículos, mesmo, são os "cientistas sociais" que quiseram ridicularizar a classificação cromática popular brasileira, muito mais próxima de nossa realidade bioantropológica do que o dualismo norte-americano que importaram para colocar em seu lugar. E por aí vai esse trambique mental desastroso, mas sobretudo racista, que recebeu o nome de "identitarismo". E que exige de nós, para ser combatido e erradicado, apenas três coisas: seriedade, lucidez e coragem. Principalmente, coragem. A covardia política e cultural tem sido a *trade mark* da vida mental brasileira nesses últimos anos. Disfarçada, tantas vezes, de "postura estratégica", "recuo tático" e outras fórmulas pomposas que procuram igualmente ocultar a debilidade do espírito com a solenidade do discurso. Lembrando-me, aliás, a observação maravilhosa de Laurence Sterne, o autor do *Tristran Shandy*: "Gravity, a misterious carriage of the body to conceal the defects of the mind". Ou: "A gravidade, misteriosa atitude do corpo para esconder os defeitos da mente". Porque, em bom português, a palavra, para o que tenho visto à minha volta, é outra: frouxidão.

16

Falei antes em acender a luz sobre o Brasil Mestiço. Mas devemos ter cuidado. É preciso fazer isso sem criar mais um movimento identitarista, sem cair na armadilha do essencialismo identitário... Nesta direção, publico aqui uma versão relativamente livre e bem condensada do verbete *antimestiçagem*, assinado pelo antropólogo François Laplantine, no dicionário *Métissages — de Arcimboldo à Zombi*, que ele escreveu em parceria com Alexis Nouss, professor do departamento de linguística da Universidade de Montreal:

A mestiçagem sempre existiu, historicamente, sobre um fundo de antimestiçagem. A antimestiçagem permanece o pensamento dominante e se acredita fundado sobre os princípios da identidade, da estabilidade e da anterioridade, privilegiando a pureza, a ordem e a origem. Ela pressupõe uma natureza humana essencializada, numa cultura particular já constituída – um mundo no qual os lugares e as funções, a ordem e os valores, são dados desde o início do mundo e existirão para sempre. A antimestiçagem é a exacerbação das fronteiras e do senso dos limites, fixando lugares e não permitindo que alguém se desloque sem cometer transgressão. Ao contrário da mestiçagem, que é uma experiência-limite do pensamento (e não de limites que separam e excluem), a antimestiçagem é uma atitude resolutamente identitária, incapaz de encarar a alteridade dentro de cada um. Incapaz de conceber a estranheza, vê o estranho e os estrangeiros como modalidades absurdas do ser ou inimigos potenciais. Para a antimestiçagem – vale dizer: para a obsessão da filiação pura e da reprodução do idêntico –, a mestiçagem é a ameaça por excelência. A ameaça da deslegitimação do mito da origem e de uma concepção do mundo de caráter monocêntrico, monológico e monolinguístico.

A antimestiçagem carrega o racismo como uma de suas formas paroxísticas. Em seu apego ao solo, ao território, às raízes, ela demonstra uma repulsa prenhe de ansiedade ao aspecto inquietante da realidade e ao aspecto contraditório da existência. Ela é a recusa do real, o receio da história e a aversão ao pensamento. Reflete a ilusão da plenitude, da presença e da transparência. Cultiva a lógica da atribuição e da designação – e não pode aceitar o nomadismo mestiço. Existe a mestiçagem da recusa, da autossuficiência. É a fantasia do puro, do próprio, da propriedade. Para a mestiçagem, o que importa é a dinâmica do *trait d'union*, que não é a justaposição do um e do outro, mas o *entre-deux*. É um processo frágil e incessantemente ameaçado (tanto pela "negritude", quando pelo "embranquecimento", por exemplo). O processo da dinâmica desse encontro *entre-deux*, do interstício, do intervalo, da intermitência, que convoca intermediários e suscita interpretações. A mestiçagem é passível de ser questionada tanto pela lógica identitária da exclusão, quanto pela lógica da conjunção voraz, que conduz à indivisão e à indistinção. É um movimento de circulação ininterrupta entre a conjunção e a disjunção, a que Gilles Deleuze chamou "síntese disjuntiva". E é um processo que não exclui o conflito e a tensão. Dolorosos, inclusive.

17

A essa altura, vou abrir um pouco o foco, para não ficar falando somente de racialismos e neonegrismos... E começo por uma confissão. Mesmo quando estamos examinando assuntos sérios e às vezes até dramáticos, não deixam de acontecer momentos em que não resistimos ao riso (ou mesmo à gargalhada) diante de certos absurdos, cretinices, sofismas abstrusos, distorções escandalosas das coisas, piadas involuntárias, maluquices diversas. A irritação ou a indignação cede rápida e provisoriamente o posto ao espírito cômico e à disposição irônica ou satírica. Esses momentos não deixam de ser relaxantes e até profiláticos, desarmando saudavelmente a cabeça e todo o restante do corpo. Nessas ocasiões de riso, chego mesmo a agradecer aos exageros e derrapadas decorrentes de excessivo zelo político-identitário, digamos assim, mas também da imbecilidade, esta senhora disforme e estouvada que praticamente tomou conta dos mundos universitários, políticos e jornalísticos em nossos dias. É o identitarismo em suas *performances* rotineira e involuntariamente histriônicas. No início de 2021, por exemplo, um dos líderes do Partido Maori, um sujeito chamado Rawiri Waititi, foi retirado do parlamento da Nova Zelândia por se recusar a usar gravata. Segundo ele, a gravata era um *colonial noose*, um laço (ou nó) colonial. No entanto, embora sem gravata, o cretino usava tranquilamente paletó e chapéu, peças que, até onde eu saiba, jamais fizeram parte do vestuário tradicional dos maoris... Como não ver o ridículo? Como não rir?

Confesso ainda que, mesmo sem chegar a rir, não consigo levar a sério um exagero, digamos, como o do cartunista Laerte tratado como *mulher* no Caderno Feminino (que coisa mais antiga! que coisa mais binária! — o Leblon e a Vila Madalena não protestaram? — me perguntou um amigo) do jornal *O Globo*, a propósito da comemoração do Dia Internacional da Mulher. Verdade: o tal do Caderno Feminino publicou matéria dizendo que a presença feminina enriqueceu a produção de histórias em quadrinhos no Brasil. E o exemplo citado, para comprovar a tese, era... Laerte. Bem. Laerte pode fazer o teatro que quiser e bem entender e ser tratado como desejar. Mas mulher, mulher mesmo, ele não é. Travesti é travesti, *cross-dresser* é *cross--dresser*, trans é trans — e acho que devem se assumir como tais. Ou agora vão concordar com o artigo debochado (mas com aparência seriíssima) do trio Peter Boghossian-James Lindsay--Helen Pluckrose, sustentando que o pênis não passa de uma "construção social" e é responsável, entre outras coisas, pelo aquecimento global? Essa moda de querer excluir a biologia de qualquer conversa sobre sexo é um tremendo contrassenso, uma tremenda tolice. Assim como achar que a anatomia não conta para nada. Ora, sexo é uma coisa muito clara. Só existem dois: o masculino e o feminino – e o que temos, em redor disso, não passam de variações em torno do tema central. E, nessa profusão de novas categorias "sexuais", todos se definem, invariável e inevitavelmente, com relação à dupla biológica fundamental. Freud estava certo: anatomia é destino. De todo modo, esta celebração de um (uma?) Laerte-mulher, me faz lembrar de outras coisas. Caitlyn Jenner hoje é "trans" e quer governar a Califórnia. Mas, tempos atrás, quando ainda se chamava Bruce, chegou a ganhar medalha olímpica *masculina*. Acontece que, embora trans, Jenner não acha correto que pessoas trans disputem competições esportivas femininas nas escolas. Claro. O jogo nunca será equilibrado. Não dá para mocinhas concorrerem com trans femininos, isto é, com rapazes biológicos que, digamos, viraram a casaca. Mônica, a personagem dos quadrinhos de Maurício Souza, dando porrada em Cascão e Cebolinha, não é regra, mas exceção. Aliás, se ficar estabelecido que trans pode entrar em todo e qualquer esporte feminino, poderemos chegar a um quadro hilário: ter uma seleção feminina de futebol onde não haja uma só mulher – e sim um craque trans em cada uma das onze posições. E, por falar nessa barafunda de gênero, me aparece agora um holandês, em reportagem do *Washington Post*, dizendo que a questão da idade é tão "fluida" quanto a de gênero – e que por isso ele está entrando na justiça para mudar oficialmente sua idade: de 60 e porrada para 40 e poucos anos... Perfeito. E os exageros se sucedem vertiginosamente não como desvio, mas sim como consequência lógica da ideologia diversitária. Hoje, no rastro da tal da "linguagem inclusiva", fala-se até de "maquiagem inclusiva", como vi recentemente no debate de um grupo trans no canal Universa. E assim *la nave va*: de "maquiagem inclusiva" a "afromatemática" (quem sabe, logo mais haverá uma rebelião contra os algarismos romanos, que seriam latinos, brancos, em defesa dos algarismos arábicos, que deverão ser tratados, obviamente, como muçulmanos — e quem persistir no uso dos romanos receberá, muito provavelmente, o tratamento de islamofóbico).

Mas não vou me deixar levar pelo modo caricatural com que a mídia trata o caso de Laerte, atropelando inclusive leituras do que seria uma possível estilística feminina. Tratemos o assunto com mais seriedade e maior cuidado. A grande polêmica interna dos movimentos feministas, hoje, é em torno das mulheres trans, a propósito do lugar que estas podem ocupar naqueles movimentos (veja-se, *by the way*, o longo artigo "*Sex Wars*, de Amia Srinivasan, publicado na *New Yorker*). De uma parte, temos as feministas *trans-exclusionary*, a exemplo de Robin Morgan e Germaine Greer, que chegou a tratar trans que posa de mulher "cis" como uma espécie de "paródia espectral". Aqui, a turma trans é definida em termos de estelionato, por não ter tido nenhuma vivência ou socialização feminina (o que é verdade), inclusive no sentido de se perceber fisicamente frágil diante de estupradores (a curra é mesmo uma obsessão feminista). De outra parte, encontramos Catherine MacKinnon: "Quem quer que se identifique como mulher, queira ser mulher, ande por aí como mulher, no que me diz respeito, é uma mulher". Esta é a visão predominante entre feministas mais jovens. Uma feminista inglesa (negra), Lola Olufemi, diz mesmo que o conceito "mulher" é "um guarda-chuva sob o qual nos unimos para fazer demandas políticas". Bem, na minha modesta opinião, trans podem se opor ao sistema de identidade de gênero, reagir ao círculo de ferro do "binarismo", querer virar a mesa de suas vidas sexuais, no que contam com meu total apoio e simpatia, mas não devem fazer de conta que a biologia é uma ficção. Há até feministas radicais que dizem que "o essencialismo biológico é inimigo da política de massas". Provavelmente, estão certas. O que mobiliza massas não é a verdade ou a complexidade, mas o maniqueísmo, a polarização. E confesso que não jogaria a ciência biológica no lixo apenas para ter sucesso numa política de massas. A longo prazo, é o tipo da postura desastrosa. Enfim, como já deve ter ficado claro, não embarco na canoa furada de Simone de Beauvoir dizendo que "ninguém nasce, torna-se mulher". É claro que a pessoa nasce mulher, nasce fêmea, tanto que pode se submeter a cirurgias para tentar dar um jeito nisso. Somos primatas, afinal de contas. E ninguém vai querer me dizer que uma macaca não nasce macaca — ou que ser macaca é uma "construção social" (como no provérbio grego citado por Erasmo de Rotterdam, o macaco é sempre macaco, mesmo vestido de púrpura). A pessoa nasce mulher — o que ela não nasce é mulher chinesa num mundo confuciano, mulher grega dos tempos socrático-platônicos, mulher alemã na República de Weimar ou mulher parisiense num café existencialista. É essa dimensão secundária, do ponto de vista biológico, que aparece, obviamente, como construção social. Só. Daí que, à companhia de filósofas feministas, eu prefira a do time da sociobiologia. Por aqui, podemos percorrer uma trilha mais segura para nos aproximar do homossexualismo, da homofilia, da questão do transgênero. Por falar nisso, a socióbióloga Sarah Hrdy, em *The Woman That Never Evolved*, relata que "interações homossexuais" foram flagradas em meio a outros primatas, tanto na selva quanto no cativeiro. Cita, inclusive, a pesquisadora Suzanne Chevalier-Skolnikoff, que acompanhou uma fêmea do macaco tipo *stumptail* (não sei como eles são chamados em nossa língua) montar 23 vezes em outra fêmea, chegando ao clímax sexual. Outro sociobiólogo, Edward O. Wilson, sugere que é perfeitamente possível que genes podem predispor uma pessoa à homossexualidade, defendendo seu ponto de vista em livros como *Da Natureza Humana* e *Sociobiology*.

Como não conheço qualquer leitura sociobiológica do transgenerismo, me ancoro no campo histórico-antropológico. Os estudiosos sabem que, em diversas culturas arcaicas (ou estáveis ou milenares ou "primitivas"), não é nada incomum que homens homossexuais adotem signos vestuais, práticas, maneiras e modos de mulheres – e mesmo que se casem com outros homens. Da mesma forma, sabe-se de mulheres homossexuais que assumem signos vestuais, práticas, maneiras e modos de homens – e mesmo se casem com outras mulheres. Veja-se o caso na esfera da sociedade tupinambá que os portugueses encontraram no litoral quinhentista do que hoje é o Brasil. Os tupinambás podiam escolher livremente, para tocar o barco da vida conjugal, uma pessoa do mesmo sexo. Lésbicas não eram levadas a dissimular seus relacionamentos erótico-amorosos, nem marginalizadas do convívio social, porque se envolviam com outras mulheres. O homossexualismo, tanto masculino quanto feminino, foi praticado, sem maiores problemas, em meios aos grupos indígenas tupis. Embora amantes passivos do "pecado nefando" ou lésbicas mais frágeis pudessem eventualmente ser objetos de troças ou farpas verbais, o fato é que o homoerotismo fazia parte do cotidiano das aldeias. Os grandes e temidos guerreiros tupinambás gostavam de acariciar — e se deixar acariciar por — indivíduos do mesmo sexo. Juntavam seus corpos nus aos corpos nus de outros homens, entregando-se aos jogos da volúpia. Homossexuais abriam casas públicas ao longo dos caminhos mais frequentados pelos guerreiros, a fim de recebê-los em seus braços. Como bem disse o sociólogo Florestan Fernandes, em *A Organização Social dos Tupinambás*, "a sodomia recebia o beneplácito social". E, como ainda hoje acontece em meio às classes populares brasileiras, havia uma visão diferenciada dos homens envolvidos num engate homossexual, a depender de suas supostas posições no coito: passivo = bicha, veado (*tivira*, para lembrar o — para nós — sugestivo som da palavra no léxico erótico tupinambá); ativo = macho e mesmo valente. Ainda segundo Florestan, os tupinambás que eram "pederastas ativos se orgulhavam daquelas relações, considerando-as manifestações de valor e valentia". Do mesmo modo, o tribadismo tupi vicejava. Nada clandestino, nada oculto. Lésbicas se afirmavam como tais ao ar livre e em plena luz do dia. "Algumas índias há que também entre eles determinam ser castas, as quais não conhecem homem algum de nenhuma qualidade, nem o consentirão ainda que por isso as matem. Estas deixam todo o exercício de mulheres e imitam os homens e seguem seus ofícios, como se não fossem fêmeas. Trazem os cabelos cortados da mesma maneira que os machos, e vão à guerra com seus arcos e flechas, e à caça, perseverando sempre na companhia dos homens, e cada uma tem mulher que a serve, com quem diz que é casada, e assim se comunicam e conversam como marido e mulher", informa Pero de Magalhães Gandavo, em sua *História da Província de Santa Cruz*, escrita no século XVI. Diz ainda o jesuíta Pero Correia que a maior injúria que se podia fazer àquelas fêmeas, correndo inclusive o risco de levar um flechaço, era chamá-las "mulheres". Ora, devemos ver essa índia tupinambá que escolhe viver conforme o estilo de vida masculino (assim como o índio que opta por um estilo feminino de vida) como uma prefiguração indígena do transgenerismo. Podemos e devemos acolher socialmente a personalidade transgênera, acatando o seu desejo. A "identidade de gênero", por ser ideológica, é mutável. Mas, para aceitar isso, não é preciso alimentar tolices do tipo "recusa do sexo atribuído no nascimento". Não existe "sexo atribuído". Sexo é biológico. E ponto final. Caso contrário, bastaria a fantasia de travesti para alterar a realidade genética da pessoa, transformando automaticamente homens em mulheres. Ou ainda: ser mulher, ser fêmea, é uma categoria biológica – diversamente de ser noiva ou viúva, que são categorias sociais.

18

Posso muito bem achar que, de um modo geral, mulheres tailandesas e russas são mais bonitas e atraentes do que mulheres angolanas ou kamaiurás. Ou, por outra, que senegalesas são mais bonitas e atraentes do que baianas ou marroquinas. E por que, ao declarar tais preferências estéticas (e sexuais), eu deveria ser acusado de "racista"? Não tenho o direito de achar Nicole Kidman mais bonita do que Fátima Bernardes? De achar as cantoras Anitta e Beyoncé mais gostosas do que Dilma Rousseff e Benedita da Silva? Não. Do ponto de vista atualmente dominante, não. A beleza é como o "real" de Lacan: não existe. E se eu achar bonitos uns olhos negros (como o Castro Alves do "Gondoleiro do Amor"), tudo bem, mas se disser o mesmo a propósito de olhos azuis, corro o risco de ser tachado de racista. É estranho, estranho e triste... Falamos da beleza de aves e animais, distinguimos bichos excepcionalmente feios, mas agora querem nos proibir de dirigir um olhar estético também à espécie humana. Falamos da beleza e da feiura de plantas, flores e frutas. Da beleza de uma palmeira, uma jaqueira, uma orquídea e mesmo uma manga. Falamos de uma praia linda. Mas estamos proibidos de considerar assim uma pessoa? Podemos achar uma roupa feia ou bonita, mas jamais será feia ou bonita a pessoa que a veste? É uma basbaquice sem limite. Inventaram até um novo tipo de preconceito, a que deram o nome de *lookism*, do qual Barack Obama foi acusado, anos atrás, quando disse que Kamala Harris, então integrante do governo da Califórnia, era "a mais bela ministra da Justiça do país". Pois é. *Lookism* é a postura de quem coloca as pessoas bonitas no céu, mesmo que não condene as feias ao inferno. No meu caso, não se trata de discriminar os feios e as feias. Apenas de reconhecer que eles e elas existem. Aos montes. E aí me lembro da poesia romântica de língua inglesa, do célebre verso de John Keats: "a thing of beauty is a joy for ever". E um pouco adiante, no mesmo poema:

> *Of all the unhealthy and o'er-darkened ways*
> *Made for our searching: yes, in spite of all,*
> *Some shape of beauty moves away the pall*
> *From our dark spirits.*

Na verdade, a nossa espécie — em suas variantes preta, branca e amarela — pouco tem de extraordinariamente bonita, em termos comparativos. Perdemos feio para boa parte da avifauna. Muitos estudiosos acham mesmo que é por isso que a humanidade se cobre de enfeites e de joias e inventou a maquiagem. São artifícios para tentar superar o déficit estético da espécie. Inclino-me a concordar com isso. Nenhum Alain Delon tem como concorrer com um tigre ou um pavão. Mas o que vemos agora é outra coisa, presente no cardápio da "cultura da vitimização", que denuncia ofensas à humanidade em coisas mínimas e doses microscópicas. E pretende impedir que a exuberância erótico-narcísica seja reconhecida e aplaudida publicamente. Ou todos são lindos ou ninguém é lindo, para que ninguém se sinta diminuído, reza a nova lei. Sinto, mas não contem comigo. A beleza existe — e pode, inclusive, ditar o destino da pessoa. Lembre-se, por exemplo, do que acontecia com as negras africanas escravizadas e comercializadas pelos árabes muçulmanos. As que não eram bonitas, encantadoramente bonitas, viam-se destinadas a engrossar a legião das criadas, das pastoras de rebanho, etc. As bonitas e gostosas, diversamente, como escreve N'Diaye, "podiam ser postas em qualquer harém, desde o do sultão até aos dos rapazes ricos a quem as mães ofereciam uma escrava no dia do seu aniversário. No Magrebe, por exemplo, nas famílias abastadas, era costume oferecer-se uma escrava negra como presente de casamento... As mulheres negras tinham junto dos árabes uma reputação de beleza e de desempenho físico que os faziam procurá-las sem olhar a preços". Não consigo me esquecer dessas coisas. Os árabes sabiam reconhecer a beleza, claro. Como qualquer pessoa normal. E digo, a lembrar palavras de Rimbaud, que aprendi desde cedo a cumprimentar a beleza. Nunca me esqueço, também, da célebre sentença dos antigos latinos: *Formosa facies muta commendatio est* − ou: um rosto bonito é uma recomendação silenciosa.

E não era só nos haréns que a beleza era bem-vinda. Em quase todo tipo de comércio também (os eslavos, escravos brancos, já foram procuradíssimos por sua beleza). Há uma relação facilmente verificável, aliás, entre beleza física e ascensão social. Corpos bonitos à venda, ok? Quando nos dizem que alguém está vendendo o próprio corpo, o que logo nos vem à mente é a prostituição. Já na abertura do seu livro sobre os bordéis franceses, a jornalista Laure Adler escreve: "Elas aguardam o cair da noite. Ocultas nas casas, vestidas como bebês ou cobertas de musselina transparente, de pé atrás das janelas iluminadas pela luz do grande número vermelho ou sentadas nas poltronas fundas do salão, esperam com paciência. A noite será longa. De botinhas altas e espartilho cavado, boca vermelha e olhos esfumados, descem até à rua e conquistam, com o passo lascivo e ao mesmo tempo alegre, o coração das cidades. Procuram os focos de luz, os cafés animados, os restaurantes abertos. Levantam um pouco a saia e lançam olhares. Algumas vezes, vão diretamente ao homem e, com voz carinhosa, falam de amor e de dinheiro. A brancura das anáguas, a beleza dos olhares. Circulação de desejos. Essas mulheres estão à venda e elas o dizem. Carne em oferta a troco de dinheiro. Sempre é possível negociar. Os preços são livres. Dependem da hora, do aspecto e da amabilidade do cliente, do estado de espírito da moça". O sucesso de uma prostituta depende basicamente de duas coisas (se é que se pode falar de "coisas" nesse contexto, embora tudo aqui tenda a ser coisificado): beleza e sensualidade. Uma mulher feia pode se prostituir, mas vai ganhar pouco, conseguindo apenas clientes mais pobres. Quem tem dinheiro para gastar bastante com sexo, procura outra coisa: mulheres gostosas, bonitas, sedutoras. Me lembro aqui da escrava negra brasileira chamada Rosa Egipcíaca. Rosa conta, num depoimento escrito que deixou, que sua senhora não dava as joias e roupas que ela queria. Para tê-las, entregou-se à prostituição. Passou a ser remunerada pelos serviços sexuais que prestava. E assim pôde comprar os vestidos vistosos que desejava — e se cobrir de joias. Tudo, como ela mesma diz, "por prêmio de minha sensualidade". Os clientes repetem para si mesmos ou em roda de amigos, mesmo sem saber, a frase de Vinicius de Moraes que neofeministas e identitários em geral abominam: as feias que me desculpem, mas beleza é fundamental.

Mas a prostituição — com o que ela implica, entre nós, de alguma espécie de marginalização social e sexual — não é o único *trottoir* possível para a conversão do corpo em mercadoria. Ou para o uso da beleza e da sensualidade em função da ascensão social. A bonita Vera Fischer contou tempos atrás, numa entrevista, que se viu obrigada a trepar para abrir caminho na sua carreira de atriz. Mas não é a isso que estou me referindo. E sim a exibições midiáticas de exuberância erótica. Ou de beleza e sensualidade. Em nossos dias exacerbadamente eróticos, hipersexualizados, onde cantoras e minicantoras fazem exibições corporais girando a bunda em alta velocidade e/ou simulando o ato sexual, os atrativos físicos, propiciando a transformação do corpo em mercadoria, pavimentam caminhos para a ascensão social e mesmo para o enriquecimento. Porque nem sempre o exibicionismo sexual e a *performance* erótica são, digamos, fins em si mesmos. E o uso remunerado do corpo facilita a conquista de espaços privilegiados no mercado de trabalho e a projeção na vida, agora com o beneplácito, a aprovação e até o aplauso de pelo menos a maioria da sociedade. A diferença, como disse, é que já não estamos falando do corpo-mercadoria circunscrito a um segmento marginalizado do mercado, no ramo da prostituição. A referência principal, agora, aponta para profissões aceitas e admiradas, como as de ator-atriz e de modelo para poses e desfiles de grifes variadas, empresas que produzem e/ou comercializam joias, roupas, cosméticos, etc. Vemos isso na produção publicitária que circula na televisão ou é estampada em magazines, revistas de moda e mesmo jornais, do *Corriere della Sera* ao *Monde*. E isto é bem explícito (e verbalmente explicitado) numa revista como a *Vogue*, entre anúncios de Louis Vuitton, Valentino, Tiffany, L'Oréal, Chanel, Fendi, Swarovski, etc. Com uma diferença, que podemos acompanhar pelo menos desde a década de 1960. De lá para cá, a beleza branca não reina sozinha. Divide o palco com a beleza preta, a beleza mulata, a beleza árabe, a beleza oriental, etc.

O que permanece, atravessando todas as aberturas e mudanças de gosto ou de ideologia, é o critério estético-erótico. Ele pode ser um hoje, outro amanhã — mas não é abolido, persiste. Uma empresa como a Natura, obedecendo aos ditames da diversidade, enche hoje de pretos os filmetes que veicula na mídia televisual. Mas o que oferta ao olhar do espectador são pretos e pretas bonitos e sensuais, despertando ou estimulando o "doce desejo", o *glukus hímeros*, como diziam os gregos antigos, a propósito de Afrodite. Claro: como muitas outras empresas, no mundo inteiro, a Natura se move no espaço da produção de mercadorias para o comércio venéreo e derivados. Jamais alugaria e colocaria no ar negras gordas, feias e suarentas para vender seus perfumes. O curioso, de outra parte, é que, embora arautos e militantes do racialismo neonegro sempre tenham feito discursos inflamados contra a visão/apresentação do corpo negromestiço como objeto erótico na sociedade brancomestiça, os modelos negros não deram a mínima para isso. Das campanhas da Natura a empresas de Konrad Dantas (empresário de extraordinário sucesso no *youtube* e talvez o maior responsável pela explosão dos bailes *funk*), como a Kondzilla Filmes e a Kondzilla Records, vivemos não mais apenas no império do agro, e sim, também, no reino do *afronegócio*. Como me diz um amigo, parodiando o filmete publicitário do agronegócio, afro é pop, afro é tech, afro é tudo — e tá na Globo. Mas extremistas neonegros continuam indignados com modelos pretos na crista da onda publicitária atual. Falam até mesmo de "farsa ariana", o que é ridículo (ou apenas revela ignorância sobre o significado do conceito "ariano", que diz respeito a brancos nórdicos, dolicocéfalos: um português, por exemplo, jamais seria um ariano; menos ainda os mestiços que são donos da Rede Globo). O discurso, na verdade, é primário. Em resumo, diz mais ou menos o seguinte: empresas "arianas" usam corpos pretos para vender seus produtos para o público... branco. Porque as massas negras e mulatas não têm dinheiro para consumir tais produtos. Bobagem, claro. Em primeiro lugar, porque, se a massa de pretos não pode, a massa de brancos também não. Em segundo, os próprios modelos pretos da Natura, com os cachês que recebem, podem muito bem comprar aqueles perfumes. Pretas como a apresentadora de tevê Glória Maria ou pretos como o ex-ministro do STF Joaquim Barbosa e diversos advogados e professores universitários podem muito bem comprar tudo aquilo e o mais que quiserem. Do mesmo modo, têm grana para comprar o que desejarem a cineasta Sabrina Fidalgo – que estudou teatro no Brasil e depois se mudou para Munique, onde concluiu o curso de sociologia em Bayern (hoje, é dona de uma produtora de cinema e produz seus próprios projetos, não raro, premiados em festivais) – e o empresário carioca Júlio César Chagas Santos, do ramo de reciclagem. Júlio e Sabrina integram o seletíssimo clube do 1% mais rico da população brasileira, do qual faz parte já um razoável contingente de pretos. Provavelmente, aliás, Sabrina deve achar chinfrins os produtos da Natura. Mas o que quero dizer é que existem, sim, pretos que podem comprar coisas caras e caríssimas no Brasil – e vejam que não recorri a nenhum exemplo de cantor ou cantora, ator ou atriz de telenovela ou jogador de futebol. Em terceiro lugar, como disse, porque também a massa proletária e subproletária de brancos brasileiros está longe de ter dinheiro suficiente para comprar a maior parte do que é anunciado com o emprego de modelos também brancos: casas, automóveis, viagens, joias, hospedagens em *resorts*, determinados tipos de sapatos e bolsas, etc., etc. O fato – objetivo, estatístico – é o seguinte. Hoje, no Brasil, nem todo preto é pobre – e nem todo pobre é preto.

É claro que, como Camille Paglia, não tenho nada contra a exibição narcísico-erótica de belos corpos, sejam brancos, asiáticos, pretos ou mulatos. Como diz Victor Hugo, em seu romance *Trabalhadores do Mar*, à beleza basta ser bela para fazer bem. O problema, além desse grilo militante feminista-racialista com a exposição corporal de pessoas belas e sensuais, é que existe hoje uma pregação ideológica insistindo enfaticamente que devemos silenciar sobre a feiura humana, para não ofender ninguém. Logo, todo mundo é lindo. Por outro lado, a turma que faz esse gênero não deve ser levada muito a sério. Se alguém não quer entender o que digo, me responda a uma simples pergunta: por que a Rede Globo não descarta Renata Vasconcellos e coloca uma mulher imensa, feia e gorda para apresentar o "Jornal Nacional"? No meio de tanta maluquice, ainda dou de cara, de uns tempos para cá, com a celebração da "beleza gorda", que, pelo meu lado mais complacente, até posso chegar a olhar como se fosse uma leitura involuntária (pelo avesso) de um certo pendor do cineasta Federico Fellini por tipos, digamos, estranhos e mesmo disformes. Mas, pelo meu lado mais rigoroso, não posso deixar de dizer o que qualquer pessoa séria sabe: obesidade é doença. E nenhum animal gordo é realmente bonito. Panças consideráveis destruiriam a beleza e a elegância de qualquer cisne, de qualquer tigre, de qualquer pantera. Mas a questão não é principalmente de beleza ou feiura. E não se trata de uma postura meramente "gordofóbica", como hoje se diz — de resto, a expressão grega *fobia* perdeu completamente o sentido original que tinha. Não, não é só uma postura estética "subjetiva": é uma questão de saúde. Basta lembrar que esta patologia, a obesidade, mata multidão de pessoas, anualmente, em todo o mundo. E hoje é um dos principais fatores de risco de vida, em casos de contaminação pelo coronavírus. Obesos, dizem os especialistas, são mais suscetíveis de desenvolver formas graves da doença. No entanto, os gordofílicos, digamos assim, querem reduzir isso a um plano de mero preconceito estético. Teríamos assistido, historicamente, à eleição opressora e repressiva de um determinado padrão ou modelo de beleza. E quem está fora desse padrão, com seus excessos de gordura, é discriminado. Tudo bem, não vou negar que a discriminação estética existe — e não só para gordos, claro, para aleijados também (Nietzsche disse, em algum lugar, que aleijões nos incomodam porque são retratos não do esplendor, e sim da degenerescência da espécie). Mas o fato é que a obesidade em si faz pessoas sofrerem — e podem, por diversos caminhos, conduzi-las à morte. No caso do coronavírus, há médicos que afirmam que o tecido adiposo cria um clima ou uma ecologia favorável à praga, no sentido de que pode servir como uma espécie de reserva virótica. Não sei, não entendo do assunto. Mas o fato é que um índice elevado de massa corporal não é coisa que se deva desejar a ninguém. Note-se ainda que a obesidade reina entre os pobres, não entre os ricos. Para a provável surpresa de alguns, a miséria tanto pode ser esquálida, quanto balofa.

19

Há algum tempo, neofeministas passaram a dizer que não existe sexo heterossexual consentido. Tudo é violação. Para essas inimigas da heterossexualidade, o amor entre um homem e uma mulher é um ilustre desconhecido. Em seu livro *A Vítima Tem Sempre Razão?*, Francisco Bosco se viu obrigado a refletir sobre o tema. Lembra ele que, no último meio século, duas imagens de mulher têm disputado o espaço público, cada uma construída de uma perspectiva feminista inteiramente diferente da outra. A primeira dessas imagens, configurando-se no contexto da "revolução sexual" da década de 1960, "critica as restrições impostas ao comportamento sexual das mulheres e a moralização de sua atividade sexual. Essa imagem propõe uma mulher dona de sua sexualidade e de seu desejo. [...]. Essa imagem não deixa de reconhecer, evidentemente, as múltiplas assimetrias de gênero. Mas o combate pela igualdade orientado por ela se fundamenta na noção de uma mulher dotada de capacidade de autonomia, logo, de decisão sobre o seu desejo e todas as consequências dele. [...]. Já a outra imagem foi formulada, a partir de meados dos anos 1980, pelas chamadas *radfems* estadunidenses, as feministas radicais, como Andrea Dworkin e Catharine MacKinon [as "fanáticas stalinistas", como bem as define a maravilhosa Camille Paglia], para as quais vivemos em regimes patriarcais que configuram relações tão intensas de dominação da mulher pelo homem que *toda* a experiência da heterossexualidade é abusiva, violenta, ilegítima, imoral. [...]. 'Consentimento', o termo que em princípio deveria servir de linha divisória entre práticas sexuais legítimas ou ilegítimas, aceitáveis ou criminosas, é anulado como tal, já que suas condições de fundo são elas mesmas ilegítimas. Ora, se se perde a referência do consentimento, não há diferença fundamental entre um estupro e uma relação heterossexual realizada, acreditava-se, em comum acordo". E é justamente isso o que essas malucas pregam. "Em nossa cultura, violação e sexo consentido se misturam", diz a neofeminista francesa Valérie Rey-Robert. Sexo sem violência, somos obrigados a concluir, só entre mulheres. Há um aspecto de inegável recusa da heterossexualidade e de celebração implícita ou explícita do lesbianismo em tudo isso. O amor heterossexual não existe. É uma miragem perversa. O homem (branco) é sempre um estuprador.

Pior do que isso. Feministas francesas, posando de cientistas, fazem uma acusação completamente estapafúrdia. Afirmam que as mulheres são menores do que os homens porque, desde tempos imemoriais, foram privadas das proteínas indispensáveis ao crescimento. Privadas de carne. Os homens monopolizaram o consumo de carne, as proteínas fundamentais. E a privação ou proibição nutricional, sacanagem sistemática e intencional dos homens, fez com que as mulheres ficassem mais baixinhas. Pascal Bruckner cita uma tese da antropóloga Priscille Touraille que defende que a diferença de tamanho entre homens e mulheres não tem nada a ver como fatores biológicos — trata-se, antes, de uma "construção social" que remonta ao paleolítico. Parece brincadeira. Diante de tal absurdo, o filósofo não resiste ao comentário, dizendo que essas feministas acabaram de descobrir a existência de um "patriarcado do *steak*". Será que essas "estudiosas" nunca leram um livro de biologia? Nunca pararam para reparar na diferença dos tamanhos de machos e fêmeas entre outros primatas, como os gorilas? Ou será que imaginam que existem machos brancos ocidentais também entre os chimpanzés, sabe-se lá em qual patriarcado das selvas? E as imbecilidades se sucedem numa progressão ilimitada. Assim como o racismo neonegro prega que mestiçagem é genocídio, também a *radfem* Andrea Dworkin declara, por escrito e com todas as letras, que a pornografia é um instrumento de genocídio. "Pornografia é a teoria, estupro é a prática", diz, por sua vez, a feminista Robin Morgan. E somos obrigados a reconhecer que é de fato impressionante contar o número de donzelas ingênuas e puras que desfalecem e falecem a cada sessão de um filme pornô de que se tem notícia... Como se não bastasse, Greta Thunberg, num evento público, repetindo a sério (sem o saber) o deboche de Boghossian-Lindsay-Pluckrose, explicou que a mudança climática é também consequência do colonialismo, do racismo e do machismo.

Tem mais, que a lista não termina nunca. O multicultural-identitarismo se manifesta contra o universalismo iluminista, sim. Mas, paradoxalmente, pregando uma espécie escrota de universalismo identitário. Como nos casos de dizer que todo macho é igual ou que todo preto tem a mesma vivência no "mundo branco". Ora, se todo homem é igual e igualmente predatório, não há diferença alguma entre Idi Amin Dada e o papa Francisco. Se todo macho branco é igual e igualmente predatório, não há diferença alguma entre São Francisco de

Assis e Adolf Hitler. Mas tem quem ache isso. Principalmente, entre as neofeministas puritanas, as *radfems*. Dizem essas "teóricas" que o homem foi feito não à imagem e semelhança de Deus, mas para currar as mulheres. Está inscrito no código genético masculino o papel de estuprador de fêmeas. O pênis é um monumento à agressão. Ou, como debochou um filósofo, "uma arma de destruição em massa". Mas, continuam nossos ideólogos e nossas ideólogas, nem todos os homens pertencem à mesma espécie. Os brancos, sim, são predadores incorrigíveis. Quanto aos árabes, por exemplo, a conversa é diversa. Eles, por sua natureza, não querem estuprar, tirar a calcinha nem o cabacinho das mocinhas. Não. São praticamente obrigados a isso pela sua cultura. Árabes são vítimas do mundo árabe, portanto. E, por isso, estamos na obrigação de desculpá-los. E quem faz esta solicitação não é nenhum macho árabe, muçulmano, mas neofeministas norte-americanas e europeias, que também silenciam sobre o recentíssimo incremento do número de alemãs curradas por paquistaneses, durante a pandemia. Aliás, a aberração chega até o ponto seguinte: se um árabe ou um preto curra uma branca – de preferência, uma nórdica; em especial, uma alemã –, o estupro pode ser considerado, vejam bem, um "ato político", ou uma "reparação histórica", como disse o criminoso sexual negro Eldridge Cleaver, em sua autobiografia.

Por tudo isso, prega-se um combate sem trégua ao "homem branco". Do extremo ridículo ao que de fato é patológico e barra-pesada. Lembram-se das feministas alemãs que quiseram impedir os homens de mijar de pé, já que isto seria uma expressão de arrogância machista? Pois é. No outro extremo, o que temos agora é muito doentio. As neofeministas não veem nunca a mulher na figura de possível e desejada companheira, como se quis na década de 1960, mas sim no papel de *juíza* do homem. Um objetivo precioso da vida em comum entre um homem e uma mulher não é mais construir alguma coisa conjuntamente. Não. A missão da mulher, acima de tudo, é julgar e condenar o homem. (E isso se expande em todas as direções: identitários não são apreciadores, mas *juízes* de obras musicais, plásticas, literárias, etc.) Se ele for branco, é claro. Talvez por isso as neofeministas racialistas ou racistas, do tipo Angela Davis, nunca tenham "cancelado" uma canção como "*Hey Joe*", do cafuzo Jimmi Hendrix. A anedota da canção é simples. Um diálogo onde um sujeito pergunta a Joe onde ele vai com o revólver na mão. Joe responde que flagrou sua mulher com outro cara e vai matá-la. Crime cometido, o sujeito pergunta: e agora, para onde você vai? Ao que Joe responde que vai para o sul, para o México, para algum lugar onde possa permanecer livre, sem ser preso. E então, sem fazer qualquer tipo de julgamento moral, Hendrix limita-se a dizer, com aquela sua voz ao mesmo tempo leve e rica, que o melhor mesmo que Joe tem a fazer é se mandar... Enfim, nenhuma palavra, nenhuma sílaba sequer, lamentando o "feminicídio", expressão cunhada pela socióloga Diana Russell, que entrou para o vocabulário corrente do neofeminismo e da mídia.

Ainda nesse campo de distorções e disparates do "universalismo identitário", a ideia de que todos os pretos e mulatos do Ocidente são iguais ou pertencem ao mesmo mundo, porque vivenciaram as mesmas coisas, é igualmente insustentável. Dá-se as costas aqui, mais uma vez, à leitura sociológica das relações sociais: um preto milionário e um preto pobre pertencem a mundos muito distintos, evidentemente. Com relação aos Estados Unidos, leia-se *Our Kind of People: Inside America's Black Upper Class*, de Otis Graham. O preconceito da "elite preta" (formada principalmente por mestiços mais claros) contra pessoas *darker-skinned*, é um fato – e assumido. Intramuros, ao menos. O membro típico dessa elite – elite mulata, na verdade – é o preto ou preta com educação superior, geralmente rico, que frequentou ou frequenta determinados clubes, escolas, praias, igrejas e *resorts*, exibindo *black-ties*, casacos de pele e cabelos lisos, à distância do grosso da negrada, que auxilia assinando cheques para sustentar obras educacionais, empreendimentos assistencialistas ou organizações políticas. É a elite de mestiços charmosos, com seus lábios mais finos, seus olhos claros, seus cabelos longos e ondulados, suas festas *blue-vein* (festas exclusivas para pessoas cuja cor da pele deixa transparecer a cor de suas veias). Uma elite rica e esnobe. Como frisa Otis Graham, esses pretos/mulatos claros bem-sucedidos economicamente davam dinheiro à NAACP, mas não a consideravam parte do seu círculo social. Os membros da organização não tinham "classe", disse a Graham uma *socialite* negra de Chicago, argumentando: "tenho tanto a ver com eles quanto um branco rico tem a ver com seu jardineiro".

20

Indo adiante, não gostaria de passar ao largo da questão democrática, num momento em que grande parte da população brasileira anda angustiada ou deprimida, asfixiada pelas circunstâncias, e em que a democracia tem sido negada interna e externamente. Externamente, pela "nova direita" e pela projeção planetária da figura alternativa do modelo chinês, casamento de capitalismo de Estado e neomandarinato meritocrático (penso, aliás, que não temos pensado o suficiente sobre a asa do imperialismo que nos vai cobrir compulsoriamente: se vamos continuar sob o escudo norte-americano ou passar à égide dos chineses). Internamente, o que há de mais imediatamente perigoso ou de mais perigosamente imediato é a extrema direita miliciano-bolsonarista, contando, pelo menos até aqui, com a cumplicidade e o silêncio (quem cala, consente) das forças armadas, que se autodesmoralizam em sua rendição diária ao ex-capitão. Mas temos, também, o extremismo ansioso do identitarismo. Aqui, o princípio democrático da soberania popular é contestado, deixado de parte ou simplesmente desqualificado. O caminho principal para superá-lo estará na substituição da representação democrática organizada no terreno do "uma cabeça / um voto" por um representacionismo neocorporativista assimilado do fascismo italiano, embasado não já em termos classistas e profissionais, mas em termos de sexo e raça. Estão certos os estudiosos ao dizer que a democracia política existe quando há grupos distintos concorrendo, em disputa livre, pela conquista do poder através do voto popular. Mas o corporativismo fascista e o neocorporativismo identitário, levado à prática bem recentemente no Chile, não aceitam tal definição. A partir do momento em que se determina que, seja qual for o resultado das urnas, terão de ser obrigatoriamente eleitos "x" homens, "y" mulheres e "z" índios (não vi a cota de veados e outros), a livre concorrência democrática está suspensa. Abolida. E não há mais como falar de soberania popular, desde que um princípio ideológico, em sua expressão estatística, se antepôs a ela. Bem, se tudo seguir como está, avançaremos cada vez mais nessa direção, estabelecendo "cotas" (para mulheres, pretos, etc.) em toda a esfera política, na proporção do que cada segmento social representa estatisticamente em nossa população. Vale dizer, caminharemos para a instauração da ditadura não mais do politicamente, mas do, digamos, demograficamente correto. E não fica por aí. Há também caminhos secundários de alta eficácia para destronar a soberania popular – e todos pedem a nossa atenção. Um deles se desenrola no campo ideológico, com discursos que atacam frontalmente a democracia representativa de caráter liberal. Que abrem fogo contra a doutrina da soberania popular. Numa versão adaptada do marxismo, do ataque leninista à democracia "burguesa", como se lê em *Estado e Revolução*, o que se diz é que tal soberania popular, na verdade, não passa da ditadura de uma maioria (não somente da "classe dominante"), oprimindo sempre mais os já desde sempre oprimidos. E de nada adianta perguntar, aos ideólogos do identitarismo, em que medida mulheres constituiriam uma minoria no mundo. Nem tentar entender de que maneira os movimentos pretos podem considerar que o "contingente negro" da população brasileira é, ao mesmíssimo tempo, tanto majoritário quanto minoritário. Esqueçam. Essa gente pode estar interessada em tudo, menos em lógica. De fato, podemos muito bem falar de uma *misologia identitária*. Vale dizer, da alergia à clareza, à objetividade, ao raciocínio lógico, que vem marcando há cerca de meio século a mentalidade dita "pós-moderna". Mas, nos dois casos citados (o da implantação de um Estado diversitário, subvariante da organização estatal fascista, e o da caracterização da soberania popular como tirania da maioria), de uma coisa não devemos ter dúvida: quem paga o pato é a democracia.

Um outro poderoso caminho para a desqualificação do "mito" da soberania popular é encontrável na prática, cada vez mais louvada e generalizada, de judicialização da política. O grande objetivo aqui não é construir um amplo consenso social, ganhar a adesão da maioria da sociedade. Não. O que importa é passar ao largo de toda e qualquer veleidade de soberania popular e transformar em letra de lei desejos e interesses não só grupais, como grupocêntricos. É bem verdade que a ideia de soberania popular não encontra correspondência exata na vida político-social. Longe disso – é muito mais circunscrita do que se costuma imaginar. Mesmo em plano estritamente político, como nos ensinam Pareto e outros sociólogos e politicólogos. Nesse domínio, a soberania popular aparece mais como meta ideal de fato nunca alcançada do que como algo realmente existente. Em consequência do partidocratismo e de outros fatores (da organização genital do corpo político, acho que alguém já disse), os "representantes do povo" se mostram não exatamente curvados à soberania popular, mas governando de acordo com seus próprios propósitos e desígnios. Na realidade, é sempre uma determinada minoriazinha que controla e exerce o poder – minoriazinha à qual nos habituamos a tratar como "classe política". Ou seja: mesmo a democracia não deixa de ser oligárquica. Mas, entre os extremos da visão da soberania popular como ditadura da maioria e do reconhecimento oposto de que o poder efetivo se acha nas mãos da "classe política", é possível buscar (e encontrar) meios e modos de enfrentar o déficit democrático real de nossas sociedades, no sentido de alargar e aprofundar o alcance social e cultural da democracia. Um desses meios e modos encontra-se, sem dúvida, no projeto ou sugestão de reduzir a dominação partidocrático-oligárquica e de, ao mesmo tempo, enriquecer a democracia representativa, via lances de democracia direta. Outra possível trilha é atuar para impedir que a soberania popular se cristalize como tirania. Como imposição asfixiante da vontade da maioria, descartando ensaios e anseios minoritários. Neste passo, não acredito que a atitude mais produtiva esteja na desqualificação *in totum* daquela soberania, reduzindo-a a mera forma de opressão da maioria sobre a minoria, para então rejeitá-la. Melhor defender direitos de minorias, direitos grupais e liberdades individuais, através inclusive da judicialização da política sob o signo dos direitos humanos. A questão, para lembrar umas palavras de Nicola Matteucci, é garantir os direitos do cidadão – civis, políticos, sociais – diante do "despotismo legal da maioria". Mas, ainda aqui, penso que é preciso evitar, a qualquer custo, o empenho do grosso das energias no campo judicial, em detrimento da práxis política propriamente dita. Evitar, sempre que possível, a judicialização da política, centrada na ideologia dos direitos humanos – ou do *droit-de-l'hommisme*, para lembrar o neologismo empregado pelo já citado Mathieu Bock-Côté. O ideal é que as coisas possam correr mais ou menos juntas, alimentando-se mutuamente, mas com os bois da política à frente do carro do judiciário. É preciso apostar sobretudo na política, buscando a formação de grandes consensos sociais. Sem consenso, a perspectiva dominante na sociedade não muda – e chega algum ex-milico boçal fazendo discurso "moralista" e a manada vai atrás dele. A mídia é importante, sim. Mas não devemos deixar em suas mãos a tarefa de construir consensos. Temos de fazê-lo – principalmente – através da práxis política.

Sei muito bem que o extremismo doméstico se tem expandido nos Estados Unidos, com um número alto de atentados terroristas – especialmente, da extrema direita. Sei também que o mesmo pode vir a acontecer no Brasil, igualmente por iniciativa da extrema direita, caso as eleições deste ano despachem para fora do Palácio do Planalto seu atual ocupante, um maníaco homicida descontrolado e aparentemente incontrolável, a menos que o enfiem numa camisa de força. Mas isso não quer dizer que devamos passar a mão na cabeça do fascismo *diversidentitário*. O problema é que o tempo virou, como se ouve na canção de Caymmi. Me lembro de um anúncio da agência publicitária Malagueta, com Vovô do "bloco afro" Ilê Aiyê bebendo uma cerveja no espaço de ensaios da agremiação, no Curuzu, segmento do bairro da Liberdade, em Salvador. Olhando para a câmera, Vovô sorria e dizia: "essa é a única loura que entra no Ilê Aiyê", bloco conhecido por sua postura neorracista de não aceitar brancos e mulatos. Amigos meus de esquerda se deliciaram com o anúncio. E eu advertia: "Isso é um absurdo. Imaginem se fosse uma propaganda com o comodoro do Iate Clube bebendo uma 'malzbier' e dizendo: 'essa é a única preta que entra no Iate'. Teríamos uma gritaria infernal. A agência seria processada por racista, assim como é racista a propaganda no Ilê". As pessoas ficavam surpresas. E acabaram deixando que o caldo do neorracismo engrossasse. Hoje, o fascismo identitário e o neorracismo são ameaças reais. Cotidianas. E não podemos mais aceitar isso. A luta pelo equilíbrio racial e contra as desigualdades sociais não deve passar pelo racismo, nem pela negação patológica da experiência nacional brasileira. Aliás, considero apenas absurdo que alguém chegue a levar em conta que a fragmentarização e a estreiteza identitárias possam vir a ser um novo princípio organizador da sociedade brasileira.

Como disse, a base do identitarismo é justa, mas os movimentos a perverteram. O identitarismo, que começou como a afirmação democrática do Outro, hoje é feito de guetos monolíticos e monológicos. E, no seu conjunto, é autoritário e mesmo fascista. Vamos discutir o assunto sem idealizações (neo ou sub) românticas. Opressores não são santos, mas oprimidos também não são nenhuns santinhos – e nascer branco não é crime. Necessário, ainda, deletar a visão "rousseauniana" das periferias proletárias do país. Ir contra a frase-montagem de Hélio Oiticica: "seja marginal, seja herói". Contra o culto marcusiano do lumpesinato. Contra Foucault celebrando a criminalidade. Contra a elite midiática vendo posturas e atitudes antissociais da marginalidade dos guetos como recusa romântica de uma normatividade branca. Contra o que já tratei nos termos de um *pessimismo programático* entranhado no mundo identitário – pessimismo que as lideranças identitárias consideram essencial, condição *sine qua non*, para manter suas milícias mobilizadas. Trata-se, aliás, de um paradoxo: acreditar que a sociedade é aperfeiçoável e, ao mesmo tempo, afirmar que ela está cada vez pior. Resta saber de que modo a sociedade seria perfectível se o racialismo neonegro se comporta como se o racismo fosse insuperável e sempre mais duro e cruel. Se o neofeminismo puritano se comporta como se o machismo fosse insuperável e sempre mais duro e cruel. Se homossexuais se comportam como se a homofobia fosse insuperável e sempre mais dura e cruel... Olhando as coisas dessa perspectiva extremista, radicaloide, avessa a evidências e mesmo inimiga dos fatos, estamos num *callejón sin salida*. Por isso mesmo, como disse, é preciso deixar de lado o pessimismo programático que, para manter a militância acesa, nega que tenha havido avanços importantes, fundamentais e até espetaculares na história contemporânea das sociedades democráticas do Ocidente. De uma parte, é preciso saber reconhecer o óbvio – vale dizer, as conquistas objetivamente realizadas no mundo ocidental-democrático, tanto em matéria de direitos individuais quanto no campo dos direitos sociais. De outra parte, é preciso aprender a reconhecer que nem todo homem é machista e homofóbico, assim como nem todo branco ou todo preto é racista. Chega, aliás, dessa bobagem de "racismo estrutural". Isso não existe. Em vez de falar de racismo branco e de racismo negro, como se se tratassem de entidades eternas, mais correto dizer que existem organizações (Nação do Islã, Ku Klux Klan) e pessoas (Donald Trump, Eldridge Cleaver) racistas, da mesma maneira que existem organizações e pessoas que não são racistas. Mas parece que o bom senso foi definitivamente arquivado em nosso ambiente político-cultural – e é melhor fazer de conta que os pretos não ganham nenhuma ação em campo judiciário. Até porque, hoje, estamos regressivos. Voltamos ideologicamente a uma situação anterior à de Stevie Wonder e Paul McCartney tocando e cantando juntos "Ebony and Ivory". Enfim, temos de reabrir os olhos. *È ora di trovare nuove soluzioni.* De recolocar os pés no chão. E reaprender a fazer vistas finas, finíssimas, a tudo que fira a cidadania, a democracia, a liberdade de pensamento e de expressão. Há muito de criticável na experiência nacional brasileira, mas as críticas devem ser feitas para enriquecê-la. Aperfeiçoá-la. Aprimorá-la ao extremo. E não para destruí-la.

É claro que as nações ou os estados nacionais não irão sobreviver para sempre. Mas, até aqui, a nação não saiu de cena. Ainda é necessária no jogo do mundo e no sistema das relações internacionais. E tudo indica que esta realidade não será superada tão cedo. Em vez de diminuir, o número de nações aumentou ao longo do século XX. O Estado-Nação permanece sólido nos Estados Unidos, na Rússia, na China. A União Europeia é uma federação de nações. De forma ainda mais nítida e poderosa, assistimos agora a nações que se repensam e se reimaginam a partir de revanches e reconstruções históricas. É fácil detectar a relação de Xi Jinping com a velha China imperial, "confuciana". Vladimir Putin sonha recriar o império russo, com ele no papel de czar (palavra, aliás, de origem latina: do "cezar" dos antigos romanos é que parecem vir o "kaiser" dos alemães e o "czar" dos russos). Erdogan reimagina e refaz a Turquia sob o signo de uma revanche histórica do Império (ou Califado) Otomano (retalhado por potências ocidentais no Tratado de Sèvres, em 1920) e da resistência nacionalista de Kemal Atatürk, o fundador do moderno mundo turco. E, ao ver que Israel anexou a Cisjordânia e a Rússia anexou a Crimeia, a Turquia avança hoje sobre a Síria e a Líbia, enquadrando-as na pauta dos antigos protetorados otomanos — e assim recolocando-se em posição de força no Mediterrâneo oriental. O símbolo maior dessa transfiguração nacionalista-expansionista-islâmica esteve na transformação da Igreja de Santa Sofia, em Istambul: a esplendorosa catedral bizantina, uma das igrejas mais belas do planeta, manteve o seu esplendor, mas passou a ser uma mesquita. No caso brasileiro, a nação permanece fundamental. Para a nossa realização coletiva como povo. Para a nossa afirmação no sistema internacional das relações de poder. Para a superação de nosso pecado maior, que é a desigualdade social.

21

Numa entrevista recente para um livro que não sei se já foi publicado, o poeta carioca-candango Luís Turiba me perguntou: "Vidas negras importam, nos Estados Unidos e no Brasil?". Respondi que não adjetivaria a questão: vidas são importantes... quaisquer vidas. Vidas de pretos miseráveis na África ("black lives matter" seria *slogan* perfeito para as favelas de Angola, do Sudão e da Nigéria, onde vemos o espetáculo cruel da fome e da exploração do negro pelo negro), vidas de homossexuais no mundo islâmico (árabe, persa ou preto), vidas de brancos pobres nos Estados Unidos, vidas de índios e favelados no Brasil, vidas de uigures e de todas as minorias étnicas na China, vidas de ruaingas na antiga Birmânia (atual Mianmar), etc. Vejam, por exemplo, o que aconteceu no início de março de 2021 no Senegal: uma semana de protestos violentos, que causaram a morte de 13 pessoas, depois da prisão do líder oposicionista Ousmane Sonko, autor do livro *Pétrole et Gaz au Sénégal – Chronique d'une Spoliation* (em que denuncia condutas corruptas do presidente Macky Sall) e membro do Partido Patriotas Senegaleses pela Ética, o Trabalho e a Fraternidade (Pastef). Protestos provocados, em última análise, por uma combinação cruel: a situação econômica catastrófica do país – com o desemprego, a pobreza e a fome aumentando a cada passo – e a deterioração da democracia, com uma redução progressiva dos espaços onde a população pode se mover e se manifestar livremente. A propósito, o analista político Gilles Yabi assinalou, em declaração ao jornal *El País* (veja-se a matéria "Los Seis Días de Cólera que Estremecieron Senegal"), que o Senegal vem há algum tempo "vivendo uma involução política preocupante com sérias ameaças às liberdades". Pobreza e opressão a que se somam os estragos e as restrições decorrentes da praga do coronavírus.

Diz a reportagem do jornal espanhol: "O último Afrobarômetro, publicado em princípios de março, revelou dois dados inquietantes: dois em cada três senegaleses pensam que as leis os tratam de forma desigual e quatro em cada cinco consideram que devem ter cuidado ao falar de política". Racismo estrutural? Bem... Por sua atuação corajosa na Assembleia Nacional, Ousmane Sonko estabeleceu forte conexão com a juventude senegalesa, que luta para ter alguma perspectiva de futuro, num país onde 40% da população vivem (subvivem, é mais correto dizer) abaixo da linha de pobreza, isto é, na penúria, na indigência. E foi esta juventude que tomou as ruas de Dakar com seu grito de protesto em nome do futuro, pela democracia e contra a miséria. Entre outras coisas, incendiando uma emissora de televisão ligada ao regime e o jornal governamental do país. Pois bem: o que o movimento Black Lives Matter tem a dizer sobre isso? Nada. Vidas negras só importam, de fato, fora da África. Lá mesmo, na África Negra, os pretos que se fodam. Não, não tenho nenhum aplauso a dar (nenhuma louvação a fazer) a um movimento francamente racista como o Black Lives Matter, que se alinha com uma organização como a Nação do Islã, em posicionamentos e manifestações pró--hitleristas contra judeus, levando-me assim a completar o nome slogamático da entidade: vidas negras importam — vidas judias, não. E muito menos vou aplaudir uma militante fanática como Yusra Khogali, uma das fundadoras do movimento no Canadá, que não se manifesta contra a opressão e a miséria reinantes na África Negra porque não tem como dizer que o que está acontecendo no Senegal (assim como em Angola, no Sudão ou na Nigéria) é culpa dos brancos que, como ela mesma confessou, desejaria assassinar. Enfim, não são somente "vidas negras" que importam. Nem nos Estados Unidos, nem no Brasil. É a vida que importa. Me lembro que, no fogo aceso da contracultura, Julian Beck e Judith Malina, do grupo *Living Theatre*, que inclusive andou pelo Brasil, recitava um *slogan* bem típico daquela época: *paradise now*. Numa entrevista, o poeta-pensador mexicano Octavio Paz divergiu. Recusou como algo escapista o mantra de Beck-Malina. E defendeu que, em vez de *paradise now*, assumíssemos outra divisa: *vida ahora*. Para mim, este é o melhor caminho. Vamos voltar ao *slogan* proposto por Paz: vida agora. Em qualquer circunstância — e em todo o planeta. Porque toda e cada vida importa.

ANTONIO RISÉRIO

Ilha de Itaparica, verão de 2022.

P.S. Com muito gosto, registro aqui que o quiproquó fascista-fundamentalista dos identitários, em torno deste livro e do artigo publicado na *Folha*, acabou provocando a aparição de belos textos nas redes sociais e na imprensa brasileira, assinados por gente como Carlos Marchi, André Luzardo, Fernando Schüler, Hudson Carvalho, Mário Sabino, Hélio Schwartzman, Lygia Maria, Pedro Franco, Fernando Coscioni, Wilson Gomes, Bruna Frascolla, João Carlos Rodrigues, Lucas Baqueiro, Gustavo Nogy, Demétrio Magnoli, Caetano Portugal, Paulo Fábio Dantas Neto, Francisco Razzo, Guilherme de Carvalho, Joel Pinheiro, Leandro Narloch, Luiz Mott, Mércio Gomes, Flávio Gordon, Raphael Tsavkko Garcia, Eduardo Affonso. Além disso, agradeço a solidariedade manifestada publicamente por Marília Mattos, Cacá Diegues, Everardo Maciel e Simon Schwartzman ("Ser contra o racismo não requer esconder as óbvias manifestações racistas que existem em determinados grupos minoritários, como faz Risério. Não existe racismo 'bom', nem desculpável. E a tentativa de 'cancelar' o texto e seu autor é inadmissível".) E a todos que assinaram a carta de apoio a mim e em defesa da liberdade de expressão (sugerida por Gustavo Maultasch e redigida por Eli Vieira e Bruna Frascolla), a exemplo da atriz-cineasta Ana Maria Magalhães e dos antropólogos Roberto DaMatta, Luiz Mott e Peter Fry.

O XIRÊ DAS SINHÁS PRETAS DA BAHIA

◇◇◇

Um autor deve ser julgado por suas próprias palavras e não por palavras alheias – especialmente, em tempos de agressiva irresponsabilidade acadêmico-militante, como o que estamos atravessando. Lembro isso porque deu pano pra manga um texto publicado aqui na *Folha de S. Paulo*, a propósito do meu livro *As Sinhás Pretas da Bahia: Suas Escravas, Suas Joias*. Como ficou claro que os contendores não leram o livro e suas disputas tomaram caminhos variados, acabei me vendo no meio de uma confusão, na qual fica parecendo que eu disse coisas que não disse – e que jamais diria.

Os principais absurdos foram os seguintes. Escrevendo sobre negras escravistas que se cobriram de sedas e joias, eu pretenderia duas coisas: arrefecer um ânimo antirracista e, pior, legitimar a escravidão. Nem uma coisa, nem outra. Elas realmente se cobriam de joias e ostentavam sua própria escravaria. Não inventei essa história. E isso nada tem a ver com a luta contra o racismo. A luta contra a opressão social, que é maior do que a luta contra o racismo, não deve privilegiar a cor da pele de ninguém – ou não teríamos como condenar a atual exploração do negro pelo negro em África ou o "Black Lives Matter", com seu racismo antijudaico e seus acenos nazistas. Quanto a legitimar a escravidão, por favor, a imbecilidade não tem o direito de ir tão longe. Mas quero esclarecer alguns pontos.

A primeira observação que faço no livro é: não há originalidade neste trabalho. O que fiz foi coletar as informações existentes sobre o assunto, levando em consideração o que merecia ser considerado, do estudo hoje clássico de Heloïsa Alberto Torres às recentes investigações de Lisa Earl Castillo, acendendo luzes novas sobre o candomblé. Meu tema: a existência de pretas, mulatas e mestiças em geral, que, nos séculos XVIII e XIX, conseguiram ficar livres e ricas, deixando de ser escravas para se tornarem senhoras escravistas. Mulheres que ingressaram na elite econômica negra do Brasil (se querem exemplos, tudo está documentado no livro; aqui, num artigo, só posso me referir a poucos casos) – algumas das quais se encontram na origem mesma do candomblé. Mulheres que viveram numa África milenarmente escravocrata e que não deixaram de ser escravistas pelo fato de terem sido escravizadas. Fazia parte do jogo.

É claro que não foram apenas pretas que enricaram. Pretos, também. E casais. Um exemplo de cada. Anna de São José da Trindade, que, além de escravos e imóveis, tinha uma coleção espetacular de joias de ouro e objetos de prata. Joaquim d'Almeida, ex-escravo do também ex-escravo Antonio Galinheiro, que se dedicou ao tráfico negreiro, chegando a ser dono de 36 escravos em Havana e 20 em Pernambuco, além dos que mantinha sob seu controle direto na Bahia. O casal nagô Antonio Xavier e Felicidade Friandes, donos de escravos, lojas, tavernas e dezessete imóveis, com o filho estudando filosofia e as filhas tocando um piano "pleyel" na sala de música da casa. Todos integrantes de uma mesma rede social. Da elite socioeconômica negra. Mas meu foco incidiu sobre as mulheres, as sinhás pretas da Bahia. Até porque as pesquisas mostram que mulheres negras libertas e livres formavam então o contingente mais rico da população brasileira, depois dos homens brancos (mulheres brancas sem marido ficavam abaixo delas).

Abordo então a diferença de posturas de sinhás pretas e brancas diante do trabalho e do espaço urbano. O monopólio feminino do pequeno comércio – convergência de uma tradição lusitana, relativa a brancas pobres, e outra africana, como ainda hoje se vê na Nigéria. Sem ocultar o fato de que senhores e senhoras de cor negra jogavam pesado com sua escravaria igualmente preta. Basta lembrar que escravos fugiam então não só de seus senhores brancos, como de seus senhores pretos. Como no caso dos escravos que fugiram do jugo do ex-escravo nagô Antonio Xavier (o que não quer dizer que inexistissem laços afetivos, como vemos em testamentos tanto de senhores brancos quanto de senhoras pretas, quando alegam motivos para alforriar seus escravos; há mesmo documentos que surpreendem, como o de uma ex-escrava que deixa bens para sua ex-senhora, em reconhecimento pela "boa criação" recebida).

Iyá Nassô cobrou um preço bem mais alto do que a média do mercado para alforriar sua escrava e filha de santo Marcelina Obatossí, que viria a ser a primeira ialorixá da Casa Branca, também enriquecida, com suas joias, casas e escravaria – e cobrando caríssimo por cartas de alforria para suas escravas. Este aspecto da história do candomblé deve ser realçado. Além de Iyá Nassô e Marcelina Obatossí, também era proprietário de escravos o casal formado pelo jeje Francisco Nazareth (afilhado do também jeje Antonio Narciso Martins da Costa, mestre de navios negreiros) e a nagô Maria Júlia Conceição, que abriram o agora famoso terreiro do Gantois. E não vamos nos esquecer do caso de Otampê Ojaró, da família real de Ketu, neta do rei Akebioru, capturada ainda criança e vendida à Bahia por traficantes negros do Daomé, e que aqui se tornou senhora escravista e criou o terreiro do Alaketu. Ainda hoje nos terreiros, de resto, a relação mãe e filha de santo, inflexivelmente hierárquica, ecoa o modelo senhorial-escravista da relação da sinhá preta com suas iniciadas, nos séculos XVIII e XIX.

Era comum a figura da mulher chefe de família, a matrifocalidade reinando na Bahia e nas Antilhas, por exemplo. Mas não só. Duas coisas chamam também a atenção. A preferência das sinhás pretas por escravas (nunca por escravos) e a formação de famílias femininas, quando uma ex-escrava, em vez de se juntar a um homem, preferia viver numa família composta só de mulheres. Razões econômicas prevaleciam aqui, do potencial reprodutivo das fêmeas à maior capacidade feminina de ascensão social através do comércio ou da prostituição, mas motivos sexuais não devem ser descartados. O homossexualismo correu solto não apenas nos sobrados, entre sinhás brancas e mucamas pretas, como nos mostram historiadores como Emanuel Araújo e Ronaldo Vainfas, e talvez nas unidades residenciais exclusivamente femininas, mas também no candomblé, tema de vários estudos antropológicos, como os de Vivaldo da Costa Lima e Lorand Matory.

Outro ponto é que a tese de Florestan Fernandes, estabelecendo que os escravos foram entregues ao deus-dará e à miséria depois da abolição, pode começar a ser desconstruída desde aqui. Primeiro, por se chocar com a notável e comprovada ascensão social de pretos e mulatos em nosso século XIX, de Pedro II aos primeiros dias republicanos. Depois, pelo fato de que, no 13 de maio de 1888, escravos praticamente inexistiam no país. Terceiro, porque a ascensão social negromestiça se deu antes, durante e depois da abolição. Quarto, no caso particular da Bahia, as informações indicam que não houve maior alteração na situação dos escravos pós-abolição. Os agora ex-escravos continuaram exercendo ofícios tradicionais, além de avançar em outras direções. A conjuntura não foi diversa no Rio de Janeiro. Mas ainda pretendo mapear novamente, a partir de Roger Bastide, a situação paulista.

No caso baiano, o 13 de Maio ficou longe de ser uma catástrofe. Nina Rodrigues, contemporâneo dos eventos, não fala de nenhum empobrecimento dos pretos no pós-abolição – diz, antes, que os negros, que se viram então livres do cativeiro, aderiram a meios tradicionais de ganho entre os pretos. Afirmação que é confirmada pela sociologia baiana do século XX, como vemos em estudos de Maria de Azevedo Brandão e Muniz Sodré. Maria sublinha a forte participação de jejes e nagôs na formação de uma classe média negromestiça na Bahia. Muniz assinala que, no mesmo período, continuamos a ter uma expansão da estrutura de serviços urbanos e de pequenas manufaturas, beneficiando o processo ascensional dos pretos. É essa elite negra que tem dinheiro para comprar terrenos, construir casas de culto, realizar os ritos, fazer oferendas. No contexto sociológico, o dito (que Vivaldo da Costa Lima atribui a uma mãe de santo) "sem folha, não há orixá" merece a companhia de uma variante: "sem grana, nada de deuses".

O historiador Manolo Florentino, no texto que escreveu para a apresentação do meu livro, observou: "... nossa estranha química social se resolve de fato quando levamos em conta os históricos padrões de ascensão social durante a etapa escravista, quando a alta frequência de alforrias redundava na enorme participação de 'pessoas de cor' que, enriquecidas como as sinhás pretas, levavam o negrume da base para o topo e, ali, reproduziam o *status quo* escravista". Nada de dualismo rígido, nenhum esquematismo. O que desejamos mostrar, com esses fatos e processos, é justamente isso. A sociedade escravista baiana não se dividia rigorosamente entre dois extremos polarizados: o dos senhores brancos e o dos escravos pretos. Entre tais extremos, circulava uma população livre numerosa, formada, em sua maioria, por uma gente mestiça.

As sinhás pretas eram exceções? Sim. Brancos ricos também. Se a massa negra era miserável, a massa branca era pobre também (sempre foi, de Thomé de Sousa aos dias de hoje). Mas ex-escravos escravistas e seus descendentes não formavam um contingente insignificante da população. Vejam o primeiro censo nacional, realizado em 1872. Salvador tinha então cerca de 130 mil habitantes: 69% de pretos e mestiços − destes, apenas 12% eram escravos. Temos de lembrar isso porque a experiência nacional brasileira não pode ser reduzida, em termos grosseiramente maniqueístas, a um filme de bandido e mocinho, como se quer em nossa atual "era das desculpas".

Ou como quer a "história penitencial", fábrica fraudulenta de novos estereótipos dos "oprimidos" — todos invariavelmente puros e angelicais —, sob a regência lucrativa dos que se renderam aos últimos modismos norte-americanos e às pressões violentas do fascismo identitário.

(*Folha de S. Paulo*, 19 de outubro de 2021.)

ENTREVISTA A DUDA TEIXEIRA / REVISTA *CRUSOÉ*

P: O brasileiro costumava se ver como um povo pacífico, miscigenado e festivo. Isso está mudando?

R: Juntar esse trio foi, evidentemente, uma jogada ideológica e jogadas ideológicas não duram para sempre. Foi uma fantasia disseminada pelo aparelho ideológico de Estado, o poder econômico e as "classes ilustradas" (como Zygmunt Bauman gosta de dizer), que o povo incorporou. Mas não devemos confundir as coisas. Hoje, uma fantasia ideológica de esquerda, importando o padrão racial dicotômico norte-americano, quer fazer de conta que a mestiçagem não existe. Isso é uma tolice. Porque se trata de uma realidade biológica, de um dado inelutável da história genética do povo brasileiro. Pouco importa que Camila Pitanga queira ser negra — o fato, do ponto de vista da biologia e da antropologia física, é que ela é uma mestiça, uma bonita mulata dos trópicos brasileiros. Cruzamento genético é um dado, não é questão de gosto, nem de opinião. Quanto ao mito do povo "pacífico", isso não resiste ao menor exame histórico, das guerras do século

XVI ao assassinato de Herzog, passando por levantes escravos e pelo cangaço. E o retrato que a alta cultura faz do Brasil é violentíssimo. Basta ler *Os Sertões*, de Euclydes da Cunha, ou *Grande Sertão: Veredas* de Guimarães Rosa ("quando Deus vier, que venha armado"). Também o cinema brasileiro, de *Deus e o Diabo na Terra do Sol* a *Cidade de Deus*, por exemplo, fala de muita violência. E a Tropicália expõe um país onde "uma criança sorridente, feia e morta estende a mão". Melhor olhar o Brasil a partir do modo como aqui se processam as dialéticas da violência e da conciliação.

P: Quais são os grupos que hoje estão conseguindo melhor emplacar sua visão da história e da identidade nacional?

R: A partir da década de 1970, a esquerda tratou de contrapor um modelo seu ao discurso da velha história oficial do Brasil, que ainda era a do Instituto Histórico e Geográfico de Varnhagen, dos tempos de Pedro II. Mas escolheu o pior caminho. Em vez de repensar em profundidade a experiência nacional brasileira, limitou-se a inverter os sinais da velha história: o que esta celebrava, foi execrado — e vice-versa. No governo de Fernando Henrique, com o ministro Paulo Renato, esta versão historiográfica de esquerda foi oficializada nos Parâmetros Curriculares do Ensino. Tornou-se a nova história oficial do Brasil. É a história da "era das desculpas". A história que divide o mundo em anjos e demônios, que transforma tudo em filme de bandido e mocinho, tomando abertamente o partido das "vítimas", mesmo que a partir de fraudes e distorções dos fatos. Configurou-se assim nosso atual modelo de "história penitencial". De história essencialista e imutável (ou seja: de história anti-histórica), que torna qualquer pessoa eternamente prisioneira de sua anatomia ou da cor da sua pele. Esta é a ideologia historiográfica hoje dominante – no sistema universitário, no mundo político, na mídia e em grande parte do empresariado. Todos ajoelhados diante do fetiche da "diversidade", que se traduz, na prática, pelo projeto em andamento de imposição de uma uniformidade ideológica ao conjunto da sociedade.

P: O que o sr. quis dizer com tornar-se prisioneiro da anatomia ou do tom de pele?

R: A ideologia multicultural-identitária, hoje dominante entre nós, congela a história da humanidade em seus inícios, definindo grandes arquétipos ou caricaturas. Quem nasce homem, no século XXI, está na obrigação de carregar o fardo de antigas sociedades patriarcais, que de há muito não existem nos países democráticos do Ocidente (o patriarcalismo, hoje, vigora em países muçulmanos, em sociedades da África Negra, em extensões asiáticas – não no mundo ocidental: aqui, Nicole Kidman e Fernanda Torres levam a vida que bem entendem e ninguém tem nada a ver com isso). O identitarismo condena recém-nascidos ao confinamento num passado às vezes pré-histórico. O revolucionário negro Frantz Fanon dizia que não iria desperdiçar sua vida tentando vingar os negros do século XVIII. Claro. Mas é essa a postura identitária. O homem é prisioneiro de sua anatomia – ontem, hoje e para sempre. Do mesmo modo, o branco. Um garotinho branco recém-nascido hoje, num bairro de classe média do Recife, por exemplo, é acusado de crimes cometidos por senhores escravistas do sul do Estados Unidos ao longo do século XVIII. É uma coisa absolutamente caricatural. E paralisadora. Além disso, o branco é sempre a encarnação do privilégio e da opressão, mesmo que seja motorista de táxi ou pedreiro, que não tenha dinheiro para comprar a cesta básica. Acho que essa gente deveria ouvir Michael Jackson cantando "Black and White", quando ele diz que se recusa a gastar sua vida não sendo mais do que uma cor.

P: O Brasil parece preso a duas possibilidades nas eleições de 2022: Lula e Bolsonaro. Essa dualidade tem alguma relação com as narrativas históricas que vingaram no país?

R: Na minha opinião, não. O fracasso do populismo de esquerda levou ao populismo de direita. Moralismo rastaquera à parte, Bolsonaro foi eleito prometendo redenção econômica, segurança pública e fim da corrupção. Não fez nada disso. Teve e continua a ter uma conduta criminosa na praga do coronavírus. Foi o grande aliado da peste. Agora, o fracasso do populismo de direita pode nos reconduzir ao populismo de esquerda. Mas tudo é muito pouco ideológico, na verdade. O Bolsa Família tinha colocado a população nordestina no colo de Lula. Quando veio o "auxílio emergencial" da Covid, essa população migrou para o colo de Bolsonaro. Então, viu-se que era bobagem tratar as coisas ideologicamente. A maioria do eleitorado nordestino não é de direita, nem de esquerda – é subornável.

P: Alguma narrativa histórica está sendo deixada de lado? Qual?

R: O que está escanteado — pela universidade e pela mídia, repito — é a necessidade de repensar em profundidade a experiência nacional brasileira. A necessidade de repensar o Brasil em nossos próprios termos e por nossa conta e risco. Até porque temos aí pela frente a passagem dos 200 anos da nação. O que está sendo articulado, para isso, é o apogeu da desconstrução nacional pregada pelo multicultural-identitarismo, agora com total apoio da elite midiática e de grande parte da classe dominante. O apogeu da paixão mórbida pela comemoração negativa, como diz o sociólogo canadense Bock-Côté. Penso que temos de rever em pauta radicalmente crítica nossa experiência nacional, mas em horizonte aberto e profundo, não na base do maniqueísmo mais rasteiro, na base da luta do Bem contra o Mal. Dou um exemplo. Antes do movimento abolicionista das últimas décadas do século XIX, ninguém no Brasil era contra o escravismo enquanto sistema. Cada grupo queria somente livrar sua cara, não ser escravizado, mas não se importava em escravizar os demais. Basta lembrar que havia escravos em Palmares e que o projeto da revolta dos negros malês, em 1835, incluía a escravização dos mulatos (ou seja: de pessoas como a vastíssima maioria do que é hoje a militância dos movimentos negros: seriam todos escravizados pelos pretos muçulmanos da Bahia). Não havia uma recusa do sistema escravista em si e em sua totalidade. Isso só aconteceu com a emergência do movimento abolicionista. Então, nós devemos rever a nossa experiência nacional assim, sem qualquer unilateralismo penitencial. Porque o que se está articulando é o contrário disso. O multicultural-identitarismo é tão adversário da nação quanto o velho marxismo. E o que vejo no horizonte é o avesso do que aconteceu em nosso primeiro centenário. Em 1922 — apesar das diferenças políticas e ideológicas —, todos se concentraram na necessidade de uma afirmação moderna do Brasil como nação. Em 2022, o papo vai ser outro. O que se tem em vista não é nenhuma afirmação, mas a negação da nação. A desconstrução nacional sonhada pela esquerda identitária.

P: Pode definir o que o sr. chama de multiculturalismo-identitário?

R: É uma visão grupocêntrica do mundo, fundada no binômio vagina-melanina, que pauta sua atuação por uma intolerância fascista que remete à caça às bruxas do macartismo e pretende impor separatrizes (ou "apartheids" de esquerda), isolando "comunidades" no caminho de um autismo antropológico qualquer. Sua base filosófica é o relativismo pós-moderno, que considera a ciência uma narrativa como outra qualquer, postura cujas consequências vimos muito bem agora durante a praga do coronavírus.

P: Ao trazer à tona histórias de negros, mulheres e índios que foram bem-sucedidos ou submeteram outras pessoas, isso não seria uma maneira de minimizar a violência ou a repressão que esses grupos sofreram no passado?

R: Quando os europeus chegaram à África, no século XV, encontraram sociedades escravistas e rigorosamente divididas em classes sociais. No reino do Congo, por exemplo, era proibido o casamento de aristocratas com plebeus. Em Matamba, a rainha Ginga (ou Nzinga) costumava usar suas escravas como poltronas, passando horas sentada em seus dorsos. Não foi o Ocidente que inventou a sociedade de classes, a exploração do homem pelo homem. Os egípcios usavam escravos pretos para construir pirâmides, isto é, para satisfazer o ego de reis megalomaníacos. No Brasil, os tupinambás, que também eram escravistas, chacinaram os tupinaés, tomaram suas terras e os expulsaram do litoral, escorraçando-os para os sertões. Digo essas coisas porque não existem essas entidades genéricas: "os" negros, "os" índios, "as" mulheres. Isso é mistificação. Do ponto de vista sociológico, sempre houve exploração do negro pelo negro na África. "Vidas negras importam" é um *slogan* perfeito para ser gritado hoje nas favelas de Lagos ou de Luanda. Certa vez, uma "socialite" negra de Chicago disse ao escritor Otis Graham que tinha tanto a ver com os "blacks panthers" quanto um branco rico tinha a ver com seu jardineiro. O problema é que a ideologia identitária se esquece de que existem classes sociais – e assim fica lidando com entidades metafísicas, como "o" negro. Então, é preciso lembrar que a África Negra era escravocrata há milênios, que escravos negros eram enterrados vivos em sacrifício aos deuses, etc. Ao cruzar o Atlântico, os iorubás, que foram vendidos ao Brasil pelos reis do Daomé, não deixaram de ser escravistas. E sua primeira providência, ao ascender socialmente, era comprar escravos, dos quais, de resto, se serviam com a mesma crueldade dos senhores brancos. E eu não penso que a melhor maneira de lidar com as coisas seja fazendo de conta que nada disso existiu. Não acredito que a busca de uma sociedade mais justa precise se alicerçar na falsificação histórica e na mentira. Pelo contrário: temos de não nos enganar, de saber muito bem quem somos e do que somos capazes, se realmente queremos caminhar para um mundo melhor.

P: O sr. fala bastante de classes sociais. É marxista?

R: Isso vem por causa da sociologia. Mas não sou marxista. Fui ligado ao marxismo pela política. Quando garoto, fiz parte de uma organização clandestina de esquerda, a "Política Operária", Polop, a mesma da qual Dilma Rousseff fez parte, durante um tempo. Mas saí antes do lance da luta armada. Acabei indo para a contracultura, porque achava que luta armada era suicídio.

P: Como lida com as críticas ao seu trabalho?

R: Escrevo as minhas coisas. Conheço algumas pessoas que discordam e discuto com elas. Mas essas pessoas que escuto são as que respeito muito. Afora isso, nada. Não perco meu tempo com militante me xingando, me atacando.

P: Muitos brasileiros (incluindo os leitores da *Crusoé*) até pouco tempo se orgulhavam de viver em um país que combatia a corrupção. Essa narrativa desapareceu? Poderá ser retomada?

R: Claro. E tanto Bolsonaro quanto Lula são cínicos o suficiente para se dizerem as almas mais honestas desse país... Anos atrás, por sinal, ali pelo começo da Lava Jato, uma garota perguntou à mãe, num almoço a que eu estava presente, o que era aquela história de caixa 2, dinheiro não contabilizado, etc. Como a mãe não se mostrou interessada no assunto, eu expliquei. Disse que era mais ou menos o que a mãe dela fazia, todo final de ano, com relação ao imposto de renda: contratava um especialista (chamado contador) para fazer o máximo possível para esconder do fisco o dinheiro que tinha ganho. A mãe ficou furiosa, claro. Mas a mocinha entendeu. As pessoas adoram vociferar contra a corrupção, como se a atitude lhes carimbasse o visto de entrada no paraíso – mas, na verdade, não têm autoridade nenhuma para condenar a prática. E sabem disso. Ficam furiosas, na maioria dos casos, porque não são elas que estão roubando.

P: A tolerância à corrupção no Brasil não estava diminuindo? Alguma chance de diminuir no futuro? Como isso poderia ser feito?

P: Pode diminuir, obviamente. Mas confesso que não colocaria isso em primeiro lugar, se me fosse dado o poder de estabelecer metas nacionais. O problema maior do Brasil não está na corrupção, mas na desigualdade social.

TRISTES TÓPICOS DA VITIMIDADE: GATILHOS, ESPAÇOS SEGUROS, MICROAGRESSÕES

Camille Paglia fala de uma espantosa infantilização das mulheres na esfera do neofeminismo puritano hoje reinante, como se as moças precisassem de tutores e babás. O avesso do feminismo libertário e "pro-sex" da década de 1960, quando as mulheres resolveram falar e agir por si mesmas, assumindo as consequências de seus atos e desejos. Mas a verdade é que uma incrível infantilização das pessoas tomou conta de toda a movimentação identitária norte-americana. Bradley Campbell e Jason Manning começam exatamente por aqui o livro *The Rise of Victimhood Culture*, sobre a onda neurótico-vitimária estadunidense, hoje se espalhando por outros países e continentes.

Eles partem do anúncio da vitória eleitoral de Trump sobre Hillary Clinton, na eleição presidencial de 2016. Estudantes entraram em desespero "existencial" com a notícia, enxergando no horizonte verdadeiros *pogroms* contra "progressistas". Paranoia e histeria. Universidades forneceram assistência psicológica aos mais abalados. Algumas só faltaram apelar para cantigas de ninar. A Universidade de Kansas ofereceu terapia com cachorros, a de Cornell criou um "cry-in" onde serviam chocolate e a de Michigan reservou uma área onde estudantes passassem o tempo com livros para colorir.

Professores no papel de babás de militantes identitários, que pouco antes faziam discursos belicosos contra a opressão. Uma geração de bebês chorões pedindo proteção aos mais velhos, recolhendo-se nos chamados "safe spaces", com salinhas de brincar ao modo do jardim de infância. E não só por Trump. Nossos autores contam que, quando a feminista Wendy McElroy foi à Brown University discutir o sentido da "cultura do estupro", estudantes montaram um "safe space" para quem precisasse "se recuperar" de seus argumentos. Infantilização e imbecilização. E psicólogos já denunciam que tal "cultura da vitimidade" forma pessoas mais vulneráveis ao pânico, à melancolia e à depressão.

Campbell e Manning lembram que existem variados tipos de *status* moral. Numa "cultura da honra", posar de vítima pegaria mal. Ofensas não raro se resolviam em duelos. Já os identitários fantasiam que palavras atingem fisicamente as pessoas. A diferença entre violência verbal e violência física é abolida. E aqui emerge também a novidade: ser vítima eleva o *status* moral das pessoas, que agora se funda na dor. É a sacralização dos humilhados-e-ofendidos. Pessoas de tal forma feridas ou supostamente feridas pela vida que necessitam de "trigger warnings" e "safe spaces" protegendo-as de sensações de desamparo ou desespero. De algum *flashback* de experiências traumáticas, que tragam à tona sentimentos angustiosos.

Um "trigger" (gatilho) alerta para qualquer coisa que possa deflagrar esses sintomas do "estresse pós-traumático". Informa se as pessoas correm o risco de deparar algo que remeta à experiência traumática, permitindo que a vítima do trauma evite o deflagrador e os problemas que ele pode causar. Desde 2014, pelo menos, ativistas estudantis reivindicam "trigger warnings" a respeito do conteúdo de certos cursos e aulas que podem abrir a tampa do trauma, requerendo inclusive que professores antecipem por escrito se vão falar de coisas como estupro ou sequestro em suas exposições.

A onda assumiu dimensão absurda. "Em fevereiro de 2014, um estudante da Rutgers University escreveu um artigo reivindicando que gatilhos de advertência fossem anexados a romances e contos comumente adotados em cursos de literatura, como o 'Great Gatsby' de Scott Fitzgerald e 'Mrs. Dalloway' de Virginia Wolf, que conteria 'uma narrativa perturbadora examinando inclinações suicidas e experiências pós-traumáticas de um veterano de guerra'. Discussões sobre racismo, desigualdade e intolerância poderiam também ser deflagradoras". A própria mitologia grega e as *Metamorfoses* de Ovídio foram condenadas, na Columbia University, em defesa de pessoas de cor e estudantes pobres em geral. Tudo com a maior seriedade do mundo, como se dessa idiotice cósmica dependesse a salvação da humanidade.

Quanto aos "safe spaces", alguns são delimitados por sexo e cor, onde o grupo "oprimido" possa ficar a salvo de preconceito ou "microagressões". Insularização que também significa bloqueio de pontos de vista que diferem dos que imperam no grupo. Esta postura do identitarismo nem sempre é ressaltada: um ponto de vista que contrarie o movimento é considerado ameaça psicofísica à segurança dos coitadinhos, mais frágeis que o "homem de vidro" de Cervantes. E como se o *campus* fosse um lugar cheio de anti-identitários ferozes. Mais: pretos que vociferam contra a segregação racial parecem não perceber que um espaço só para si, proibido a brancos, também é segregação – expressão física de um *apartheid*. Só que não como imposição de fora, mas como reivindicação de dentro: autoapartheid.

Outro problema é a expansão dessas atitudes. Uma professora de direito de Harvard, Jeannie Suk, argumentou que, com a definição cada vez mais ampla do que seriam os tais deflagradores de experiências traumáticas, ela estava impedida de falar sobre estupro. "Recentemente, um estudante pediu a um professor meu conhecido que não usasse a palavra 'violar' na sala de aula – como na pergunta 'esta conduta viola a lei?' –, porque a palavra era 'triggering'. Alguns até sugeriram que a lei do estupro fosse retirada do currículo por seu potencial para gerar aflições". Só não entendo por que esses estudantes não cursam matemática. Se não podem ouvir falar de estupro, vão advogar nessa área?

Se quisermos atender às vítimas e à vitimidade, teremos de deletar a liberdade de pensamento e expressão. As vítimas e seus ideólogos querem silenciar toda manifestação que questione a cartilha identitária ou não teça loas às vítimas. Como dizem Campbell e Manning, de conversas de bar a peças de Shakespeare, de anedotas triviais a obras-primas do cinema, de brincadeiras estudantis a teorias científicas, tudo pode ser visto como ofensa – e os ofendidos exigem que os ofensores se calem. E isto vale para opiniões e pontos de vista, como nos mostra a prática do fundamentalismo identitário.

Por fim, as "microagressões", mais um modismo que a basbaquice estadunidense exporta para o mundo. Microagressões são coisas mínimas, insignificantes mesmo, que algum bebê chorão identitário considera ofensas graves a qualquer pessoa "oprimida". Há um exemplo ótimo em Campbell e Manning. Uma moça sentiu-se insultada porque uma colega errou seu pertencimento étnico, tratando-a como índia, e um professor teve dificuldade em pronunciar o seu nome. Foi o bastante para ela dizer que essas coisitas a fizeram experimentar o peso de ser uma asiática nos EUA. Mas qual é mesmo o problema que há em alguém confundir uma índia e uma asiática, para que isso seja visto como agressão? Pior foi o coitado do professor, que não acertou pronunciar direito o nome da moça. Qual? Samhita Mukhopadhyay...

É microagressão também dizer "todas as vidas importam" – e não só as pretas. Na verdade, a maioria das frases tidas como "microagressões" apenas expressam uma opinião. Em que a frase "America is a melting pot" seria ofensiva? É um ponto de vista. Só. A maluquice é que tudo pode ser considerado "microagressão", desde que alguém ache que a mensagem é hostil ao "oprimido", agora um bibelô de porcelana que pode se desmantelar da cabeça aos pés, diante de um dito corriqueiro sem teor ou intuito ofensivo. Mas tem gente faturando com isso, desde que ser ou ter sido vítima passou a compensar vantajosamente ofensas sofridas.

Como disse Pascal Bruckner, ao se exibir como vítima, a pessoa adquire uma espécie de imunidade simbólica. E carrega suas opressões reais ou imaginárias como se fossem crachás de nobreza. É por isso que muito, do que vemos por aí, é indignação pré-fabricada e não raro lucrativa. Além de um mundo de infantilização e teatralização da condição de vítima, o que se está ensaiando diante de nós é o projeto de sociedade ideal do multicultural-identitarismo: uma sociedade doentia, segregacionista e ditatorial.

(*O Estado de S. Paulo*, 7 de novembro de 2021)

Pós-escrito.

É impressionante como, do alto de sua arrogância imperialista, os norte-americanos são incapazes de perceber que, nos termos de seu discurso vitimário, a microagressão mor é se referir aos Estados Unidos com a palavra "America". Ofensa clara e objetiva a tudo o que, na América, não é estadunidense: a mexicanos, canadenses, brasileiros, cubanos, argentinos, etc.

EUGENISMO VERBAL: CONTRA O PENSAMENTO LIVRE

A essa altura do campeonato, com a polícia da língua em ação repressora incansável, já nem faço ideia de como hoje, nas Minas Gerais, as pessoas estão chamando o Aleijadinho, que, por sinal, era um mulato (ou negro?) escravista.

E agora, que decretaram que a expressão latina "doméstica" se refere a escravas negras e, portanto, seria afrontosa, logo teremos campanhas contra as placas racistas de "embarque doméstico" que vemos em nossos aeroportos. Também não sei como racialistas neonegros reagiriam à informação de que a palavra *preto* começou a ser acionada, com referência a pessoas de pele escura, no Portugal do século XV. É um conceito linguístico do colonizador. Vamos deixar de usá-lo?

O fato é que o combate a expressões supostamente "racistas", que ganha corpo por aqui, é de uma ignorância atroz. Ponto de emergência do fascismo legiferante semiletrado que ameaça se impor (graças à ignorância geral sobre a nossa história linguística) — e que também chega a ser racista. Como no caso do combate à expressão "macumba". A palavra é de origem banta, nos veio do kikongo e do kimbundo, originalmente "makuba", com o sentido de "reza" ou "invocação". É racismo querer banir palavras africanas da língua que falamos diariamente.

Além disso, surgiu a "língua" do x-@-e ou "linguagem inclusiva", que não inclui ninguém e exclui muitos. Pessoas com dislexia, por exemplo. Pessoas semianalfabetas ou em processo de alfabetização, também. A "língua" do x-@-e, por sinal, já começa querendo nos obrigar a falar não de língua portuguesa, mas de língux portuguesx ou língue portuguese. No caminho da transformação do português numa pedreira consonantal impronunciável. E haja disparates.

A começar por uma trapalhada elementar: gênero gramatical nunca foi gênero biológico. Basta pensar na dupla "cesto" e "cesta". Alguém já viu o sexo de um cesto ou de uma cesta? O que uma pobre cesta tem a ver com "identidade de gênero"? Existem cestas "trans"? É evidente que a diferença entre um barco e uma barca é gramatical, não genital. E a vogal temática, em português, não define gênero. Gênero é definido pelo artigo que acompanha a palavra. Sofá termina em "a" e não é feminino. Boa parte dos nossos adjetivos pode ser masculina ou feminina, independentemente da letra final. E terminar uma palavra com "e" não faz com que ela seja neutra. A alface que o diga.

A linguista Concepción Company, do Instituto de Investigações Filológicas da Universidade Nacional Autônoma do México, lembra que os que atribuem marcações de gênero à dominação patriarcal branca no Ocidente, deveriam saber que a língua árabe não tem marcador de gênero e, no entanto, o patriarcado muçulmano é um fato. No Afeganistão, as línguas oficiais, o pastum e o farsi ou persa, não têm distinção morfológica de gênero. Todos são obrigados a dizer "todes". Há milênios. Deve ser por isso que a igualdade de gênero reina entre os talibãs.

O grave é que, não raro, ao colocar um determinado vocábulo no index inquisitorial, os praticantes do eugenismo verbal podem estar simplesmente apagando ou destruindo a experiência sociocultural que se acumulou ali naquela palavra.

O projeto totalitário do identitarismo é amplo e sufocante. Trata-se de colonizar a linguagem e o discurso. Mais um capítulo do imperialismo cultural norte-americano em nossa época. O *portinglês*, o *franglais* e o *italinglese* que o digam. Os identitários vivem se autoproclamando adversários irredutíveis do imperialismo e do colonialismo, mas alguém acredita? Nada mais mimético do que esses militantes. Eles são totalmente colonizados pelo trio norte-americano esquerda-academia-mídia. Os Estados Unidos tomaram conta da internet, assentaram os termos da nova doxa planetária e fazem as réplicas locais falar a sua língua, repetir os "ideologemas" que consagrou e fazer o discurso determinado pela matriz.

Não faz tempo, encontrei, no jornal *El País*, um artigo de Antonio Caño, "*Un Proyecto Fallido*", onde se lia: "Que resta do projeto com que se iniciou nossa democracia? Apenas nada nos une. Nem sequer nosso idioma, que parecia até há pouco um valor intangível e neutro, está hoje fora do conflito ideológico... Não tardará o dia em que proponham retirar o nome do Instituto Cervantes para buscar uma figura supostamente mais inclusiva, alguém que represente melhor a todos os idiomas da Espanha, que a cada dia são mais". O quadro traçado nos faz pensar em nós mesmos. Espanta, aliás, que os movimentos negros não tenham ainda cancelado Machado de Assis, com seu elogio da beleza branca, seu desdém pela "cultura negra" e seus ataques à capoeira.

Mas, enfim, estamos assistindo à emergência da crença numa nova magia nominalista. Ou ingressando no reino da onipotência do palavreado. E o combate à cultura estabelecida invadiu o domínio idiomático. As pessoas se dispuseram a agir sobre a língua para mudar o mundo — quando, ao contrário, deveriam se dispor a agir sobre o mundo para mudar a língua. Afinal, como sempre digo, as cores existem não porque tenhamos palavras para elas. É o contrário. Existe um léxico das cores porque, graças ao equipamento ótico luxuoso com que fomos premiados, o mundo humano é colorido.

Roland Barthes observou certa vez que os revolucionários de 1789 falaram em desmantelar tudo, menos a língua francesa. Nenhuma comunidade humana existe sem a sua língua. Ela é a mais fundamental de todas as instituições sociais. E línguas são cosmovisões milenares. A língua possibilita, organiza e estrutura o nosso entendimento do mundo. Ou, por outra, o mundo é visto nos termos de nossas estruturas verbais.

Sempre que toco nessas teclas, me repetem o truísmo: tudo muda, as línguas também! Claro que as línguas mudam. Mas uma coisa é a mudança processual ocorrendo, a partir da fala, dentro da lógica da própria língua — a que vai de "vossa mercê" a "você", por exemplo. Outra coisa é a tentativa instantânea de imposição ideológica, artificial, "desde fora", de uma partícula ou micropartícula verbal ou de uma justaposição de partículas – como em "amigxs". Coisas que nem sequer nascem na fala, que é a prática da língua, mas na escrita político-acadêmica, brotando de fórmulas discursivas geradas em tubos de ensaio, no laboratório dos novos ideólogos da língua. Maiakóvski escreveu: "o povo, o inventa-línguas" – e não "o ativista, o inventa-línguas". A diferença está toda aí.

Como bem viu o filósofo Adrien Louis, em artigo recente no *Figaro*, o que estamos no dever de contestar é a tentativa absurda de querer impor uma determinada instrumentalização ideológica da língua. Esta é a questão central.

O argumento de Adrien se organiza em torno desse problema. Diz ele que se o caráter desgracioso – *le caractere disgracieux* – da escrita inclusiva é um fato evidente, isto apenas traduz a "ambição original" do projeto. A *disgrâce esthétique* "reflete bem fielmente a obsessão moral que aquela escrita quer introduzir em nosso uso da língua e, mais fundamentalmente, em nosso pensamento". Ou ainda: a *disgrâce esthétique* traduz uma "intenção exorbitante", no sentido mesmo de arbitrariedade que ultrapassa a medida justa das coisas, qual seja a de "colocar deliberadamente a língua a serviço de uma certa moral" – ou de "introduzir a pureza moral na textura mais íntima de nosso pensamento".

E tal "intenção exorbitante" não é dissimulada. Encontra-se sempre explícita na pregação dos militantes desse projeto de eugenismo verbal. A partir do seguinte raciocínio: o dever primeiro de nossa civilização não é liberar os espíritos, mas simplesmente prendê-los ao porto da "boa ideologia". Adrien considera corretamente que a luta contra as discriminações e pela vitória da igualdade é a mais legítima de todas as lutas.

Mas, em nome disso, não devemos sacrificar a espécie de liberdade que permite que o pensamento respire e floresça.

Vale dizer – e este é realmente o ponto essencial –, o que os militantes da linguagem ou escrita inclusiva querem é "o sacrifício de uma palavra livre, em proveito de um pensamento constantemente vigiado".

(*O Estado de S. Paulo*, 18 de dezembro de 2021.)

UM NEORRACISMO TRAVESTIDO DE ANTIRRACISMO

Todo mundo sabe que existe racismo branco antipreto. Quanto ao racismo preto antibranco, quase ninguém quer saber. Mas, quem quer que observe a cena racial do mundo, vê que o racismo negro é um fato.

A universidade e a mídia norte-americanas insistem no discurso da inexistência de qualquer tipo de "black racism". Casos desse racismo se sucedem, mas a ordem-unida ideológica manda fingir que nada aconteceu. O dogma reza que, como pretos são oprimidos, não dispõem de poder econômico ou político para institucionalizar sua hostilidade antibranca. É uma tolice. Ninguém precisa ter poder para ser racista. E pretos já contam, sim, com instrumentos de poder para institucionalizar o seu racismo.

A história ensina: quem hoje figura na posição de oprimido, pode ter sido opressor no passado e voltar a ser no futuro. Muçulmanos escravizaram e mataram multidões de pretos, em séculos de tráfico negreiro na África. Mas a visão atualmente dominante, marcada por ignorância e fraudes históricas, quando não pode negar o racismo negro, argumenta que o racismo branco do passado desculpa o racismo preto do presente. Mas o racismo é inaceitável em qualquer circunstância. A universidade e a elite midiática, no entanto, negaceiam.

Em *Coloring the News*, William McGowan lembra uma série de ataques racistas de pretos contra brancos no metrô de Washington. Num deles, um grupo de adolescentes negros gritava: "vamos matar todos os brancos!". Mas o *Washington Post* não tratou o conflito como conduta racial criminosa, e sim como "confronto de duas culturas". McGowan sublinha que a recusa em reconhecer a realidade do racismo antibranco é particularmente evidente na cobertura midiática de crimes de pretos contra brancos.

De nada adianta a motivação racial ser ostensiva, como no caso de ataques a idosos brancos no Brooklyn, quando um membro da gangue preta declarou: "Fizemos um acordo entre nós de não roubar mulheres pretas. Só pegaríamos mulheres brancas. Foi um pacto que todos fizemos. Só gente branca". O "detalhe" não foi mencionado nas reportagens do *New York Times*. E a postura foi a mesma quando três adolescentes brancos foram atacados por uma gangue de jovens pretos no Michigan. Os rapazes pretos curraram a moça branca e fuzilaram um jovem branco. O *New York Times* não indigitou o caráter racial do crime e o relegou a uma materiazinha de um só dia. Se os papéis fossem invertidos, uma gangue de jovens brancos currando uma mocinha preta e assassinando um jovem negro, o assunto seria explorando amplamente – e em mais de uma reportagem. Lá, como aqui, o "double standard" midiático é um fato.

Merece destaque o racismo preto antijudaico, que não é de hoje. Em Crown Heights, no verão de 1991, os pretos promoveram um formidável quebra-quebra que se estendeu por quatro dias, durante o qual gritavam "Heil Hitler" em frente a casas de judeus. Mas a elite midiática, do *New York Times* à ABC, contornou sistematicamente o racismo, destacando que séculos de opressão explicavam tudo. Vemos o racismo negro também contra asiáticos. Na história racial de Nova York, negros aparecem tanto como vítimas quanto como agressores criminosos. Judeus e asiáticos, ao contrário, quase que só se dão mal.

Num boicote preto a um armazém do Brooklyn, cujos proprietários eram coreanos, os pretos foram inquestionavelmente racistas. Diziam aos moradores do bairro que não comprassem coisas de "pessoas que não se parecem com nós". E chamavam os coreanos de "macacos amarelos". Curiosamente, por mais de três meses, a grande mídia não deu a menor atenção ao boicote. E um jornalista do *New York Post* denunciou: "Se fosse boicote da Ku Klux Klan a um armazém de um negro, logo se tornaria assunto nacional. Por que as regras são outras, quando as vítimas são coreanas?". Não são poucos, de resto, os comerciantes coreanos que perderam a vida em enfrentamentos com "consumidores" negros. E há casos de militantes pretos extorquindo amarelos. Extorsão e violência racistas, é claro.

Sob a capa do discurso antirracista, o racismo negro se manifesta através de organizações poderosas. Como a Nação do Islã, organização supremacista negra, antissemita e homofóbica. Discípula, de resto, de Marcus Garvey, admirador de Hitler (seu antissemitismo chegou a levá-lo a procurar uma parceria desconcertante com a Ku Klux Klan) e de Mussolini, que virou guru de Bob Marley e do *reggae* jamaicano, fiéis do culto ao ditador Hailé Selassié, o Rás Tafari, suposto herdeiro do Rei Salomão e da Rainha de Sabá.

A propósito, a Frente Negra Brasileira, na década de 1930, não só fez o elogio aberto de Hitler, inclusive tratando Zumbi como um *"Führer* de ébano", como apoiou a aposta autoritária de Getúlio Vargas, versão tritetropical do fascismo italiano — e o próprio Abdias do Nascimento, guru de nossos atuais movimentos negros, foi militante integralista. O líder da Nação do Islã, Louis Farrakhan, sempre exibiu também um franco e ostensivo racismo antijudaico. Hoje, o Black Lives Matter pede a morte dos judeus em manifestações públicas.

Num artigo recente no jornal *Le Monde* ("Biden, au Coeur du Combat Identitaire"), Michel Guerrin sublinhou que o "antissemitismo está bem presente no poderoso movimento Black Lives Matter". A turma discursa contra o "genocídio" palestino, "organiza manifestações onde podemos ouvir 'matem os judeus', é próximo do líder da Nação do Islã, Louis Farrakhan, que fez o elogio de Hitler, e tem como cofundadora da sua seção em Toronto, Canadá, Yusra Khogali, que praticamente chegou a pedir o assassinato de brancos".

O racismo antijudaico de pretos pobres dos guetos pode contar com alguma pequena motivação cotidiana. Mas o que pesa mesmo é o antissemitismo generalizado nas lideranças da esquerda multicultural-identitária. Tudo bem criticar o governo de Israel. Os próprios israelenses costumam fazê-lo, vivendo num regime democrático, ave raríssima no Oriente Médio. Outra coisa é pregar o desaparecimento de Israel, como querem o Irã e alguns movimentos de esquerda. Aqui, o antissemitismo. E o ódio multicultural-identitário a Israel parece não ter limites.

Tomo Yusra Khogali – jovem mulata sudanesa que não diz uma palavra sobre as atrocidades de negros contra negros em seu país natal, vivendo antes no Canadá, onde se compraz em xingar a opressão branca – como um caso exacerbado disso tudo. Ela não só confessou que tem ímpetos de assassinar todos os brancos. Expôs também uma fantasia "acadêmica" que bem pode ser classificada como a primeira imbecilidade produzida por um "neorracismo científico".

Vejam a preciosidade pseudobiológica de madame Khogali: os brancos não passam de um defeito genético dos pretos. "A branquitude não é humana. De fato, a pele branca é sub-humana". Porque a brancura é um defeito genético recessivo. "Isto é fato", afirma solenemente. Diz que as pessoas brancas possuem uma "alta concentração de inibidores de enzima que suprimem a produção de melanina". E que a melanina é indispensável a uma estrutura óssea sólida, à inteligência, à visão, etc. Enfim, apareceu a mulata racista para inverter o "racismo científico" branco do século XIX – e dizer que os brancos, sim, é que são uma raça inferior. Mas Yusra é apenas um exemplo, entre muitos. E ela teve a quem puxar.

O fato é que não dá para sustentar o clichê de que não existe racismo negro porque a "comunidade negra" não tem poder para exercê-lo institucionalmente. Mesmo que a tese fosse correta, o que está longe de ser o caso, existem já meios para o exercício do racismo negro. Engana-se, mesmo com relação ao Brasil, quem não quer ver racismo, separatismo e mesmo projeto supremacista em movimentos negros. E o retorno à loucura supremacista aparece, agora, como discurso de esquerda. Se quiserem manter a complacência, podem falar disso como de realidades apenas embrionárias. Mas a verdade é bem outra. Militantes pretos, como pastores evangélicos, querem o poder.

Não devemos fazer vistas grossas ao racismo negro, ao tempo em que esquadrinhamos o racismo branco com microscópios implacáveis. O mesmo microscópio deve enquadrar todo e qualquer racismo, venha de onde vier. Como no texto do escritor negro LeRoi Jones: "Nossos irmãos estão se movimentando por toda parte, esmagando as frágeis faces brancas. Nós temos que fazer o nosso próprio Mundo, cara, e não podemos fazê-lo a menos que o homem branco esteja morto".

Resta, então, a pergunta fundamental. O neorracismo identitário é exceção ou norma? Infelizmente, penso que é norma. Decorre de premissas fundamentais da própria perspectiva identitária, quando passamos da política da busca da igualdade para a política da afirmação da diferença. Ao afirmar uma identidade, não podemos deixar de distinguir, dividir, separar. Não existe identitarismo que não traga em si algum grau e alguma espécie de fundamentalismo. Nesse fundamentalismo, se o que conta é a afirmação de um essencialismo racial, reagindo ressentido a estigmatizações passadas, dificilmente os sinais supremacistas não serão invertidos. E as implicações disso me parecem óbvias.

(*Folha de S. Paulo*, 16 de janeiro de 2022.)

SEM MEDO DE CARA FEIA

Não há conversa possível com sacerdotes e fiéis da novel religião identitária. A elite letrada neonegra mal acaba de rabiscar suas "teses" altamente discutíveis e logo as converte em dogmas irretocáveis. Exigem imunidade ao questionamento, foro privilegiado da ideologia. Ou seja: não escrevem textos, mas tábuas da lei. Se alguém discorda, é racista.

A tríade identitária em vigor é esta: xingar, intimidar, silenciar. Discutir, incrementar o debate público, de modo algum. Para quem é dono da verdade, discussão alguma interessa. É pedra no caminho da realização da suposta felicidade social. Mas, feliz ou infelizmente, nem todos pensamos a mesma coisa, nem rezamos pela mesma cartilha. Logo ao primeiro ataque desferido, avisei: não esperem de mim o papelão de Lilia Beyoncé Schwarcz, branquinha cheia de culpa, suplicando perdão.

E a primeira coisa que vi: regra geral, quem atacava, simplesmente não tinha lido o que escrevi. Basta dizer que todos deram de barato que eu tinha escrito sobre essa bobagem de "racismo reverso". Até a eterna presidenciável Marina Silva, a menos que, além de costumar se equivocar na interpretação do Brasil, esteja agora também com problemas de interpretação de texto. Não, Marina não leu, mas tuitou categórica sobre o assunto, com aquela típica soberba que tantas vezes se oculta sob o manto da humildade cristã. Mas não é a única a não querer contrariar neonegros. Com a preocupação de manter ou ampliar seu raio de ação, diante das eleições deste ano, partidos "progressistas" evitam qualquer debate. Querem quadros — e votos. Nossos partidos "soi disant" de esquerda, hoje, estão muito mais para o Magazine Luiza do que para Leonel Brizola — esta é a verdade.

Mas vejamos a tríade sagrada do racialismo. Em "O Emplastro Estrutural", o escritor Gustavo Nogy (além de dizer que cometi uma indiscrição imperdoável para o debate público: ter debatido publicamente) foi a um dos pontos: "... suspeitar de uma das elaborações possíveis sobre o racismo — o que é o 'racismo estrutural' senão uma das elaborações possíveis sobre o racismo? — não é suspeitar da realidade do racismo, assim como questionar a validade epistêmica de uma teoria econômica sobre a pobreza não é pôr em dúvida a realidade da pobreza ou a fome dos pobres". O fundamentalismo fascista quer nos obrigar a crer que sim, mas o fato é que afirmei a realidade do racismo de uma ponta a outra do artigo que publiquei.

Lembro, ainda, que não é de hoje que movimentos negros tentam provar que "todo mundo" é racista. Muito pelo contrário. O historiador (negro) Joel Rufino já falava disso há tempos, em *Atrás do Muro da Noite*. Dizia que a "frustração social" estava na base da movimentação, imprimindo-lhe uma marca: "os movimentos negros trabalham politicamente o ressentimento... há como que uma ânsia em arrancar do brasileiro comum a confissão de que este é racista". A novidade, daí para cá, é que passaram a atacar de manada. E vingou a praxe da incultura do cancelamento — que vem de um traço fundamental do identitarismo: a intelectofobia. Camille Paglia, num dos textos de *Sex, Gender, Feminism*, já teclava: "... as universidades, como a grande mídia, estão patrulhadas atualmente por uma bem intencionada, mas implacável polícia do pensamento, tão dogmática quanto os agentes da Inquisição espanhola. Estamos novamente mergulhados num caos ético onde a intolerância se fantasia de tolerância e onde a liberdade individual é esmagada pela tirania do grupo".

Exigiram, também, que eu desse exemplos de racismo antibranco de pretos brasileiros. Não faltam. Racismo contra brancos e mestiços. Posso fazer uma lista imensa, vindo, por exemplo, do grupo carnavalesco Ilê Aiyê proibindo ingresso de não-pretos no bloco (em 1974) à recente faixa em defesa da pureza racial exibida na Avenida Paulista ("miscigenação é genocídio"), passando pelos tribunais raciais que hoje infestam nosso sistema educacional, cancelando matrículas de mestiços. Os "pardos", para o movimento negro, não passam de massa de manobra. São "incluídos", sempre que interessa inflar o "contingente negro" da população — e "excluídos", quando o "privilégio preto" é ameaçado.

Anos atrás, por sinal, em "Genocídio Racial Estatístico", o historiador José Murilo de Carvalho já tocava no grão da questão: "Está em andamento no Brasil uma tentativa de genocídio racial perpetrado com a arma da estatística. A campanha é liderada por ativistas do movimento negro, sociólogos, economistas, demógrafos, organizações não governamentais, órgãos federais de pesquisa. A tática é muito simples. O IBGE decidiu desde 1940 que o Brasil se divide racialmente em pretos, brancos, pardos, amarelos e indígenas. Os genocidas somam pretos e pardos e decretam que todos são negros, afro--descendentes. Pronto. De uma penada, ou de uma somada, excluem do mapa demográfico brasileiro toda a população descendente de indígenas, todos os caboclos e curibocas. Escravizada e vitimada por práticas genocidas nas mãos de portugueses e bandeirantes, a população indígena é objeto de um segundo genocídio, agora estatístico".

Quando toco em tais tópicos, costumam me responder dizendo que não entendo que raça é uma "construção social". Bem, duas coisas. Primeiro: não penso em termos de "raça" – como brasileiro, penso em termos de cor. Segundo, expliquem a um pobre mortal como, desde a invenção da linguagem, poderia existir alguma coisa que não fosse "construção social"? Nada escapa disso, como já ensinavam os neokantianos. Não por acaso esse "construcionismo social" é ridicularizado hoje, mundialmente, por tantos estudiosos e intelectuais, como agora a socióloga Nathalie Heiniche, da diretoria do Centro Nacional da Pesquisa Científica (França), adversária do "militantismo acadêmico" identitário, que, no seu entender, descende do período stalinista da "ciência proletária" e dos "delírios maoístas" da década de 1970.

"Racismo estrutural", sim, mas com o baronato negro ocupando cadeira cativa nos espaços e horários nobres do país. Com o patrocínio de grande parte do empresariado. Do "woke capitalism". E apontando para um tremendo quiproquó jurídico no caminho. Porque seu desfecho seria, logicamente, a criação de um código penal para cada "raça". Claro. A "tese" dessa malandragem jurídico-ideológica é a seguinte. O racismo não acontece em plano individual – vem de um sistema de poder, de uma estrutura social. Como preto é oprimido e não conta com a estrutura a seu favor, está simplesmente impossibilitado de ser racista (é dessa esperteza que vem a conversa de "racismo reverso"). Ou seja: preto pode ser racista à vontade, porque só depois que for derrubada a estrutura capitalista é que poderá ser responsabilizado pelos crimes que cometer... Para defender essa tolice, essa abstração confortável, nossos militantes são obviamente acadêmicos. Querem dar cientificidade à jogada. Mas ninguém precisa contar com um aparelho estatal para ser racista. Uma gangue que impõe seu poder numa favela é ilusão de ótica só porque não traz com ela o aparelho de Estado, a "estrutura", etc.? Aliás, todas essas definiçõezinhas de manuais acadêmicos pouco se sustentam na realidade. Acho hilário quando leio num desses manuais que o Estado detém o monopólio da coerção organizada, por exemplo. Porque o narcotráfico arquivou essa "definição" há tempos.

Joel Pinheiro ridicularizou: "O racismo englobaria o nosso sistema social como um todo, constituído de uma história escravocrata e erigido numa estrutura hierárquica que coloca um grupo racial acima de outro e tem meios para perpetuar essa sujeição. Apenas atos em que essa ordem se reafirma seriam propriamente racistas. [...]. Imagine que alguns estudiosos da violência propusessem restringir o termo 'assassinato' apenas aos casos em que o matador fosse hierarquicamente superior à vítima. Se um patrão matasse seu empregado, aí sim teríamos um assassinato. Mas se um vizinho matasse o outro, aí não, teríamos outra coisa, uma 'morte violenta premeditada'. Páginas e páginas de discussão acadêmica seriam gastas para discutir quais casos seriam ou não seriam 'assassinato'. Mas a realidade dos crimes continuaria a mesma".

No entanto, na cartilha do "racismo estrutural", se o mesmíssimo crime for cometido por um branco e um preto, o branco terá cometido o crime – o preto, não. E aí? Teremos dois códigos penais? Ora, racismo é racismo. Venha de quem vier, de onde vier e quando vier. Mas, como o espaço é curto, encerro. Lembrando que, pelo que disse aqui e por muito mais, quando falam para eu não me incomodar com os ataques porque "os cães ladram e a caravana passa", respondo que não me incomodo com ataques. Mas vejo o ditado de outra perspectiva. É a caravana identitária que passa, incensada e acolhida pelo capitalismo internacional e por segmentos significativos da classe dominante brasileira. Quem ladra, no caso, sou eu. E aqui me lembro do velho Manoel da Nóbrega, escrevendo em meados do século XVI, numa de suas *Cartas do Brasil*: podem ficar sossegados: "eu ladrarei quanto puder".

(Artigo enviado à *Folha de S. Paulo* em janeiro de 2022 – mas cuja publicação foi recusada.)

COM POSTURA POLICIALESCA, *FOLHA DE S. PAULO* ASSUME SER PASQUIM IDENTITÁRIO

Desde a década de 1970 publico ocasionalmente algum artigo na *Folha*. E nunca tinha visto nada igual. No afã de censurar mas disfarçar a censura de um texto meu, a *Folha* me envia agora um interrogatório. Uma peça que está mais próxima de delegacias de polícia do que de qualquer pouso mais sério de vida mental. É de uma cara de pau espantosa, como se eu não estudasse há décadas a questão sociorracial brasileira e não tivesse publicado livros sobre o assunto, a exemplo de *A Utopia Brasileira e os Movimentos Negros*. Enfim, o jornal, apesar de posudo, me vem com atitude de molecagem identifascista. Para mim, mais que um escândalo, isto é vergonhoso. Não é de hoje a denúncia de que, nos chamados "anos de chumbo", a *Folha* prestou serviços a órgãos da repressão militar, inclusive emprestando automóveis para que a polícia prendesse militantes de esquerda. Pensei que isso tinha ficado definitivamente para trás. Mas vejo que, com a transformação do jornal em pasquim identitário, a vocação policial, agora com sinais trocados, parece estar rediviva. Reproduzo abaixo o interrogatório (coloquei entre aspas as partes citadas do meu texto, já que não tenho como reproduzir cores e negritos por aqui). Gostaria de saber a opinião de jornalistas sérios sobre o assunto. E se a polícia do pensamento da *Folha* faz isso também com seus identitários raivosos. Por fim, vou publicar o artigo aqui no *facebook*, de modo que a *Folha* tenha a desculpa de não publicá-lo porque não é mais inédito. Com isso, deixarei de assistir a mais vexames que, perpetrados sob o signo do fascismo identitário, envergonham a ética e a boa prática jornalística.

Vejam a peça vexaminosa (que ainda inclui passagem mentirosa dizendo que dei exemplos de racismo antibranco no artigo publicado na "Ilustríssima"; não dei nenhum − e fui cobrado por isso até por colunistas da própria *Folha*, mas parece que eles não se dão ao trabalho de ler o jornal que fazem):

Cesar Jesus Camasão
Mon, Feb 21, 2:11 PM
(16 hours ago) to me

Caro professor, como vai?

Como disse no e-mail anterior, encaminho abaixo as observações elencadas pela direção (estão em negrito, logo após os respectivos trechos do texto).

Qualquer dúvida estou à disposição:

"Não é de hoje que movimentos negros tentam provar que 'todo mundo' é racista no Brasil. O historiador (negro) Joel Rufino já falava disso há tempos, em 'Atrás do Muro da Noite': 'os movimentos negros trabalham politicamente o ressentimento... há como que uma ânsia em arrancar do brasileiro comum a confissão de que este é racista'. A novidade, daí para cá, é que passaram a atacar de manada". (Aqui o sr. poderia sugerir outra palavra que não manada?)

"Exigiram, também, que eu desse exemplos de racismo antibranco de pretos brasileiros. Não faltam. Racismo contra brancos e mestiços. Posso fazer uma lista imensa, vindo, por exemplo, do grupo carnavalesco Ilê Aiyê proibindo ingresso de não-pretos no bloco (em 1974) à recente faixa em defesa da pureza racial exibida na Avenida Paulista ('miscigenação é genocídio'), passando pelos tribunais raciais que hoje infestam nosso sistema educacional, cancelando matrículas de mestiços". (Professor, entendemos que todo o texto anterior na Ilustríssima, de 7.000 caracteres, já trazia exemplos disso. Sugerimos que o trecho seja suprimido e que o espaço seja utilizado para elaborar melhor o trecho abaixo:)

Os "pardos", para o movimento negro, não passam de massa de manobra. São "incluídos", sempre que interessa inflar o "contingente negro" da população — e "excluídos", quando o "privilégio preto" é ameaçado.

"Racismo estrutural, sim, mas com o baronato negro ocupando cadeira cativa nos espaços e horários nobres do país". (Professor, entendemos que o que o sr. chama de baronato negro não ocupa cadeiras cativas nos espaços e horários nobres do país. A mídia televisiva é quase 100% branca, assim como os comandos do jornalismo das emissoras. O sr. poderia elaborar melhor a frase e dar elementos que a sustente, por gentileza?). [Observo aqui que, para ver o baronato negro, bastava contar os colunistas da própria *Folha* ou assistir aos noticiários da Globonews, por exemplo.]

"Com o patrocínio de grande parte do empresariado. E apontando para um tremendo quiproquó jurídico no caminho, com a criação de um código penal para cada 'raça'". (Aqui, professor, acreditamos que seria importante embasar os fatos diante da afirmação polêmica. Quem exatamente defende ou aponta para um código penal para cada raça?)

"Porque a tese dessa malandragem jurídico-ideológica é a seguinte. O racismo não acontece em plano individual — vem de um sistema de poder, de uma estrutura social. Como preto é oprimido, está simplesmente impossibilitado de ser racista. Ou seja: preto pode ser racista à vontade. Só depois que for derrubada a estrutura capitalista é que poderá ser responsabilizado pelos crimes raciais que porventura cometer..." (Professor, mais uma vez: quem defende essa tese? E onde?) [Acrescento mais uma vez, repetindo: eles não leem o jornal que fazem...]

Obrigado,
Cesar Camasão
Editor-adjunto de Opinião

Bem, é isso aí. Depois comento com mais calma.

AUF WIEDERSEHEN

Militante não tem vida — ou, por outra, vida de militante é militar. Não é o meu caso. De modo que cá estou eu de volta à minha vidinha simples de sempre *qui* a Itaparica (ainda mais que amanheceu chovendo, isto é, tem orixá lavando os caminhos), entre a praia, os bichos, os textos e as plantas. Hoje, devo comer a moquequinha de siri de minhas queridas Dani e Rosa, vizinhas de Joanilton Marvado, ali no Largo da Quitanda. Como sou das antigas — nasci bem antes da criação da "nouvelle cousine" baiana para consumo turístico e da proliferação de restaurantes de "comida baiana" —, como moqueca com farofa de dendê e feijão. E o feijãozinho de Dani e Rosa é uma delícia.

Quanto à militância, que continue militando, já que realmente não tem mais o que fazer. Comigo, durante esse episódio do artigo-e-cancelamento, regra geral (no caso, seria mais adequado dizer "grosso modo"), salvo exceções realmente raríssimas, a postura, perfil *fake* à parte, foi como a de um sujeito que escreveu no *facebook* que, quando chegasse a hora da revanche, ia cobrir meu lombo de pauladas. Mas a turma debochou tanto (na base do "tá nervosa, santa?"), que o bundão apagou seu *post*... Por falar nisso, minha querida amiga trans Luíza Coppieters, que quase foi eleita vereadora pelo PSOL em São Paulo e hoje integra o PCB, me conta que a militância racifascista está enchendo o saco de quem ficou comigo nessa confusão. Eu já sabia — porque a escritora Katia Bandeira de Mello-Gerlach me mandou uma abordagem escrota sobre o assunto, feita por essa turma. Mas deixa isso pra lá.

Tenho de agradecer muito aos amigos que ficaram do nosso lado. Digo, "do nosso", porque, durante esses últimos dias, aqui em casa, a união realmente fez a força. Minha mulher Sara Victoria e meu filho-enteado Luca ficaram comigo o tempo todo — e mandamos flores e foguetes pela internet. De Salvador, minha filha-sobrinha Mariana, também. Quanto aos amigos: solidariedade generosa e combativa. Inclusive, com belíssimo artigo de Fernando Coscioni, com Bruna Frascolla e o biólogo geneticista Eli Vieira produzindo uma carta aberta de apoio a mim e contra o fascismo identitário e o casal Gilseone Cosenza e Tibério Canuto produzindo um manifesto pela liberdade de expressão. Ah, Tibério ficou quatro anos preso durante a ditadura militar (nada mais distante do militante-fedelho-mequetrefe-posudo de hoje em dia que vocifera sem parar, achando ridiculamente que está no *front* da grande revolução social brasileira). Foi da direção do Partido Comunista juntamente com Ana Montenegro, primeira mulher brasileira exilada por motivos políticos, que é avó e foi a verdadeira mãe de minha mulher Sara Victoria (moravam juntas, claro, tanto num apê no Rio Vermelho, quando no velho casarão de Santo Antonio Além do Carmo; Sara, aliás, nasceu em Berlim Oriental, pertinho do apartamento onde mora Angela Merkel, durante o exílio da avó, encarregada pelo partido de relações com alguns grupos guerrilheiros que estavam então fazendo e acontecendo na chamada África Negra). Depois, Tibério radicalizou: foi para a Ação Popular, a AP, quando o exército conseguiu pegar ele. Hoje, está de novo mais para o Partidão, no que faz muito bem.

Mas enquanto alguns amigos ficaram conosco, outros sumiram do mapa. E houve até amigo/amiga que nos cancelou. Tudo bem. Quem nos cancelou, nos fez, na verdade, um favor. Aos que ficaram à distância, apenas avisamos que agora os preferimos assim. Mas tem o outro lado da moeda: pessoas que nem conheço pessoalmente, mas que ficaram firmes e fortes conosco — algumas, inclusive, discordando (parcialmente, na maioria dos casos) de minhas opiniões, mas inflexíveis na defesa da democracia e da liberdade de expressão — e dispostas a combater a tentativa do fascismo identitário de asfixiar qualquer debate entre nós. Aqui, aliás, tenho de agradecer a alguns jornalistas — como Carlos Marchi e Mário Sabino, de "O Antagonista", entre outros — que bateram pé firme contra o manifesto dos jornalistas-pró-censura. E tenho de louvar, ainda, a postura de colunistas da *Folha de S. Paulo* — Demétrio Magnoli, Hélio Schwartsman, Joel Pinheiro, Lygia Maria — e de Wilson Gomes. Temos de apostar no que é fundamental para manter a liberdade de expressão no país. Gostei muito, aliás, de ser pretexto ou simples gota d'água para essa reafirmação geral de princípios elementares da vida democrática, hoje ameaçados pelos fanáticos do fundamentalismo fascista identitário.

Mas vamos em frente. Hoje, vou ter mais tempo para os meus bichos. Aliás, devo fazer aqui uma distinção. Meus cachorros – três belos pastores, um são bernardo e uma buldogue – parece que até se importam com coisas mais pedestres, como a que aconteceu. Os gatos, longe disso. Estão mais ligados em suas transas telepáticas e em seus contatos com "alienígenas". Quando olho para eles, sentados na varanda à noite, mirando o céu mais distante, digo sempre que eles vão acabar desmentindo um comentário maravilhoso de Stephen Jay Gould, num daqueles seus livros sensacionais. Gould falava de um parentesco essencial entre a teologia e a biologia extraterrestre: ambas contam com muito mais estudiosos do que com objetos de estudo...

Por fim, confesso apenas que, sempre nessas turbulências, leio algum livro que não tem nada a ver com o assunto. No caso presente, li *"As Viagens"* do veneziano Marco Polo. É impressionante ver como era de fato intensa a vida urbana naquelas extensões orientais, no século XIII – não só no mais próximo de nós, como a Mesopotâmia, mas em meio a algumas cidades que ficavam (algumas, ainda ficam) lá pelas bandas do Afeganistão, a exemplo de Taykaz, atual Talikhan. Pena que Marco não mergulhe mais no cotidiano de Bagdá, cidade criada do nada na expansão muçulmana, cidade planejada que me fascina, rigorosamente circular, sediando o califado abássida (ou abácida), sobre a qual Kotkin abre algum foco em seu *The City – A Global History,* que, de resto, vou aproveitar para começar a reler hoje.

P.S. 1. E ainda deu tempo de ler *A Epopeia de Gilgámesh*, que é um formidável poema *gay*. Juntei com outras leituras, aliás — *Moby Dick*, o *Faust II* de Goethe, coisas de Verlaine e Rimbaud, Thomas Mann e Guimarães Rosa — e acabei escrevendo um pequeno ensaio, "Clássicos da Veadagem" (dedicado a Luiz Mott, João Carlos Rodrigues, Carlos Caetano e Osmar "Marrom" Martins), que breve trarei à luz do sol.

P.S. 2. O jornalista Tibério Canuto escreveu a seguinte nota, comentando nota de minha mulher Sara Victoria no *facebook*, a propósito do quiproquó racifascista ao meu redor: "A avó de Sara Victoria, Ana Montenegro, foi minha companheira do Comitê Central do PCB. Sara, essa mulher guerreira, artista plástica, é a âncora fundada no mar de Itaparica que protege Antonio Risério de chuvas, raios e trovoadas. Leoa. Sara faz um depoimento apaixonado e apaixonante em defesa de sua história de vida e do seu grande amor, o intelectual Antonio Risério, covardemente agredido verbalmente por parte de uma esquerda estúpida e corrosiva, árida em matéria de produção intelectual, que nada tem a ofertar ao mundo, a não ser o seu preconceito esclerosado e a bile que escorre pelos cantos de sua boca". Quanto ao depoimento de Sara, eis:

Nasci em 1970 na Alemanha Oriental. Ainda criança minha mãe me tirou da Alemanha, passamos um tempo em Londres e me trouxe para o Brasil, a terra dela. Meu pai, alemão oriental, ficou em Berlim, não conseguiu fugir. No Brasil, recebi o apelido de "Speech Deutch", eu misturava alemão com inglês. E cresci apátrida, sem documentos. Um crescer complicado, mesmo para uma criança que supostamente não entende nada. Sempre tive que saber que não podia falar de onde vinha, quem eram os meus avós, etc. A "anistia ampla geral e irrestrita" não havia acontecido. Lembro de uma tia me falando que eu tinha que ser uma criança forte, que não deveria chorar pela falta que sentia de meu pai, pois a luta era por uma nação, um povo, pela liberdade, que minha dor era pequena diante disso, mas que, com a Anistia, muita coisa mudaria. Engoli minhas lágrimas, me sentindo participando da luta. Veio a Anistia, meus avós voltaram para o Brasil, mas meu pai nunca chegou... morreu em Berlim. Mesmo anistiados, eu ainda não podia falar que era da Alemanha Oriental, de família comunista, para não correr o risco de ser extraditada. Assim fui crescendo, virei adolescente perdida, sem poder falar. O muro caiu e eu ainda não podia falar, pois não tinha documentos. Fui me naturalizar brasileira aos vinte e tantos anos e o Brasil também foi falando, mudando e fui compreendendo a minha dor diante da luta. Vi a mudança do poder FALAR. Ainda que estivesse com um nó na garganta. As pessoas podiam falar, debater, conversar, sempre com o intuito de melhorar a nação. Podíamos discordar, mas sempre falávamos. E aqui estou tirando o meu chapéu para Antonio Risério, pela coragem de falar em um Brasil onde não se pode falar mais nada, pois até "amigos" nos cancelam.

Vielen herzlichen Dank!, Sarinha — e não nos esqueçamos do verso estrela-guia do velho e poderoso Camões: é preciso estar em paz com a nossa guerra.

CARTA ABERTA DE APOIO A ANTONIO RISÉRIO E OPOSIÇÃO AO IDENTITARISMO

Nos últimos quatro meses, o antropólogo baiano Antonio Risério foi alvo de duas reações de parte da classe intelectual nacional por suas obras sobre raça. Em setembro de 2021, seu livro *As Sinhás Pretas da Bahia: Suas Escravas, Suas Joias* foi resenhado por Leandro Narloch. A resenha atraiu não apenas críticas, mas chamados pela demissão de Narloch, a quem muitos atribuíram o conteúdo do livro. Não há, ao contrário do que dizem esses críticos, nenhum delito moral no livro ou em sua resenha: Risério, que escreve há décadas sobre o assunto, divulga pesquisas a respeito de personalidades reais da história brasileira que complexificam o modo como entendemos as relações sociais da época da escravidão.

Nos escritos de Risério, que é um dos melhores leitores vivos da nossa cultura, está claro que ele considera a escravidão uma instituição moralmente repugnante, e que ele busca entender como seres humanos que não são monstros poderiam ter convivido com ela no passado. É preciso fôlego para entender como ex-escravos se tornavam senhores de escravos. Risério tem esse fôlego; seus canceladores, não.

444 Antonio Risério

Na segunda polêmica, Risério publicou na *Folha de S. Paulo* um artigo a respeito da universalidade do erro moral que é o racismo, documentando casos em que negros foram, sim, racistas. Falamos "racismo" segundo a definição clássica, do senso comum e do bom senso, registrada em dicionários. Um dos projetos intelectuais do autor, a oposição ao pós-modernismo e à teoria crítica, que fundaram o identitarismo, o leva a essa condenação. Os identitários querem alterar à força, unilateralmente e sem consultar os falantes da língua, a definição de "racismo" de forma a fazê-lo unidirecional e maleável a seus interesses, alegando que é "relação de poder".

Esta disputa vai além de uma mera querela semântica a respeito da definição de uma palavra. É um ataque novo ao tratamento igual dos indivíduos perante as normas sociais que herdamos do consenso pós-guerra que nos deu uma Declaração Universal dos Direitos Humanos. Risério é uma voz experiente do segundo campo, suas preocupações são mais que justificadas, e nos posicionamos firmemente contra tentativas de censurá-lo.

O mal-estar que Risério causa é absolutamente necessário para que os identitários, antiuniversalistas, relativistas e revanchistas saibam que a oposição existe e não será dobrada, não importa quantas grandes empresas tenham ao seu lado em sua cruzada pela desigualdade moral. Não se trata de colecionar casos em que negros foram senhores de escravos ou cometeram racismo contra pessoas não-negras: trata-se de reafirmar que ninguém é inerentemente bom ou mau por causa da cor, então ninguém tem carta branca para desumanizar ninguém.

Antonio Risério é no momento uma das vozes mais importantes do país, sobretudo por fazer oposição a uma ideologia intolerante e autoritária. Manifestamo-nos com um apelo para que sua livre expressão seja respeitada.

Brasil, janeiro de 2022.

SOBRE O AUTOR

Antonio Risério nasceu na Cidade do Salvador da Bahia de Todos os Santos, no ano da graça de 1953. Poeta, romancista, tradutor e ensaísta, defendeu tese de mestrado em sociologia, com especialização em antropologia. Fez política estudantil em 1968, vinculou-se à organização clandestina de esquerda Política Operária (Polop), foi preso aos 16 anos de idade pela ditadura militar (início do período "linha dura" de Garrastazu Médici) e, em seguida, mergulhou na viagem da contracultura, empenhando-se depois na luta pela redemocratização do Brasil. Foi editor de revistas de poesia experimental na década de 1970 (*Código*, *Bahia Invenção*, *Muda*). Integrou grupos de trabalho que implantaram a televisão educativa, as fundações Gregório de Mattos e Ondazul, a Secretaria Municipal do Meio Ambiente (onde criou o projeto "Jardim das Folhas Sagradas"), o Centro da Referência Negromestiça (Cerne) e o Hospital Sarah Kubitschek, na Bahia. Na década de 1980, criou e dirigiu, na prefeitura de Salvador, o projeto de proteção e recuperação dos terreiros de candomblé da cidade, realizando obras em casas de santo como o Gantois, o Bogum, o Axé do Opô Afonjá, o Maroketu, o Oxumarê, o Ilê Axipá. Coordenou o Cebran, centro de estudos e pesquisas da Rede Sarah de hospitais, em Brasília. Formulou o projeto geral — "texto fundador" — para a implantação do Museu da Língua Portuguesa (São Paulo), do Cais do Sertão Luiz Gonzaga (Pernambuco) e da Casa da Música (Bahia). Tem feito argumentos e roteiros de cinema e televisão, entre eles, a adaptação do livro *O Povo Brasileiro*, de Darcy Ribeiro — e do seu próprio livro *A Cidade no Brasil*. Diversas composições suas foram gravadas por estrelas da música popular brasileira. Integrou os núcleos de criação e estratégia das campanhas de Lula da Silva (2002 e 2006) e Dilma Rousseff (2010) à Presidência da República, rompendo em seguida com o projeto petista e passando a trabalhar com Eduardo Campos e o Partido Socialista Brasileiro. Publicou, entre outros, os livros *Carnaval Ijexá* (Salvador, Corrupio, 1981), *Caymmi: Uma Utopia de Lugar* (São Paulo, Perspectiva, 1993), *Textos e Tribos: Poéticas Extraocidentais nos Trópicos Brasileiros* (Rio de Janeiro, Imago, 1993), *Avant-Garde na Bahia* (São Paulo, Instituto Lina Bo e P. M. Bardi, 1995), *Oriki Orixá* (São Paulo, Perspectiva, 1998), *Ensaio sobre o Texto Poético em Contexto Digital* (Salvador, Fundação Casa de Jorge Amado, 1998), *Uma História da Cidade da Bahia* (Rio de Janeiro, Versal, 2004), *A Utopia Brasileira e os Movimentos Negros* (São Paulo, Editora 34, 2007), *A Cidade no Brasil* (São Paulo, Editora 34, 2012), *Mulher, Casa e Cidade* (São Paulo, Editora 34, 2015), *A Casa no Brasil* (Rio de Janeiro, Topbooks, 2019), *Sobre o Relativismo Pós-Moderno e a Fantasia Fascista da Esquerda Identitária* (Rio de Janeiro, Topbooks, 2019), *Em Busca da Nação* (Rio de Janeiro, Topbooks, 2020) e, em parceria com o sociólogo Gustavo Falcón, *Bahia de Todos os Cantos: Uma Introdução à Cultura Baiana* (Salvador, Solisluna, 2020).

No campo da criação poética, trouxe à luz *Fetiche* (Salvador, Fundação Casa de Jorge Amado, 1996), *Brasibraseiro* (em parceria com Frederico Barbosa – São Paulo, Landy Editora, 2004) e *Outrossim* (Editora de los Bugres, 2021). No campo da ficção, *A Banda do Companheiro Mágico* (São Paulo, Publifolha, 2007) e *Que Você É Esse?* (Rio de Janeiro, Record, 2016). Atualmente, Antonio Risério – seguindo o exemplo de antigos tupinambás, missionários jesuítas e romancistas modernos como Xavier Marques e seu amigo João Ubaldo Ribeiro – mora na Ilha de Itaparica com a mulher, a artista plástica e *designer* Sara Victoria, em companhia de cinco cães, quatro gatos, dois cágados, além de receberem visitas ocasionais de um camaleão chamado Tião, que recolheram e protegeram quando ainda recém-nascido, soltando-o depois nas mangueiras do quintal da casa onde vivem.

Para saber mais sobre os títulos e autores
da Editora Topbooks, acesse o Qr code.

topbooks.com.br

Estamos também nas redes sociais